转型背景下的组织危机及其对战略选择的影响研究

基于战略性创业决策的视角

ORGANIZATIONAL CRISIS AND ITS EFFECTS ON STRATEGIC CHOICE IN THE PROCESS OF TURNAROUND

PERSPECTIVE OF STRATEGIC ENTREPRENEURSHIP DECISION-MAKING

梅胜军　著

ZHEJIANG UNIVERSITY PRESS
浙江大学出版社

图书在版编目（CIP）数据

转型背景下的组织危机及其对战略选择的影响研究：基于战略性创业决策的视角 / 梅胜军著. —杭州：浙江大学出版社，2013.6
ISBN 978-7-308-11566-7

Ⅰ.①转… Ⅱ.①梅… Ⅲ.①企业管理—组织管理学—研究—中国 Ⅳ.①F279.23

中国版本图书馆 CIP 数据核字（2013）第 111404 号

转型背景下的组织危机及其对战略选择的影响研究
——基于战略性创业决策的视角

梅胜军 著

责任编辑	葛 娟
封面设计	续设计
出版发行	浙江大学出版社
	（杭州市天目山路 148 号 邮政编码 310007）
	（网址：http://www.zjupress.com）
排　　版	杭州中大图文设计有限公司
印　　刷	浙江省邮电印刷股份有限公司
开　　本	710mm×1000mm 1/16
印　　张	14
字　　数	260 千
版 印 次	2013 年 6 月第 1 版 2013 年 6 月第 1 次印刷
书　　号	ISBN 978-7-308-11566-7
定　　价	42.00 元

浙江大学出版社发行部邮购电话 （0571）88925591

前　　言

我国已经进入必须以转型升级促进工业高效发展的新阶段，转型升级日益受到理论界和实践界的重视，逐渐发展成为经济与管理研究的焦点议题之一。以往研究较多地关注了区域或产业经济的转型升级问题，而对企业的转型升级问题的研究探索相对较少。区域或产业经济的转型升级是建立在企业的转型升级活动基础之上的。在企业层面探讨转型升级机制的重要理论意义之一，是可以为发展转型升级理论奠定微观研究基础。但目前鲜有在企业转型升级的行为与决策机制进行有效解释的理论框架(朱健安和周虹，2008；吴家曦和李华燊，2009)。

受全球经济波动、出口市场萎缩、产业分工调整、生产要素价格上涨和环保压力上升等多层次因素的综合影响，近年我国中小制造企业效益整体下滑，大量企业经营困难，甚至出现了“倒闭潮”。制造企业必须在危机逆境中找寻转型升级的出路。尽管一些研究关注或论及了我国制造企业转型升级的这一情境因素，但鲜有研究将组织危机作为关键动因，正式纳入企业转型升级的理论解释框架之中。组织危机作为企业转型升级的关键决策线索，将其排除在理论解释框架之外，无疑会大大削弱研究结论的解释效力。

组织转型已成为过去三十年组织和战略研究关注的焦点(Boyne & Meier，2009)。其核心的理论议题即是危机情境下的组织变革过程。这一议题与我国企业转型升级所面临的现实背景高度一致，使得基于该理论构建的理论框架具备良好的生态效度，有助于推动我国企业组织转型理论的发展。然而，目前国内比较缺乏在该研究领域的理论工作成果。

回顾以往组织转型研究，主要存在三方面的局限性：其一，以往研究十分关注高管轮替等因素对组织转型策略的影响，较少从高管认知的视角分析组织转型策略选择的战略性创业决策过程。显然，高管轮替触发的转型仅仅是企业转型现象中的小部分，高管未经轮替情况下由高管认知触发的转型也是重要且更加普遍的管理现象。特别是在我国民营中小企业职业经理人普及度不高、高管轮替频度较低的现实背景下，以往研究成果难以揭示和解释我国中小企业的组织转型过程。其二，经过近三十年的理论发展和实证积累，组织转型策略研究成果仍然呈现碎片状态，已有研究还存在较大的模糊性空间（Cater 和 Schwab，2008），亟需在一个整合的框架内对组织转型策略选择的影响因素及组织转型策略的效能影响进行系统分析和检验；其三，组织所处的一般环境和任务环境被证明对组织转型策略及转型效能有重要影响，但以往研究通常未对一般环境和任务环境的进行严格区分或控制，导致以往相关研究结论不一致甚至彼此冲突矛盾。因此，亟需在区分或控制组织环境变量条件下，进一步详细考察组织转型策略与组织转型效能之间的关系。在我国企业转型面临种种组织危机的情境下，特别需要检验组织危机这一具体任务环境变量对组织转型策略选择的影响效果、影响模式和作用机制。

基于战略性创业决策的视角，本研究主要开展了以下三个方面的工作。

一、企业高管的组织危机感的构念结构研究

试图解答我国企业高管是以怎样的认知框架评估和理解组织危机的，即对企业高管“组织危机感”的概念化。本部分在组织危机感的相关研究基础上，基于特征模式识别观点，首先初步构建组织危机感的多因素特征构思模型，接着设计了三项子研究对模型进行修正和验证：子研究一通过对制药、领带和衬衫三个行业 17 家企业中 25 名高管访谈获取的文本资料的内容分析，修正了组织危机感概念构思，分析了我国企业转型变革中的危机源；子研究二编制了组织危机感量表，通过对135份问卷调查数据的探索性因素分析探索了组织危机感的构念结构；子研究三在子研究二的基础上，运用验证性因素分析、信效度检验对209份问卷调查数据对组织危机感进行了结构验证，并检验了测量信度和构思效度。

研究发现，企业转型变革中面临的主要危机源是资源危机、能力危机和竞争危机。最终确定了组织危机感的二阶四因素模型：包含损益度、波动度、可控度和转化度四个一阶因素，并可抽取出威胁识别（对组织损益后果及其可能性的认知评价）和转机识别（对转型变化的可控性和转化性程度的认知评价）两个二阶维度。威胁识别反映了威胁与机会的效价特征，转机识别反映了机会与威胁的关系特征。

二、企业高管组织危机感的影响因素和形成机制研究

试图回答哪些因素影响了企业高管的组织危机感，以及这些因素如何影响组织危机感。特别关注企业高管自身的认知和行为方面的关键影响因素。本研究基于认知视角，通过回顾创业理论有关机会评价与识别的研究以及机会和威胁的相关理论，提出影响企业高管组织危机感的几个重要认知和行为方面的影响因素及作用机制的假设，通过对来自153家企业的247份问卷调查数据的统计分析，考察了“哪些认知和行为因素影响企业高管的组织危机感”以及“这些认知和行为因素如何影响企业高管的组织危机感”。

研究发现：(1)企业高管的组织危机感的最主要影响因素是企业所面临的危机源。资源危机、能力危机和竞争危机显著提高了组织危机感中的威胁识别水平，显著降低了转机识别水平。(2)企业高管的信息搜索和警觉性也是组织危机感的重要前因：信息搜索同时显著提高了威胁识别和转机识别；警觉性则显著强化了组织危机感中的转机识别；维度水平分析发现，警觉性的反思维度显著强化了威胁识别维度（包括直接强化和通过信息搜索的中介间接强化），并通过促进信息搜索间接强化

了转机识别维度；洞察维度直接弱化了威胁识别维度，并直接强化了转机识别维度；探求维度对组织危机感的两个维度没有显著影响。

三、组织危机感对企业转型战略选择的影响和作用机制研究

试图回答企业高管的组织危机感以什么样的影响模式影响转型战略选择（影响模式）、组织危机感对转型战略选择有什么样的影响效应（效应模式）、组织危机感以什么样的作用机制影响转型战略选择（作用机制）。本部分开展了三项子研究：子研究一是案例研究，通过基于关键行为事件的两个医药企业案例分析，探索了组织危机感与转型战略选择之间的关联性；子研究二是问卷研究，在案例研究基础上，通过 122 家制药企业问卷调查数据分析进一步揭示组织危机感对转型战略选择的影响模式；子研究三是实验研究，运用实验方法检验组织危机感对战略选择的效应模式和作用机制。

研究发现：(1)组织危机感促使企业高管采取了全面的组织转型策略组合。(2)组织危机感的两个维度（转机识别和威胁识别）以交互模式促使企业高管采取更活跃的协作开发和协作探索策略。(3)不同组织危机感构成模式对企业高管的转型战略选择具有不同效应模式：高机会评价、低转机识别的决策者倾向保守；高威胁识别、低转机识别的决策者倾向冒险；高机会评价、高转机识别的决策者倾向冒险；高威胁识别、高转机识别的决策者倾向保守。(4)转机识别维度是组织危机感对转型战略选择的效应模式的重要决定因素，低转机识别导致对比效应，高转机识别导致同化效应。(5)组织危机感通过影响决策者对决策选项的理解间接地作用于战略选择。

本研究主要在以下三个方面具有一定的理论贡献。

一、扎根中国背景，拓展了组织危机感的概念结构

在以往对组织危机感概念结构的研究中，学者们普遍采取的是解析式分析思路，该思路的优点是能较好地提取出区分威胁和机会的关键维度，但忽略了组织危机感的其它关键特征。虽然这些特征可能不是区分

威胁和机会的关键维度，但这些特征却可能对组织决策和行为发挥关键性影响，将其忽略将难以全面理解组织危机感的功效。此外，由于在不同的文化背景下，人们对组织危机感有不同的理解（Leiter，1980；Handel，1982），基于西方社会文化和商业背景的组织危机感概念结构不一定适用于中国的特定背景。

本研究在延续"特征模型"的研究传统基础上，运用理论推导、内容分析和大样本问卷调查分析等多方法交叉验证，扎根于中国背景，构建和验证了组织危机感的二阶四因素模型，论证了中国文化背景下新特征要素（转化度）的存在，并论证了转化度与可控度一起构成了组织危机感的二阶维度——转机识别。说明中国企业高管不仅关注组织危机的威胁—机会的效价特征（威胁与机会的水平，如业绩损益与波动），还关注威胁与机会的关系特征（威胁与机会的关系，如复合与转化）。该模型在以往组织危机感模型中纳入了反映关系特征的新要素，拓展了组织危机感的内涵，使之中国化。

二、揭示了组织危机感的关键影响前因和形成机制

以往研究多探讨组织危机感对组织行动的影响，缺乏对组织危机感本身形成过程的深入分析（Anderson 等，2007），组织危机感影响因素及其作用机制的理论解释尚不充分。且以往通常采用理论推断、案例研究、访谈研究等定性方法，相关研究结论缺乏定量实证检验，极大影响了研究结论的可靠性。

本研究以定量方法探索了组织危机感的影响因素和形成机制，发现危机源是组织危机感的最主要影响因素，企业高管自身的信息搜索和警觉性也影响了组织危机感。论证了组织危机感是客观情境与企业高管认知共同作用的结果。探索性地揭示了组织危机感新维度（转机识别）的形成机制，发现信息搜索和警觉性能够提高转机识别水平，警觉性的部分维度还通过促进信息搜索间接促进转机识别。

三、揭示了组织危机感对组织转型战略选择的影响和作用机制

(1)在拓展了组织危机感概念结构的基础上，揭示了组织危机感对组织转型战略选择的影响模式，论证了组织危机感的新维度(转机识别)对组织转型战略选择有显著影响，这是传统组织危机感研究所忽视的。

(2)论证了转机识别维度是组织危机感对组织转型战略选择的效应模式的关键决定因素。研究发现，除了以往研究提出的情境一靶子类似性、独特性和尺度关联性之外，组织危机感内在构成模式也是影响组织危机感对战略选择的效应模式的重要变量。

(3)解释了展望理论和威胁—僵化观这两种理论观点相互冲突的原因所在，考察了以往研究没有考察过的“高威胁、高转机”条件下的组织战略决策模式，补充和丰富了组织战略决策研究，最终构建了一个完整统一的理论框架。

(4)基于战略性创业决策的视角，揭示了组织危机感对战略选择的作用机制，纳入了以往忽视的任务情境因素，很好地嵌入了我国中小企业实际管理情境，提高了组织转型理论解释效力，并弥补了以往组织转型研究中对高管团队认知因素分析的不足。

梅胜军

2013 年 5 月

杭州下沙北银公寓

目　录

第一章　我国企业战略转型的核心问题与危机影响

第一节　战略转型是企业创业成长的重要趋势

改革开放 30 年来，我国企业获得了长足发展，中国也被誉为“世界工厂”。但从全球价值链的分析看（参见图 1.1），我国大部分企业分布在制造和加工贸易等价值链底端（李毅中，2010），具有明显的“三高一低”（高能耗、高污染、高依存度、低附加值）的特征，资源和环境难以支撑，过度依赖出口，利润单薄，易受国际市场波动的影响，发展难以持续，严重制约了我国企业发展的空间。我国企业迫切需要向能创造较高附加值和具有战略意义的研发、设计、渠道和品牌

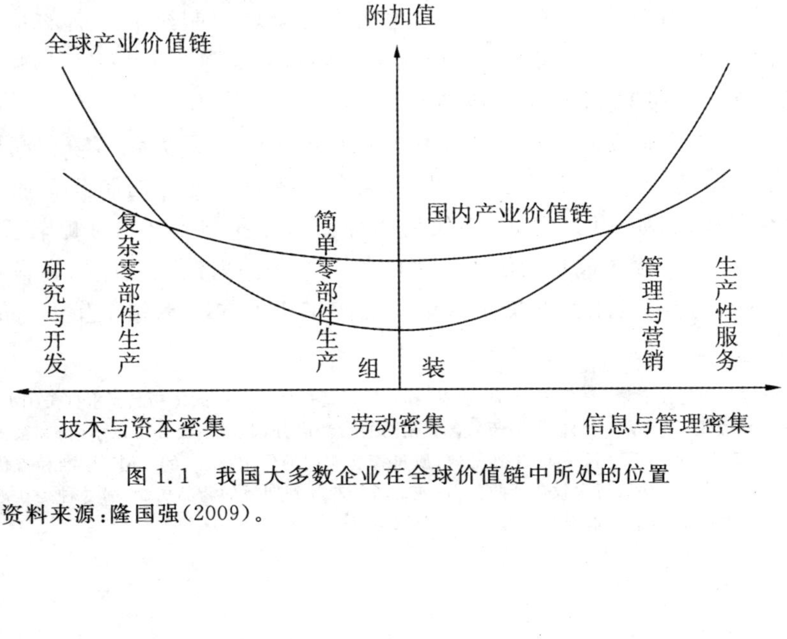

图 1.1　我国大多数企业在全球价值链中所处的位置

资料来源：隆国强（2009）。

等价值链环节转型升级。

以制药行业为例，根据SDFA南方医药研究所的数据，近十年我国医药制造业年均增长18.8%，已成为我国国民经济的重要行业之一。尽管如此，我国制药产业仍然处于全球制药产业价值链低端。同样根据SFDA南方医药经济研究所的数据，中国出口药品的90%以上是原料药，而原料药是以消耗大量资源和环境污染为代价的低端产品。尽管我国原料药出口占全球化学原料药贸易的1/4，利润却很低。以一种名为辛伐他汀的原料药为例，国内出口报价仅为2700～2900元/千克，但制成制剂在美国销售后产品增值超过500倍。根据中国工程院院士、中国生物工程学会理事长杨胜利的分析，我国生物制药领域97%都是仿制药[①]，尽管产量也不小，但基本是利润很薄的专利过期后产品。随着原材料、劳动力和土地成本的上升、日趋严格的环保标准以及医疗行业政策的变化，我国制药行业的转型压力日益巨大。

再以领带产业为例，作为我国领带生产的集中地，嵊州领带产量约占全国的80%、全球的40%，出口80多个国家和地区，却缺乏定价权。嵊州出口的领带在国外零售店售价不超过50美元/条，而意大利科墨生产的领带多在100美元以上，科墨有全球知名的设计中心，而嵊州领带则基本是仿冒或照搬其设计。随着人民币的升值、出口退税的下调、土地税的上调、《劳动合同法》的实施以及销售成本的提高、真丝原材料的上涨，许多领带企业大量裁员，歇业或者倒闭的也不占少数。

实施战略转型是企业从价值链低端逐步向高端升级、实现企业成长发展的成功之路。以南新(Ranbaxy)制药公司为例，通过战略性创业转型，南新从15年前默默无闻的印度小原料药企业迅速成长为全球仿制药前五名的企业。转型后，南新股价由1990年不足20卢比攀升到最高超过600卢比，上涨幅度超过30倍，转型所带来利润的快速增长将PE由60倍迅速降低至20倍左右。2007年实现的营业收入已经达664亿卢比(约合13.7亿美元)，净利润更是高达79亿卢比(约合1.62亿美元)。我国也有一些较有远见的制药企业通过战略转型获得成长，如20世纪90年代初的神威药业实施了产品战略转型，从西药转产现代中药，逐步成长为国内最大的现代中药注射液、软胶囊、颗粒剂生产企业。领带产业的浙江巴贝集团从单一的领带生产向高端领带生产、品牌、设

---

① 指与专利药在剂量、安全性、效力、质量、作用以及适应症上相同的仿制品。根据美国FDA有关文件，仿制必须满足以下条件：和被仿制药品含有相同的活性成分，非活性成分可以不同；和被仿制产品的适应症、剂型、规格、给药途径一致；生物等效；质量符合相同的要求；生产的GMP标准和被仿制产品同样严格。仿制药的合法取得大致包括两种：一种是药品专利到期后的药品仿制，另一种是在涉及公共健康的药品专利领域，政府采取强制许可的方式获取仿制药的生产。

计和销售网络等价值链高端提升，形成以高档领带为龙头、装饰面料、家纺面料及成品、服饰、品牌经营相融合的经营格局。衬衫行业的中国贝克曼集团也逐步突破原有衬衫代工业务模式，向高端衬衫生产、品牌、设计和销售渠道方向发展，形成服装、鞋、包、皮具及配饰等各个领域的产品系列。这些企业在国际金融危机中经受住了考验，危机中依然取得了不俗业绩。

第二节　战略转型面临的路径依赖与企业危机

当前，我国制造企业转型升级的主要问题及其后果是：

(1)业务模式依赖与业务危机：许多企业满足于合同生产（contract manufacture)，依靠来料加工、代工贴牌、加工贸易等业务模式维持生产运营，将精力全部投向生产，很少考虑研发、设计、渠道和品牌等环节。比如，多数原料药制造企业严重依赖"加工贸易"的业务模式，一些制剂企业则依赖"OEM"和"制剂代工"，多数衬衫和领带制造企业完全依靠"来料加工"、"代工贴牌"的业务模式。受到生产成本上升、汇率波动、出口退税下调和国际需求降低等因素的影响，这些企业往往陷入"贫困化增长"和"业务危机"，如2006年我国生物制药工业利润率仅为7.4%，尽管产值规模是美国默克公司的3倍多，但利润仅为其的74%，金融危机背景下还有大量制造业倒闭。

(2)资源模式依赖与资源危机：一方面，许多制造企业生产依赖大宗原材料资源，大量消耗资源和环境；另一方面，许多企业难以改变现有资源投向和配置模式。由于缺乏必要的资源投入，严重妨碍了企业向技术与资本密集环节（如研发设计、高级原材料生产、复杂零部件生产等）和信息与管理密集环节（如市场营销、品牌运作、专业服务、物流管理等）的高端价值链转移。如我国医药制造业的研发经费内部支出占工业总产值比例远低于OECD国家的平均水平，就生物医药行业而言，发达国家生物制药行业研发投入占产值的比重一般在10%以上，而我国2006年的生物制药行业研发支出约为7亿元，仅为生物制药工业产值的1.7%，仅相当于辉瑞公司的1/10、葛兰素史克公司的1/8。"巧妇难为无米之炊"，缺乏资源投入的物质条件必然制约中国企业的转型升级进程。

(3)产品技术依赖与能力危机：决定企业转型升级的关键因素是技术创新和产品创新，但许多企业缺乏产品和技术的开发与设计活动，单纯依靠原有技术或模仿乃至拷贝国外产品设计，甚至根本没有研发功能。据统计，我国工业产品新开发的技术约有70%属于外援性技术，发明专利授权量的70%来自国外的发明专利，国内工业企业只占9.1%，大中型企业仍然有2/3没有自己的研发机构，3/4 的企业没有科研开发活动，完全依靠照抄或模仿别人的产品(胡迟，2009)。以制药产业为例，根据中国市场调查研究中心发布的《2008 年中国化学原料药生产与销售调研报告》，我国绝大多数制药企业还停留在仿制药领域的竞争，95%以上的上市新药为仿制药，化学原料药生产中 97%的品种是仿制产品。从生物制药产业的知识产权分布看，2006 年的欧盟、美国生物技术专利中，美国占 54.66%，日本占 10.3%，韩国占 1.4%，而我国仅有 41 件，占 0.52%。到 2006 年底，我国只有青蒿素、百赛诺双环醇片、神经生长因子制剂三种国际公认自主知识产权的品种。

第三节　企业危机与转型战略选择的关系机制有待探讨

三种依赖(业务模式依赖、资源模式依赖和产品技术依赖)和三种危机(业务危机、资源危机和能力危机)是我国企业战略转型的核心问题。选取适当的转型战略对企业破除三种依赖、有效应对三种危机无疑十分重要。实践调查表明，不同的转型战略选择对转型成败有重要影响。根据麦肯锡公司 2008 年对全球 2994 名高管的调查分析①，采取被动—防御型(完全防御型)转型策略的成功率仅有 34%，采取被动—进攻型转型策略的成功率为 37%，采取进取—防御型转型策略的成功率为 34%，而采取进取—进攻型转型策略(进步型)的成功率为 47%，如图 1.2 所示。这一实践现状提出了一个重要研究问题：什么因素促使并决定了不同企业采取了不同的转型战略？

危机可能是影响企业转型战略选择的众多因素中的一项。麦肯锡调查就表明，危机可能是企业转型的触发因素。不仅如此，危机还可能影响企业转型战略的选择，如麦肯锡公司通过对过去 20 年来全球近 700 家高科技企业在萧条时期市场表现的分析发现，伴随经济衰退而来的混乱状况会导致高科技行业的整体格局发生重大变化，约有一半处于领先地位的企业(位居行业前 20%)因采取了不恰当的危机应对策略而落后，而许多落后企业则由于选择了恰当的战略在危机后取得了领先②(麦肯锡公司，2009)。

当前，由于国际金融危机对我国企业的冲击、国家产业转型升级的政策导向、产业内部的深度调整和企业自身等多方面因素的影响，我国企业转型中普遍面临着各种内外部危机与挑战。清华大学经管学院 2009 年的企业调查发

① 详细内容请参阅：http://c.mckinseyquarterly.com/W0RH00BA637B9D849B0072D97E7070.

② 详细内容可参阅：http://c.mckinseyquarterly.com/W0RH008896137D849B0072DC1B96D0.

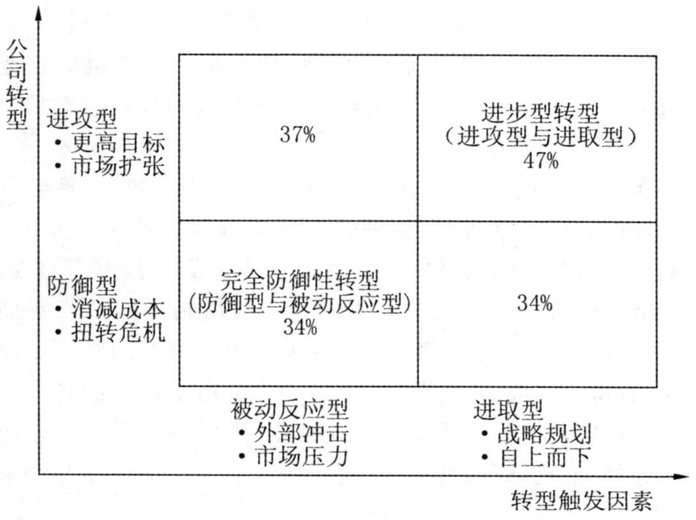

图 1.2 进攻型与防御型变革转型的成功率比较

资料来源：麦肯锡公司（2009），$N=2994$。

现：48％的企业面临订单减少的压力，在订单减少的情况下，付款周期加长，客户对价格更加敏感，同行之间的竞争更为激烈；33％的企业高管认为原材料价格大幅波动导致企业承担巨大的库存风险，甚至威胁到企业的生存；20％的企业高管认为企业面临着资金紧张的问题，下游经销商资金占用、第三方债务、自有资金量不足等原因导致资金周转压力加大；企业面临人力资源结构性短缺和成本上升双重压力，一方面企业缺少高端人才，另一方面新劳动合同法的实施使人力资源成本短期内上升较大，使企业在国际市场上的低成本的优势逐渐丧失；研发投入与产品创新不足、节能环保责任加重，为企业的可持续发展提出了新的更高要求；经济调整期企业风险控制意识不够、能力不足、体系不全的问题日趋严峻，面临的压力也越来越紧迫。

源自组织内外环境的危机可能触发企业实施战略转型，成为转型升级的“倒逼机制”，特别是可能对部分有条件的企业优化产品结构、提高附加值、提升自主创新水平起到推动作用，将转型升级作为化解内外部成本压力、提升国际竞争力的重要途径。但危机对企业的负面影响也较大，可能使企业面临巨大财务损失甚至威胁到企业生存。由于业务模式创新、资源模式创新和研究开发活动具有较强的风险性和大量资源投入，为了降低经营风险，危机中的企业可能会中止或限制这些风险性创业活动，阻碍企业向新的业务模式、新的资源模式、新产品开发及品牌化等方向发展，进一步加剧企业面临的业务危机、资源危机和能力危机，造成恶性循环。

那么,危机对企业转型而言是一种“倒逼机制”还是“倒退机制”呢?这取决于企业应对危机所选择的战略。需要探讨转型变革中的危机对企业转型战略选择的影响来解答相关问题,为我国企业的转型升级和危机应对提供一定的理论指导。

以行为决策与选择的理论观点看,决策者对议题的知觉、理解和解释是决定战略行动选择的关键因素,因此企业高管对企业所面临的危机的知觉、理解和解释是影响企业转型战略选择的关键因素。正如著名战略管理学者 Rumelt (2009)在总结金融危机对未来商务管理的教训时所指出的:“当我们错用评测工具去评估现实时,就会出现‘平稳航行’这种谬误。称职的管理层总是看得比数字更为深入,看得比当前的评测结果更为深入。而不称职的管理层则只盯着指标——我们正是因此而陷入了困境。”[①]准确、深刻的组织危机评估使企业高管具有一种情势的“危机感”和行动的“紧迫感”,不仅影响企业是否采取转型战略,也可能会影响企业对转型战略的选择。

基于以上背景,本研究提出并关注如下三个主要研究问题:①我国企业高管怎样评估和理解转型变革中的组织危机?即对企业高管“组织危机感”的概念化。②哪些因素影响了企业高管的组织危机感?这些因素如何影响组织危机感?即分析企业高管的组织危机感的影响因素与形成机制,特别关注企业高管自身的认知和行为方面的关键影响因素。③企业高管的组织危机感对组织转型战略选择有什么影响?包括组织危机感以什么样的模式影响战略选择(影响模式)、组织危机感对战略选择有什么样的影响效应(效应模式)和组织危机感以什么样的作用机制影响战略选择(作用机制)。本书的第二章将对相关概念作进一步说明,并回顾相关理论背景,提出研究框架。

① 有关 Rumelt 的更多评论可参阅:http://c.mckinseyquarterly.com/W0RH00A8AC0E0D849B0072DA9F1350.

第二章 理论回顾与研究框架构建

第一节 组织危机与组织危机感相关研究回顾

一、组织危机的概念和特征:基于情境认知的新界定

研究文献中对组织危机(organization crisis)的定义多种多样,不同定义界定了危机的不同方面和不同的"危机程度"(张良森,2007),很难对该概念形成一致理解。本研究按照学者们的不同侧重点对这些定义进行了归纳分析(部分定义归纳参见表2.1)。

表2.1 组织危机的概念

学者	概念
Hermann(1969,1972)	威胁组织重要目标实现、允许的反应时间有限、出乎决策者意料的形势,并因此会产生高压力
Billing等(1980)	组织卷入可能损失、有时间压力去解决的情势
Hall和Mansfield(1971)	一种任何系统(组织)中的需求导致的压力结果
Kotter和Sathe(1978)	机会和威胁的复合体
Milburn等(1983)	①组织达成现有目标的机会;或②阻碍威胁组织达成组织目标或降低组织达成其目标的能力,组织需要寻求解决方案,因为利害结果很重要且解决方案策略不确定
吕斌等(2009)	由于组织内部环境或者外部环境的突变而出现的对组织声誉、形象和生存的威胁,比如价格危机、产品危机、信誉危机等

续表

学　者	概　念
高世屹(2003)	内部或外部不确定的变化(突变或渐变)因素对组织整体利益产生威胁的一种紧张状态
Rosenthal 等(2001)	对一个社会系统的基本机制和行为准则架构产生重要威胁，并且在事件压力和不确定性极高的情况下必须对其作出关键决策的事情
Barton(1993)	会引起潜在负面影响的具有不确定性的大事件，该事件及其后果可能会对组织及其员工、产品、服务、资产和声誉造成巨大的损害
Lerbinger(1997)	对于未来的获利率、成长、甚至生存发生潜在威胁的事件，具有两个特征：管理者必须认知到威胁，并且相信这种威胁会阻碍公司发展的优先目标；必须认知到若未采取行动，情势会恶化甚至无法挽回
Rosenthal 和 Pijnenburg (1990)	具有严重威胁的不确定性和能够被感知的情境
Mitroff 和 Anagnos(2000)	实际威胁或潜在威胁到组织整体的事件
Fink(1986)	组织的一种不稳定状态
Booth(1993)	个人、群体或组织无法用正常程序处理的剧烈变迁所产生压力的一种情境
Brecher 和 James(1988)	①内外部环境突然发生变化，而且变化已经影响到组织基本目标的达成；②各种变化之间具有连动性，即使是微小的顾客投诉风波都可能造成致命的伤害；③该变化会带来风险，但充其量只能事先预估，却不能完全避免，所以危机的发生是条件概率问题，当各种条件都具备时，危机爆发的概率就可能达到警戒标准；④对变化作出反映处理的时间非常有限而且紧迫
Clark(1988)	威胁到目标实现、控制能力的下降和可以感知到的时间压力
朱延智(2003)	①突发性(以及由突发而带来惊异性)；②威胁到企业的发展目标或基本生存；③具有时间的压力；④决策者被迫作出决策
畅铁民和贺正楚(2004)	发展态势不确定的，对企业全局以及利益相关者的利益有严重威胁的、需要在时间紧迫、信息不充分的情势下机敏决策和快速处理的重大事件
Bland(1998)	严重意外事件造成公司的安全、环境或公司、产品信誉被不利宣传，使公司陷入危险边缘

资料来源：本研究整理。

综合以往定义，可区分为四种主要观点：

(1)组织危机的“事件—情境”观。组织危机研究源起于对危机事件的案例分析，一些定义延续了将组织危机作为事件的研究传统，认为组织危机是单一的事件或连续事件的组合。如 Mitroff 和 Anagnos(2000)将组织危机定义为实际威胁或潜在威胁到组织整体的事件。情境观则将组织危机视为具有特定特征(比如威胁组织目标的实现等)的压力情境。如 Billing 等(1980)将组织危机解释为组织卷入可能导致利益损失、具有时间压力去解决的情势，Hall 和 Mansfield(1971)则借鉴 Selye(1956)关于个体压力的描述来解释组织危机，认为组织危机是一种组织系统中的需求导致的压力。

(2)组织危机的“主观—客观”说。主观说认为除非危机被感知到，否则组织并不存在危机。客观观点则将组织视为实现组织目标而组建的各个交互子系统的集合，组织生存和发展要求这些子系统必须满足资源获取、效能、生产/产出、合理协作、组织更新适应、一致性、利益相关者满意等功能条件①，组织通过子系统的运作实现包括生存、成长、收益、规模和稳定性等多个目标，若组织系统功能难以达成既定的组织目标，则组织就处于组织危机中，组织危机通过组织效能(组织达成其目标程度)来衡量。

(3)组织危机的“单一—复合”观。有些定义将组织危机视为一种较为严重的威胁，仅强调组织危机对组织的威胁和害处。也有许多学者认为危机是一种变好或变坏的转折点，并不是所有的危机都是有害的和破坏性的(Boin, Kofman-Bos 和 Overdijk，2004；Borodzicz 和 van Haperen，2002)。还有定义认为组织危机是威胁和机会(损失或害处)的复合体(Kotter 和 Sathe，1978；Lippitt 和 Schmidt，1967；Smart 等，1978)，如国内学者胡小武(2002)认为组织危机是一种危险的局势和事件，总的来说是一种对组织良好发展存在威胁的因素，但也不排除有可能使组织“变好”的可能性。

(4)组织危机的“条件—状态—结果”说。Milburn 等(1983)对组织危机的概念进行了梳理，认为组织危机的概念模型包含三要素：前因、危机和响应，前因包含外部环境和内部环境要素，这些要素影响到组织从而造成组织的危机，而响应要素则是组织对危机的一种自然和主动的反应，包括组织内个体成员的响应和组织的响应两个层次，如图 2.1 所示。

从组织危机的分类来看，Kirby 和 Kroeber(1978)按照可控性程度将组织危机区分为可控危机和非可控危机。一些学者按照危机发生的可预测性将其区分为可预测危机和不可预测危机(Milburn，1972)。Aguilera(1994)将组织危

① 关于这 7 个条件的详细论述可参见 Steers(1977)。

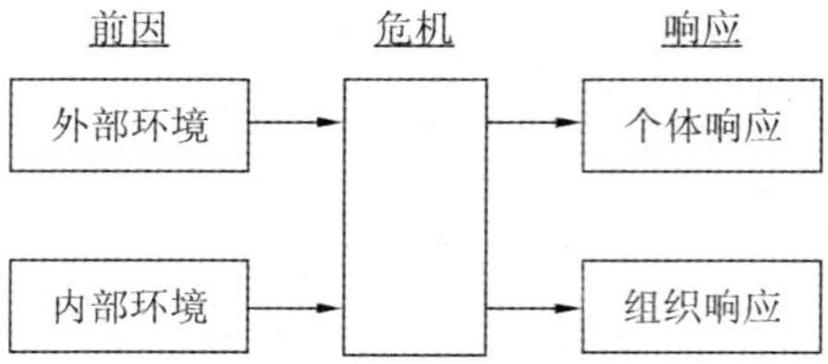

图 2.1 组织危机的概念

资料来源：Milburn 等(1983)。

机区分为两类，一种为境遇性危机(situational crisis)，指遭遇突发性且非预期的压力事件，威胁到生理、心理或社会关系；另一种为成熟性危机(maturational crisis)，指无法适应正常成长过程中新角色的改变所导致的危机。Hwang 和 lichtenthal(2000)运用生物学中“间断性均衡”理论，将组织危机分为突发性危机和累积性危机，突发性危机源于大的离散变化，而累积性危机则来源于连续的变化，这一分类与有关组织变革的突变和渐变的分类类似。

总结起来，以往文献认为组织危机有一些重要构成的元素或特征，主要包括：①导致压力(Hall 和 Mansfield，1971；Hermann，1972；Milburn，1972)；②与积极或消极条件有关(Smart 等，1978)；③积极或消极条件与组织损益概率相关(Billings 等，1980)；④威胁组织目标的实现；⑤突如其来的(Hermann，1972；Billings 等，1980)或长久累积产生(Lippitt 和 Schmidt，1967；Whetten，1979)；⑥必须采取应对行动；⑦发生概率与危机解决方案有关(Billings 等，1980)；⑧不可控或可控；⑨时间压力。

也有学者认为部分特征并非组织危机的必要特征。例如，有学者认为时间压力并不是判定是否是危机的必要属性(Dunbar 和 Goldberg，1978；Lippitt 和 Schmidt，1967)，但时间压力可能会加剧危机(Billings 等，1980)，此外，解决危机也并不一定需要即时反应。

随着人类步入风险社会时代(Beck 和 Holzer，2007)、经济周期性变化、全球经济格局的调整等，危机正日益成为企业组织成长和发展中的常态。调查也表明，我国企业普遍面临危机状态，如根据零点调查、清华大学公共管理学院危机管理课题组和中国惠普有限公司 2003 年针对京沪 2 市 478 家资产规模在 500 万元以上的企业的中高层管理人员进行的随机抽样电话访问结果，有 45.2%的企业处于一般危机状态(正面临 1～2 种危机)，40.4%处于中度危机状态(正面临 3～4 种危机)，14.4%处于高度危机状态(正面临 5 种以上危机)(陈贺新，2004)。

因此学者们呼吁构建更为一般的危机概念(Rosenthal 和 Kouzmin，1997)。为呼应这一呼吁，并借鉴 Fink(1986)的定义，综合了以往研究的情境观、复合观，本研究尝试构建较为一般的组织危机概念，初步将组织危机定义为“组织内外部变化（突变或渐变）影响组织绩效目标（如生存、盈利、成长等）达成的不稳定状态”。这一概念具有如下特点：①将组织危机视作一种组织所处的状态，该状态可以是突发事件导致的“境遇性危机（突发性危机）”，也可以是由于组织成长中内外环境渐变形成的“成熟性危机（渐进性危机）”；②将组织危机视作威胁和机会的复合体，而不限于极端的威胁状态，以便适用于描述组织所处的较为普遍的状态。最后，基于主观说，本研究将组织危机感（organization crisis perception）定义为：组织成员对组织绩效目标达成的不稳定状态的感知。

二、组织危机感维度及测量

Hermann(1972)最先提出组织危机感的结构模型，认为组织危机感有威胁(threat)、决策时间(decision time)和惊讶(surprise)三个维度构成。威胁指对某些希求状态或目标造成潜在障碍，仅仅当决策者认识到并认为其将阻碍目标达成时才存在；决策时间指留给决策者改变近期情形的期限长短，此后决策无效或者环境恶化；惊讶指决策者缺乏危机发生的警觉，但惊讶不等于缺乏危机应对方案。Hermann 运用决策模拟的方法和海军士官样本对该模型进行了实证，发现惊讶缺乏效标关联效度。Lentner(1972)通过美国官员的访谈和问卷调查发现，时间压力最常出现作为危机的要素而非“决策时间”，危机被视为对一系列目标的威胁，惊讶并非危机的要素。Brady(1974)的实证检验就发现，威胁解释了绝大部分变异，而决策时间和惊讶对行为的效应很小。

早期经典的组织危机感结构模型由 Billings 等(1980)提出，认为组织危机感包括可能损失价值感知(perceived value of possible loss)、损失概率感知(perceived probability of loss)和时间压力感知(perceived time pressure)三个维度。损失价值感知包含差额（由现状指标与希求状态比较表征）和问题重要性两个要素，是问题感知的阶段；损失概率感知包含对希求状态与现状指标精确度的自信、现状指标与希求状态差额的可选解释和应对的成效的不确定性（包括无为、常规方案或新方案应对的成效的不确定）三个要素；时间压力感知包含忽视问题的负面后果感知和寻求满意方案的时间感知两个要素。三个维度是决策者将问题定义为危机的阶段，如图 2.2 所示。Billings 等在能源危机的背景下对该模型进行了实证检验。Milburn 等(1983)认为组织危机感有可控性、积极和波动性三个维度。Burnett(1998)则将组织危机区分为两个维度：威胁程度和时间压力。

目前普遍被接受和应用的是 Jackson 和 Dutton(1988)对威胁和机会的研究成果。他们将威胁和机会从三个基本维度进行了区分，认为威胁主要包括消

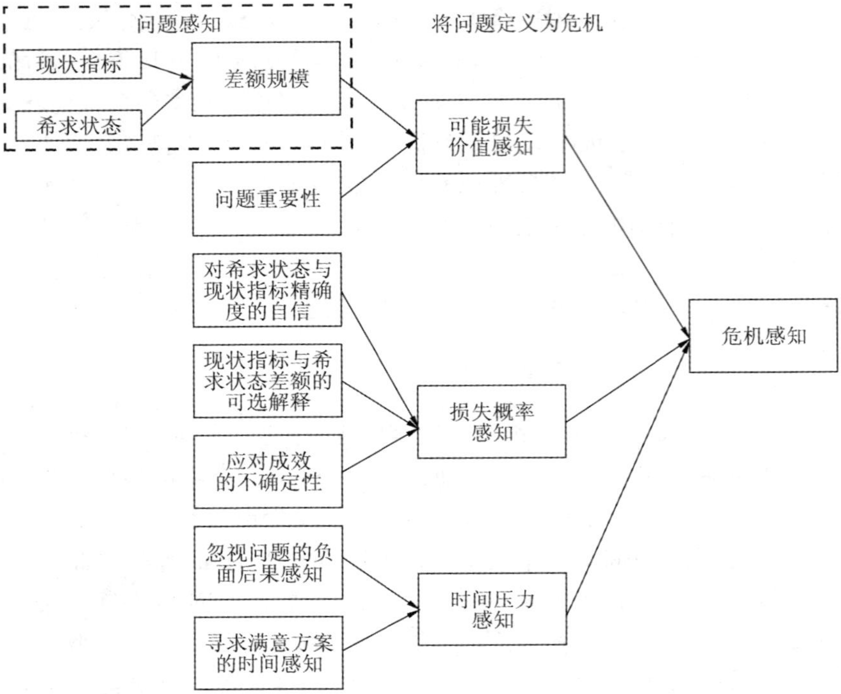

图 2.2　组织危机感的结构模型

资料来源：Billings 等(1980)。

极、不可控和潜在损失三个特征，而机会则包含积极、可控和潜在收益三个特征。六个特征两两分别对应，其中消极与积极对应，不可控与可控对应，潜在损失与潜在收益对应，构成了组织危机感的三个维度：正负、可控和损益。

Thomas 和 McDaniel(1990)和 Thomas 等(1993)认为，消极和积极、潜在损失与潜在收益不是互相截然区分的，而是连续体的两端，但不可控与可控则在知觉中是截然区分的。Thomas 和 McDaniel(1990)和 Thomas 等(1993)认为还认为，不可控—可控的评价比消极—积极评价和损益评价在决策者区分威胁与机会中更为关键，Dennison 等(1996)证实了这一点。而实证研究发现，在对组织的战略行动的影响中，可控性也更为重要(Thomas 和 McDaniel，1990；Thomas 等，1993；Ashmos、Duchon 和 McDaniel，1998；Sharma，2000；Chattopadhyay 等，2001)。

在测量方面，Jackson 和 Dutton(1988)、Thomas 和 McDaniel(1990)按照积极—消极、损失—获益、可控—不可控三个维度开发了包含 15 个测量项目的威胁—机会问卷，经过因素分析后实际只得到两个维度，积极—消极维度与损失—获益(两者相关高达 0.90)聚合为一个维度——积极获益，而 Anderson 和

Nichols(2007)通过对69位管理者的纵向研究得到了三个维度:积极获益、可控和威胁。Mohammed和Billings(2006)开发了包含30个测量项目的量表,将紧急、久期、可见度、责任、可行性、理解、能力和互赖等特征纳入测量范围,同时测量了威胁和机会的损失—收益、可控—不可控、消极—积极等属性,通过因素分析检验了两维度方案,分别是威胁和机会,其中10个机会维度的测量问项是有关采取行动、可控制资源和情境、具备知识和技能应对情境以及情境是积极的等。

分析以往的组织危机感概念结构可发现,学者们遵循的研究思路是解析式的分析思路,大多基于危机的关键特征来构建组织危机感概念,将现实实践中决策者认为重要的并对行为有预测力的特征纳入作为组织危机的维度。这种解析式的分析思路在Jackson和Dutton(1988)的研究设计中得到了充分的体现,研究者通过比较管理者对机会和威胁的关键特征,找到机会和威胁关键特征的相同部分和不同部分,运用不同部分构建威胁—机会评价的维度。解析式的研究思路和设计有助于构建清晰的组织危机感概念结构,不足是难以形成较为全面的组织危机感维度,可能忽视了组织危机感的其他关键特征维度,尽管这些维度并非区分威胁和机会的关键特征,但对这些特征的评价却可能对组织战略选择和行动有显著影响。

三、相关概念的辨析与说明

清晰的概念边界是科学研究的重要标准之一,明确的概念定义也便于读者阅读和理解研究的思想内容。为对本研究关注的焦点概念“危机”有更清晰的说明,本研究对密切相关且容易混淆的几个关键概念——风险、不确定、模糊、威胁、机会和危机——进行了辨析和说明。

1. 风险

经济学、金融学、心理学、社会学和管理学研究中都有风险(risk)的定义,但即便在相同的学科(如心理学)中,有关风险的论述也并不一致(March和Shapira,1987)。李劲松(2000)对各种风险观点进行了系统归纳,认为现有文献主要存在两种风险观点:外在风险观点和内在风险观点。

(1)外在风险观点认为风险是客观存在的,是任务可能结果状态的概率分布,而与决策者的心理活动无关。经典决策理论、经济学和金融学基本持这种风险观点。如经济学将风险定义为可能结果和结果的概率大小,是包含情景、可能性和结果的数列(Kaplan和Garrick,1981),可以用表2.2表示。通过穷尽所有可能情景选项,计算累计概率后可以得到风险的曲线表达。

表 2.2 经典决策理论中的风险概念

情景	可能性	结果
S_1	P_1	X_1
S_2	P_2	X_2
…	…	…
S_N	P_N	X_N

资料来源：Kaplan 和 Garrick(1981)。

(2)内在风险观点。行为科学认为决策者倾向于忽略概率极小的可能结果，而不管这种可能结果所导致的后果大小，且往往只关注极少的几个可能结果而非全部可能结果的分布，只根据这几种可能结果来测量其变异度(March 和 Shapira，1987)。因此，决策者的风险概念是一种主观知觉(Kahneman 和 Tversky，1979；March 和 Shapira，1987；Sitkin 和 Pablo，1991)，是内部不确定性(主要为人的因素，如决策者的价值观、知识结构等)和外部不确定性(与决策任务的环境有关的因素)等因素的综合(Kahneman 和 Tversky，1984)。风险依赖于决策者的心理活动而产生，不同的决策者会用非常不同的方式来看待风险情境。

无论是外在风险观点还是内在风险观点，都认同风险的两个重要要素——潜在后果及其可能性。

2. 不确定

不确定(uncertainty)是指将要发生的不明确(Miner，1987)，包括结果状态、备选行动方案和结果价值三种主要不确定成分(王重鸣，1988)。不确定属于决策者对事件认识的一种范畴，而非事件本身的特征(Winterfeldt 和 Edwards，1986)，因此可以用主观概率来表示，而一旦主观概率以及各种可能的后果得以确认，不确定性就变成了风险。

毫无疑问，商业决策都是在不确定性的情况下进行的。经济的系统风险(Brealey 和 Myers，1988)、企业环境中不可预料的事件(Schumpeter，1934)、对企业经营活动的因果关系理解的缺乏(Lippman 和 Rumelt，1982)和人类信息加工的局限(Simon，1947)等导致任何时候的商业决策不可能是确定的(Alchian，1950；Cyert 和 March，1963)。

3. 模糊性

Frisch 和 Baron(2006)将模糊(ambiguity)定义为对与预测相关的信息缺失的一种主观体验。这种体验将影响决策者的概率判断和选择。Hai 和 See(1997)认为模糊性情境是由于缺乏充分的线索，不能形成结构化或类别。公司行为理论则将模糊性理解为所发生的或者应该发生的事情不明确(Miner，

1987)，往往导致组织难以评估行动及其结果。从定义看，不确定和模糊性的含义基本类似，含义上存在较大的重叠。

4. 威胁和机会

威胁(opportunity)指一种面临可能损失且难以控制的负面情景，机会(threat)则是一种可能获益且一定程度上可控的正面情景。机会和威胁是决策者的理解结果(Daft 和 Weick，1984；Dutton 和 Jackson，1987；Jackson 和 Dutton，1988；Thomas 等，1993)，与利益、困难和高赌注有关(Chattopadhyay 等，2001)，容易唤起组织行动。在特征方面，威胁和机会存在明显区别，机会包含"积极的、可能受益、不会损失、可决断、有办法解决、有行为自主性、可选择是否行动、优质"等特征，而威胁则包含"可能损失、不会受益、采取行动会到导致个人损失、行动受限、消极、劣质"等属性(Jackson 和 Dutton，1988)。威胁和机会是连续体的两种极端情形(Chattopadhyay 等，2001)。

机会的另一个重要文献来源是创业研究。创业理论中的机会指创业者认为"合意(desirable)"和"可行(feasible)"的未来情景(Krueger，1993)。有些创业研究中的机会概念不仅仅(或不完全)指诸如"合意"、"可行"、"获益"、"持续"等特征要素，而且包含机会的来源或内容要素，如一项新思想、市场差价等(Shane 和 Venkataraman，2000)等。

5. 辨析与界定

从上述概念的定义中可见，风险、不确定性、模糊、机会和威胁、危机等概念既有联系，又存在差别。各概念的含义在一定程度上存在重叠，并经常被混用。如 Rosenthal 和 Kouzmin(1997)就将危机、风险、不确定性、集体压力视为相同的概念范畴属性，不作明确区分。

Courtney 和 Kirkland(1997)和 Courtney(2003)的分析框架为辨别和界定风险、不确定和模糊等概念提供了借鉴，如表 2.3 所示。风险指未来发生的不确定性，其特征是强调不确定性和损失(Rosenbloom，1972；Crane，1980)，而不确定性不强调损失或损害。如 Kaplan 和 Garrick(1981)举了一个简单的例子说明不确定和风险：一个去世的亲戚确定某人为继承人，该继承人在审计师审计亲戚的资产之前，他不确定他能继承多少财产，可能是一百万也可能是两百万，这时候我们形容该状态为不确定性状态，但不会说他面临着风险。此外，风险主要是指向结果的，指结果(如损失或收益)的不确定性，且结果选项及其发生概率一般可计算或可主观估计，类似于表 2.3 中的图 2；而不确定性既可指向结果(结果不确定)，也可以指向行为(效应不确定)和情景(条件不确定)，可用来描述不知道结果选项及其概率的情境，类似于表 2.3 中的图 3 和图 4。从这两个方面看，不确定性的内涵更加广泛，包含了风险。在组织理论中，风险及不确定性状态也被称为模糊性(Sullivan-Taylor 和 Wilson,2009),按照 Courtney(2003)的分析框架,模糊性就是一种高不确定性状态,如表 2.3 中的图 4。

表 2.3　组织危机感相关概念辨析

程度	图示	描述	来源
①		可足够明确地预测决策的未来结果	成熟稳定市场的一般性投资回报;顾客和竞争者对精心设定的品牌再定位的反应
②	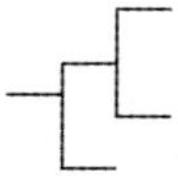	可区分和识别若干互斥决策选项及其结果,且其中一个选项必定会发生	潜在法规变化;不可预测的竞争者行动;孤注一掷的产业标准竞争
③	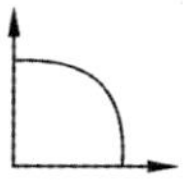	可区分和识别决策选项导致的可能结果的范围,但难以识别和预测具体结果选项	新产品或服务的需求;新技术绩效和采用率;不稳定的宏观经济条件
④		不能区分和定义决策导致的可能结果的范围	刚开始形成的新市场的演化

资料来源:Courtney(2003)。

由于现代社会和商业风险变得“更为全球化、更难识别、更多疑问、更难管理”,风险和不确定性之间的界限变得更加模糊(Beck,1992)。许多战略管理将“风险”和“不确定性”视作同义概念(Alvarez 和 Barney,2005)。但在创业理论中,很多学者严格区分了风险和不确定性,认为非创业决策和创业决策之间的最大区别是:非创业决策是在风险情境下的决策,而创业决策是在不确定性情境下的决策(Alvarez 和 Busenitz,2001;Loasby,2002)。

威胁和机会是企业高管在理解和阐释不确定性状态或情境的认知框架(或标签),是对风险、不确定性和模糊情景的理解结果,其内涵包含了风险、不确定性和模糊等概念的特征要素,如或损失或收益的结果及其可能性,也包含了企业高管本人的解释要素。此外,威胁和机会还包含了风险、不确定性和模糊性等之外的内涵,如可控性等。最后,风险和不确定的评估与机会评价有着密不可分的关系(Keh 和 Foo 等,2002),创业者往往在复杂和不确定的环境下决定新思想是否是一项机会(Das 和 Teng,1997;Allinson,Chell 和 Hayes,2000),低风险知觉能够提升对新思想合意性的评价。

有些定义中,危机指一种极端的威胁,也有定义将危机视为威胁和机会的复合体。而从来源看,威胁和机会像是孪生姐妹。按照熊彼特经济学说的观点,机会源于政治、法规、技术和社会的变迁(Eckhardt 和 Shane,2003),而在组织变革和适应理论看来,这些变迁也带来了挑战与威胁,导致了组织危机和压力(Bruton 和 Rubanik, 2002; Lau 和 Busenitz, 2001; McCarthy, Puffer 和 Shekshnia, 1993; Peng, 2001; Puffer 和 McCarthy 等, 2000)。

四、组织危机感的影响前因:赋义理论的观点

从现有文献看,直接研究组织危机感的影响因素和形成机制的研究不多,大部分的研究成果是基于赋义理论(sensemaking theory)的研究。从现有的研究成果看,组织危机感主要包括三个水平的影响因素:个体、团队和组织、制度。

Billings 等(1980)通过理论分析认为,个体差异会影响组织的危机感,如焦虑和自尊会影响危机感中的损失概率感知,记忆易得性和控制点也会影响到组织危机感,移情会影响危机感中的损失规模的感知,而 A 类行为会加剧时间压力感知。但他未对此进行实证分析检验。Weick(1988)第一次研究了危机的赋义过程,并产生了很强的理论影响,后续有关组织危机感的影响因素和过程研究基本是基于他的这一开创性研究。Weick 通过分析 1984 年联合石化的油气泄漏的案例事件认为,危机对决策者提出了强烈的赋义需求,决策者对危机的感知和理解影响了选择的应对策略,而当人们采取行动去应对危机时,人们也产生了用以赋义的原始材料,将影响对危机自身的剖析,因此危机的赋义过程是决策行动者的社会构建过程。而个人的承诺、危机感知的能力和期望等对危机赋义有影响。承诺使人们对危机的理解片面化,从而使应对存在盲点。处在危机之中的人们往往缺乏直接面对危机问题的能力,在潜在危机中,角色可获得性的数量和多样性决定了危机的感知能力。最后,高管团队的假设和期望导致有关组织危机的"寓言自我实现式"认知。

此后,有关危机赋义的研究出现异化,一部分学者研究人们在危机情境下的赋义,另一部分学者将焦点放在人们对危机本身的赋义。从这两种类型的研究中可以发现:①个体、集体和制度影响了危机的认知过程。个体早期的、积极公开的评价影响危机的赋义(Salancik 和 Pfeffer, 1978; Weick 和 Sutcliffe, 2003),并会影响组织后续的更新和恢复行动;②当群体面对危机时会产生集体性赋义,成员会产生共享的理解和协作行动;③危机的赋义受到组织及其成员所嵌入的制度情境的影响;④乐观主义对危机的赋义有影响,但乐观主义在危机中可能会使人们产生认知和行为上的盲点而不利于危机管理,危机后的乐观主义则对组织及其成员有显著的积极影响。

近期,Vendelo 和 Rerup(2009)通过案例分析发现,组织成员注意的一致性会影响到危机的赋义。个人、团队等水平很难同时对特定的议题进行信息扫描、分享和理解,由此导致了个体拥有的潜在威胁的信息难以被其他人注意,导致潜在威胁信息协作的失败。而信息协作和共享理解的能力对组织危机的赋

义有重要作用。Dunbar 和 Garud(2009)通过案例分析认为,知识分布情况会影响到组织危机的赋义,组织成员基于各自不同知识库形成危机的不同理解。也有观点认为,组织危机的赋义是困难的,若缺乏导致集体关注的社会过程,对组织危机的集体性赋义就不可能发生(Maitlis 和 Sonenshein,2010),但若组织具有集体性警觉,则能促进组织成员对组织危机的集体性赋义。

最后,制度也影响组织危机感。Wicks(2002)通过对 1992 年 Westray 矿难的分析发现,制度和组织逻辑影响到组织成员的认知,导致他们忽视了危机评估和理解中的一些重要线索。还有一些研究揭示出权威性影响组织成员对组织危机的认知(Brown 和 Jones,2000)。公共危机领域的研究发现,媒体结构决定了危机的信息及信息结构,进而对人们的危机感产生重要的影响(Mills 和 O'Connell,2003)。

现有组织危机感相关研究较多采用深度案例分析法,较少采用定量方法分析。在案例和访谈等定性方法中发掘了较多影响组织危机感的因素,但这些因素都未进行定量方法检验,并且很多影响因素概念本身未进行精确的定义和操作化,也阻碍了组织危机感的影响因素和形成机制向定量研究方向发展的进程。

五、组织危机感的影响前因:创业理论的启示

前述分析已表明,直接研究组织危机感影响因素和形成过程的研究大多基于案例等定性方法,较少采用定量方法研究。而创业理论中的机会认知研究则多基于定量方法,这些研究成果可为组织危机感影响因素和形成机制研究提供理论启示。创业的首个步骤是识别和评估机会,进而选择机会开发策略(唐靖和张帏等,2007)。前文已经对组织危机和机会等定义进行了分析,组织危机作为机会和威胁的复合体,有关机会认知的影响因素和过程可迁移到组织危机感的影响因素和形成机制研究中。本部分将通过回顾创业文献中有关创业者机会认知的研究成果来构建组织危机感的关键认知和行为方面的影响前因。

1. 机会认知的主要观点

以往研究主要存在机会识别、机会发现、机会创造和机会归因等四种创业机会观点,对理解组织危机感的主要影响因素及其形成机制有一定借鉴意义。

(1)机会识别观点由 Sarasvathy 和 Dew 等(2003)提出,认为创业机会是利用现有资源更好地实现预定目标的可能。该观点假定创业机会是客观存在的,信息是充分的,创业者在信息获取能力上也不存在差异,创业机会随机分布在个体间,开发机会所需要的资源已经存在,创业者只需要通过资源的合理配置就可以开发利用机会。创业者创建新组织组合资源,通过模仿或渐进创新等更

合理地配置资源，开发已有市场，实现利润最大化。

(2)机会发现观点由 Shane(2000)提出，认为机会虽然客观存在，但有关机会的信息并不对称，获取充分的信息是发现机会的关键，创业者在获取和分析信息方面存在显著的差异性。警觉性、风险感知和已有知识以及获取信息和资源的社会网络对创业者能否发现机会有着至关重要的作用，决定着哪些人能够发现创业机会，哪些人则不能。创业者基于因果推论进行机会开发和创业决策，创业者有给定的目标，专注于机会的实现，通过系统的信息收集、信息加工和判断，运用经验或知识搜寻和整合信息与资源，采用多种路径实现给定目标。

(3)机会创造观点由 Venkatraman(2003)提出，认为机会并不是客观存在的，而是创业者主动创造出来的，源于创业者的想象和创造更好未来的交互活动，最终创造出新市场。在机会创造的观点看来，机会的信息并不充分，仅存在非随机分布的有限信息，并非所有个体都有这些信息，个体之间存在经验上的差异，但并非完全意义上的内生性差异。创业者在创业过程中被创造出来，关注创业的每一个决策，其出发点也不是基于因果推论，而是效应推论。创业者并没有既定的目标，而是根据所拥有的资源作出各种假设，在实践中不断修正假设，根据环境和资源条件不断实践检验，获取相应的回报。创业者通过构建战略联盟而非分析竞争对手、通过开发偶然而非已有的知识创造机会，通过控制不可预测的未来而不是预测不确定性开发机会(唐靖和张帏等，2007)。

(4)机会归因观点由 Gartner 和 Shaver 等(2008)提出，认为创业机会是内在的，创业者将机会视为源于能力等内部稳定属性或者努力等内部易变属性的结果。机会是创业者在已有能力以及自身努力可控范围之内的感知，因此机会可理解为源于创业者如何认识自身的能力和努力而非外部环境，是人们与对象(事件、发展和趋势)的相互影响。外部的客观现实的确影响人们是否注意、感知和行动，而人们也的确会选择或不选择与对象互动，这意味着他们可以创造和发展出自身与外部客观环境互动的独特方式。机会既是被发现的，也是被创造出来的：取决于个体能力和努力与对变化事件及环境感知之间的交互作用。

根据机会识别观点的类比，组织危机是客观存在的，信息是充分的，企业战略决策者对组织危机的信息获取能力上也不存在差异，因此组织危机感的差异来源是组织危机本身的差异，如组织危机的来源差异等；根据机会发现观点类比，组织危机虽然客观存在，但有关危机的信息不对称，需要获取充分的信息。由于企业战略决策者获取信息的能力存在差异，因此组织危机感的影响因素不仅仅包含组织危机源等客观自身，还包括战略决策者的信息搜索和警觉性等信息获取和分析能力方面的因素；根据机会创造观点类比，组织危机并非客观存在的，而是企业组织在经营活动中创造出来的，源于企业组织与环境的交互活动，组织危机的信息不充分且在不断变化之中，组织危机也并非完全是外生性的，而是企业行动构建的过程和结果；根据机会归因观点类比，组织危机感是组织成员基于自身和组织已有能力、努力与对象（事件、发展和趋势）以独特互动模式相互影响的结果。

综合以上观点，组织危机感与机会评价一样，受到情景因素（危机源）、认知因素（警觉性、信息搜索等）和个体特征等因素的影响（机会评价的影响因素如图 2.3 所示）。除了客观的情景因素，个体特征和认知因素等企业战略决策者的自身因素也会影响到组织危机感的形成，并进而决定了战略选择。下面将就机会认知的影响因素进行分析和回顾，从创业理论中寻找可能影响危机感的关键因素。

图 2.3　创业机会认知与创业决策研究

资料来源：本研究整理。

2. 信息搜索与机会认知

奥地利经济学派认为信息特异性是机会的重要来源，对信息的获取、敏感性和占有对机会认知有重要影响。实证研究也发现，信息搜索是机会认知的关键因素之一。如 Shane(2000)的案例分析发现，新技术信息可帮助创业者识别市场机会，有关市场的信息会影响其进入市场的策略，有关服务市场的信息会影响其如何服务，而有关顾客的信息会影响创业者开发出何种产品与服务。他认为，个人异质性知识库和市场信息之间的交互是创业者能够识别机会的原因。Simsek(2002)发现公司的信息管理能力、信息使用的主动性、信息辅助工具、信息负荷（信息的多样性、数量和可预测性）等有助于机会认知的成功率。

此外，一些研究也发现创业者的确会进行系统的信息搜索（Fiet，1996；Fiet 和 Piskounov 等，2005；Fiet，2007），创业者积极搜索新思想有关的信息是其成功的关键（Fiet 等，2004；Ko 和 Butler，2007），搜索努力的程度与潜在商业思想的发现有显著的正相关关系（Ucbasaran 等，2008）。也有学者发现，在面对相同的市场刺激时，有的创业者采用了积极搜寻的方法，而有的创业者采用了发现的方法。

3. 警觉性与机会认知

自创业研究的主流范式确立[①]、创业机会成为创业研究起点之后，警觉性[②]概念就成为创业决策研究中的重要概念之一。警觉性是影响创业者机会认知的重要因素(Kirzner,1973)。研究表明，创业者，特别是成功的创业者可能存在机会认知的信息加工图式(Ardichvilietal,2003)。Gaglio 和 Katz(2001)认为警觉性就是这种信息加工图式的一种反映，表现出搜寻和注意变化及市场非均衡状态的信息搜集倾向以及对不符合现有图式的信息进行反应的特征。Baron(2006)认为正是由于这种复杂的和适应性的心智框架，使高警觉性的人更能跳出已有的思维框架。实证研究也发现，警觉性影响了识别创业机会的可能性(Tang,2008;Tang 和 Tang 等,2008)。

国内学者苗青(2006,2008)对中国背景下的企业家警觉性概念结构进行了研究，通过对 2 个样本共 381 名企业家和 166 名管理者的对比样本的实证分析，编制了测量问卷，探索并验证了中国企业家警觉性的三维模型：探求挖掘、重构框架和敏锐预见三个维度。探求挖掘指对商业情报和信息的分析和挖掘，离析出潜在机会及其隐含利润；重构框架指善于打破既定的思维范式，通过"偶然觉察、舍弃常规和发散思维"等来重构现实，赋予既有资源新的价值和用途，实现灵感的偶然性与商业的必然性的完美对接；敏锐预见指对机会涌现的敏感及商业前景前瞻性的预测。该研究发现警觉性显著性地影响到公司创业决策中的机会评价，进而影响到公司的创业选择。

警觉性概念在组织变革研究中也受到重视。如 Gaglio(2001)就呼吁企业家应具备警觉性的 3 个要素：正确地感知市场环境；识别关键的驱动要素；推断因素间的动态关联性。Beck 等(2008)在市场定位变革、领导变革和正式组织规则变革三种典型类型的变革情境下，对变革冲量进行了实证分析，揭示出组织变革敏感性(change-sensitive)、组织变革倾向(propensity to change)在组织变革中的重要作用。

根据以上分析，本研究初步认为，在组织危机情境下，创业者(战略决策者)的信息搜索和警觉性对组织危机的评价和理解中也可能有重要影响。本研究将在第三章中进一步阐述相关理论依据，并对此进行检验。

---

① 一般认为自 Shane 和 Venkataraman(2000)以后。

② 魏喜武(2009)对警觉性进行了系统综述，本书不再赘述。

第二节 组织变革和转型理论回顾

产业转型升级是我国经济发展的重大战略，产业转型升级的主体是企业组织。根据第一章的初步分析，我国企业转型升级需要破解业务模式依赖、资源模式依赖和产品技术依赖，破解三种模式依赖的过程是组织变革的过程，因此本研究将回顾有关组织变革(organizational change)的文献。在国际金融危机、部分产业出口市场受到严重打击、国际产业分工调整、要素价格不断上涨和环保压力不断上升等大背景下，我国许多企业的成长和发展受到影响(如三种危机)，出现业绩下滑等衰退趋势，我国企业的变革是组织危机下的组织变革，因此本研究回顾了危机下的组织变革研究成果——组织转型(organizational turnaround)①，通过系统回顾组织变革和组织转型文献来构建研究框架。

一、组织变革的概念和内容

组织变革是组织研究的前沿领域和核心主题之一(Van de Ven 和 Poole，2005)。Michael(1982)把组织变革定义为组织无法适应外界环境变化时而进行的调整活动及其过程，目的是为了获取竞争优势。Daft(1994)则认为组织变革是组织采用新的思维或者行为模式的过程。组织变革是企业提升短期的竞争力和长期生存所必需的战略行动(Lüscher 和 Lewis，2008)。

组织变革是包含变革背景、变革内容和变革过程的复杂体系(Armenakis等，1999)。变革背景是组织内外部环境各种变革力量或条件，如市场波动、技术发明或绩效危机等；变革内容是变革的实质内容，如战略、组织结构的变化与调整等；变革过程则指组织变革中的行动过程，如流程再造、新技术开发过程

---

① 在此对几个容易混淆的概念进行说明："turnaround"也译作"转向"，本书译作"转型"，但与一般常说的"转型升级"中的"转型"的含义存在一定差异，此处的"转型"包含了两重含义：组织经营业绩的好转(业绩逆转)和组织管理与战略等方面的变革(经营转变)。"转型升级"中的"转型"一般译作"transition"。国内部分学者也将"organizational transformation"和"organizational transition"译作"组织转型"。本书将"organizational transformation"译作组织改良，根据 Newman(2000)，组织改良指组织内变革(intraorganizational change)，类似于适应性组织变革概念，组织变革概念中的变革无关变革效能，而组织改良则包含了变革效能的涵义，Newman 将变革区分为有效能和无效能的，认为组织改良指有效能的变革。也有学者将组织改良视为组织适应(organizational adaption)的同义词(Suarez 和 Oliva，2005)。从近期文献看，组织改良主要以转型经济体和新兴经济体内的企业为分析对象。根据 Miller 和 Friesen (1980)发表在 *Administrative Science Quarterly* 上的研究报告，"Organizational transition"中的"transition"指组织从非均衡或压力状态向均衡或平静状态转化期间的一系列变革集合，是组织适应下的子概念。

等。本节将对组织变革背景、变革内容和变革过程三个方面对组织变革进行综述。

学者们基于分类学就组织变革的内容提出了许多观点。如 Leavitt(1965)认为组织变革可划分为组织结构的变革、组织人员的变革和技术的变革。结构变革是通过工作结构和职权关系的调整来促进组织目标的实现，组织人员的变革是通过员工态度、知识及技能的改变提升组织效能；技术变革则是通过新技术的采用或新设备的引进提高生产效能。McCann(1991)认为组织变革包括科技变革、产品与服务变革、策略与结构变革、人员与文化变革。科技变革指制造技术与程序的变革，如工作方式、设备和流程；产品与服务变革是推出新的产品或服务；策略与结构变革是管理策略的调整与变化，如财务控制、薪酬制度等；人员与文化的变革指员工技能、价值观等方面的变革。Robertson 和 Roberts 等(1993)认为组织变革包括对组织安排、社会因素、技术和物理环境等四大类要素的变革，每一大类要素又由大量相关的组织要素构成，如组织安排包含管理幅度、组织结构之类的要素，社会因素包含组织文化、员工态度之类的要素。Stickland(1996)则认为组织变革包含结构、流程、行为、战略、状态和环境等六个方面的变革。

最新的组织变革内容由 Canato 于 2007 年提出，他认为组织变革包含惯例、符号和结构三个方面的变革。相对以往研究对组织变革的宽泛定义，Canato 更加聚焦于组织要素的变革，各个内容具有一定的层次性：惯例主要指组织变革在物质层次的内涵，如组织资产、组织实践等要素的变化；符号则是组织变革在价值层次的内涵，如组织愿景、组织使命、文化规范等要素的变化；在惯例和符号两个层次之间则是各种内外连结和复杂关系的结构性要素。

上述组织变革的内容分类较为全面地体现了组织变革的内涵，从这些内容分类也可窥见组织变革包含内容的丰富性和复杂性。组织变革的概念也存在广义和狭义之分，狭义的组织变革聚焦于组织要素的变革，如 Canato 的定义；而广义的组织变革还包括了科技、产品、战略等内容。不同的变革内容对应着有不同的变革策略，正因为如此，组织变革策略方面的研究也十分纷杂，有偏重技术要素的技术变革研究，偏重战略要素的战略变革研究，偏重流程要素的流程再造研究等等。

二、组织变革的过程模型

组织变革遵循一定的过程模式。Lewin(1951)基于力场分析提出的“解冻—变革—再冻结”无疑是最经典的组织变革过程模型。该模型将组织变革视为各种动力与阻力使组织朝向所希望的平衡状态转变的相互作用过程：①解冻阶段:明确变革目标,凝聚共识,并设计组织变革方案,组织需要发现各种组织变革阻力,并设法克服变革阻力;②变革阶段:组织实施变革方案展,促使组织从目前的平衡状态向期望状态转变;③再冻结阶段:组织需要采取措施固化新的行为模式和组织形态,防止组织退回变革前的旧有状态中,使组织稳定在新状态。后续众多学者提出了各种不同的组织变革模型,如 Judson(1991)的五阶段模型、Kotter(1995)的八阶段模型以及 Jaffe 和 Scott 等(1994)提出的四阶段模型。这些模型都可视作基于不同视角对 Lewin 三阶段模型的细化,在此不逐一介绍。

在此介绍与本研究密切相关的、也是最新提出的组织变革过程模型。该模型由 Dixon 和 Meyer 等(2010)以转型经济体内的企业组织为分析对象、基于组织改良的概念而提出,认为组织变革有三个阶段(如图 2.4 所示):①打破过去,该阶段重要的是形成变革需求的警觉性,受到高管团队异质性和创业局外人、变革型领导风格以及所处的社会主义制度留下的印记的影响(Socialist institutional imprinting);②开发和配置,该阶段的核心是开发和配置能力,影响到组织的生存,开发性组织学习受到警觉性和权变领导风格的影响,进而影响到动态能力中的配置能力;③探索和创新阶段,该阶段的核心和探索和创新能力,交易型领导风格影响到探索性组织学习,探索性组织学习促进动态能力中的搜寻和创新能力,进而决定了企业的长期竞争优势。动态能力中的探索维度和创新维度可能会对组织学习产生影响。

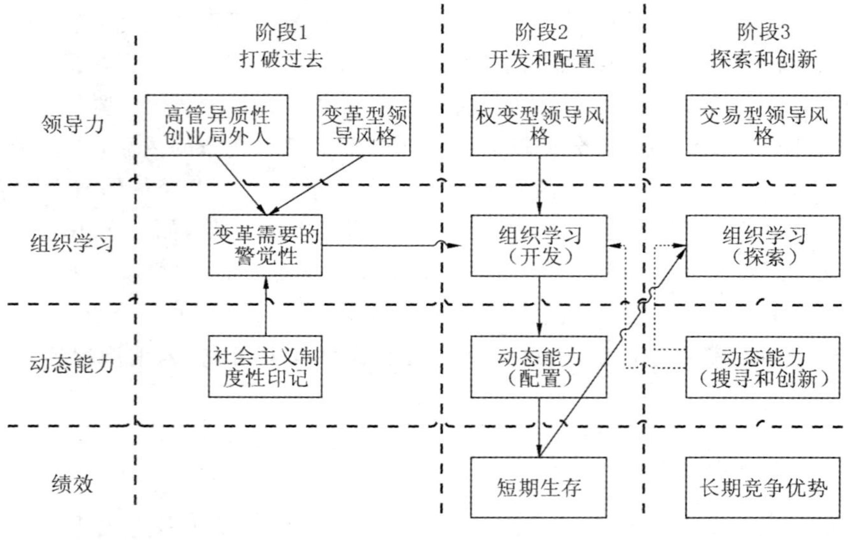

图 2.4　组织改良的三阶段模型

资料来源:Dixon 和 Meyer 等(2010)。

国内学者 Wang(2004)通过对 628 个创业者和创业团队的关键事件访谈研究提出了中国创业背景下的创业成长模型——“适应—选择—发展(ASD)”模型。该模型基于创业企业的成长和发展研究而提出，也被应用于组织变革研究中。在组织变革背景下，适应阶段指组织对企业内外部环境的感知和理解，是对机会和风险的捕捉与识别；选择阶段指组织的战略选择，是 ASD 模型的核心部分，对组织的战略决策能力提出了挑战；发展阶段是企业的成长阶段，在组织适应和选择的基础上，由于战略行为选择差异导致的结果，决定了组织未来成长趋势和方向。唐琳琳(2009)和吴道友(2009)基于 ASD 模型，分别在组织变革和国际创业背景下检验了 ASD 模型，发现 ASD 模型对中国文化背景下企业组织变革如何发动、管理和稳定过程有较强的解释力和指导意义。

如同组织变革的分类，由于研究视角和分析单元的差异，各种组织变革过程模型各有偏重。有的是侧重理论解释，有的仅仅是作为实践指导框架，有的适用于解释微观水平的变革事件的过程，有的适用于概括宏观水平的变革事件流。这些理论相互补充，深化了人们对组织变革过程的理解。

组织变革过程模型为本研究的理论框架构建提供了理论原型。本研究基于 Dixon 和 Meyer 等(2010)的模型，提供了组织变革策略的基本模型，并说明警觉性是组织变革过程中的重要前因，为研究的关键变量提供了理论支持，而 Wang(2004)提出的 ASD 模型则提出了“认知—选择—发展”的组织变革研究思路，为本研究的关系假定提供了基本框架。

三、组织变革的动力要素

随着组织变革研究的不断深入，人们对组织变革的过程逐步形成共识，研究的焦点也逐步从较为抽象的变革过程研究转向结合变革问题、变革内容和变革策略等方面的组织变革过程研究，特别是对组织变革各阶段的驱动要素的研究成为焦点之一。

随着理论发展，有关组织变革驱动力的研究也从最初的单一的促进因素(动力)和阻碍因素(阻力)过渡到系统性框架构建和检验的阶段。系统性框架将以往研究得出的动力因素和阻力因素系统化，基本包含了以往研究的核心要素，因此本文仅介绍近期的与本文理论构思密切相关的模型。

基于组织—环境匹配理论，Greenwood 和 Hinings(1996)提出了组织变革动力机制模型，将组织变革动力区分为情境动力(context dynamics)和组织内动力(intraorganizational dynamics)。组织内动力又划分为触发动力(precipitating dynamics)和使能动力(enabling dynamics)，如图 2.5 所示。顾名思义，触发动力是组织变革的直接动因，具有类似于扳机的功能，使能动力则是组织变革的能力动因。触发动力通过使能动力实现组织变革。本节将在下文中基于这一分类进行分别论述。

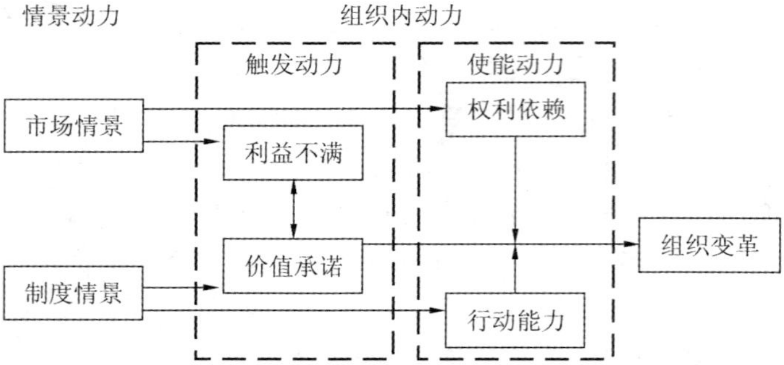

图 2.5　组织变革的动力模型

资料来源：原始出处为 Greenwood 和 Hinings(1996)，转引自盛南(2009)。

Dixon 和 Meyer 等(2010)提出的组织改良过程模型也是一个组织变革动力模型，认为不同的变革阶段有不同的动力要素，如在打破过去阶段所需要的是一种对变革需求的警觉性，警觉性的功能类似于 Greenwood 和 Hinings(1996)所说的触发动力的功能，对组织启动变革十分关键。在变革启动后，组织需要相应的领导力、组织学习能力和动态能力，这些能力的功能类似于使能动力。

1. 组织变革的触发动力

Greenwood 与 Hinings(1996)认为触发动力包括利益不满和价值承诺两个要素。价值承诺包括现状承诺、惰性承诺、竞争承诺和改进承诺四种类型，如果组织的价值承诺模式为竞争承诺或改进承诺，组织就会启动变革。如 Zhou 等(2006)发现，市场变化所激发了组织变革：在扩张的市场情境下，管理者往往更愿意投入资源到新项目上，并激励他们先于竞争对手改变自己的产品以吸引新的顾客，从而引发组织变革，而在萎缩的市场情境下也会造成企业的动荡从而激发变革。Beck 等(2008)的研究也发现，由于顾客偏好变化导致的市场利基的变化会导致组织发生变革。

利益不满触发组织变革也得到实证证实，如组织变革通常由某种失败触发(Czarniawska 和 Joerges，1996)，有某种损失发生的情景或某种潜在损失可能发生的预期会刺激组织制定并执行变革计划，进而导致某种变革结果。企业行为理论也认为，低于预期的企业绩效将激发组织搜寻问题，并制定变革方案，通过采取变革行动促使组织达至预期绩效(Cyert 和 March，1963)。Zhou 等(2006)在中国背景下的研究发现，拙劣的绩效、组织失败的现实情境或潜在危险往往会迫使或激发组织引入新的产品、实行新的销售计划，从而导致组织变革的发生。这些研究说明组织危机是组织变革的重要触发因素。

警觉性也是组织变革的触发动力（Dixon 和 Meyer 等，2010）。Beck 等（2008）用实证证实了变革敏感性和变革倾向在组织变革中的作用。创业研究文献也发现，警觉性影响创业者的机会认知和识别，进而影响到创业行为，证实了警觉性是创业行为的触发因素，而创业是组织变革的重要形式（王重鸣，2008）。

2. 组织变革的组织内动力

Greenwood 与 Hinings（1996）认为组织变革的组织内动力包括权力依赖和行动能力。组织变革依赖于具有影响组织行为的权力结构。Greenwood 与 Hinings（1996）指出，只有当变革推动者具有相应权力且变革反映了其利益时，变革才会发生。不同群体影响组织变革的能力存在差异，因为他们具有不同的权力，这导致一些组织成员或群体推动变革的能力比较强，而一些组织成员或群体阻碍变革的能力比较强。资源依赖是权力依赖的一种补充，类似的，组织变革需要调集或重新配置资源，若缺乏组织变革所需资源，组织变革将难以推行。

自反能力、动态能力和重塑能力等是组织变革的行动能力。Beck 和 Giddens 等（1994）认为企业具有自反能力，可持续地监控自身和其他主体的行动以及社会对此作出的反馈，并形成相应的知识库，可根据自身目标实施环境干预或者避免环境干预，这种自反能力是组织变革的组织内动力。动态能力指组织整合、建立、重新配置组织内外部胜任力以快速响应环境变化的能力（Teece 等，1997）。Zahra 和 George（2002）认为动态能力本质上是变革导向的能力，使组织可重新配置和整合资源，应对变化发展的顾客需求和竞争对手，扩展、调整或创造常规能力（Winter，2003）。Wang 和 Ahmed（2007）指出，动态能力是嵌入于组织过程之中的高阶能力，通过不断整合、重置和再造自身资源和能力的行为赢得并保持竞争优势。Turner 和 Crawford（1998）提出了区别于维持组织日常绩效的运营能力的重塑能力，重塑能力能够帮助组织高效地管理变革，促进变革的成功。重塑能力包括根据变革目标重新分配组织资源的能力、鼓励组织成员卷入变革积极承诺的能力和控制变革过程稳定组织绩效的能力等（Jones 等，2005）。

四、危机下的组织变革：组织转型

组织转型已成为过去三十年学术关注的焦点（Boyne 和 Meier，2009）。Levy 和 Merry（1986）认为组织转型是指组织对组织衰退的一种响应，为了继续生存而在各个领域进行的激烈重组，是一种包括解决核心流程、精神、意识、创新和进化等方面问题的全面彻底的变革。Pearce 和 Robbins(1993)、Boyne 和 Meier(2009)将组织转型定义为从组织衰落的危机中修复绩效的过程。

相对于组织变革，组织转型的定义更加狭窄，隐含着组织遭遇危机或存在潜在危机。组织转型实际上是在危机(包括渐进的组织衰落和突发的组织衰落)下的组织变革过程。组织转型的概念隐含了组织面临组织衰落的危机，由此激发了组织改变既往行为策略，启动了转型过程(Cater 和 Schwab，2008)。组织衰落意味着持续资源损失(Cameron、Whetten 和 Kim，1987)，可以是一个渐进的过程，也可以是突发的、未预料的破坏(Tushman 和 Anderson，1986)，持续的组织衰落导致组织危机，威胁组织的生存(Cater 和 Schwab，2008)。有观点认为，面临危机的组织更可能采取激烈行动进行转型(Kiesler 和 Sproull，1982)，外界环境压力变大意味着企业进行转型时机的来临。当企业面临的状况较危急时，它就必须以更快的速度改变自身，切断以往形成的惯例和惰性，以迅速的步调进行变革。

五、组织转型策略与战略性创业：一个融合与扩展的框架

绝大多数的管理者和管理学者将组织衰落视为可逆的(Chowdhury 和 Lang，1993；Porter，1985)，认为特定的转型策略可以阻止组织绩效衰减，结束组织衰落的威胁并持续恢复组织绩效(Chowdhury，2002)。研究也发现，成功实现转型的组织的确具有一系列类似的活动，特别在成熟的制造产业(O'Neill，1986)。这些说明存在特定的组织转型策略模式，Cater 和 Schwab(2008)将转型策略定义为企业生存的威胁感导致的长期决策和行为，旨在逆转组织威胁(Cater 和 Schwab，2008)。

1. 效率转型策略和创业转型策略

根据文献梳理发现，已有文献中主要论及的组织转型策略主要为两种基本策略：效率转型策略和创业转型策略。

Hofer(1980)最先提出在面对财务低迷时，企业应该运用资产缩减和降低成本的转型策略。Hambrick 和 Schecter(1983)首次运用大样本检验了转型策略的有效性，他们将转型策略分为效率转型策略(资产缩减和成本降低)和创业转型策略(产品选择和市场调焦)，发现两种策略对组织转型都显著有效，并认为成功的组织转型通常主要是效率变化的结果而非产品—市场变化或市场份额的变化的结果。Chowdhury 和 Lang(1996)认为存在缩减策略和创业迁移两种转型策略，并在中小企业样本中对这两种策略进行了比较，发现创业迁移是一种可行的转型策略，但缩减策略具有更好的短期绩效，而创业迁移策略的长期绩效优异。Cater 和 Schwab(2008)认为组织转型策略主要包括重构、规模缩

减和范围缩减等测量，并强调降低成本和资产降低作为财务低迷时期的应对途径。Bachmann(2009)提出组织转型包含战略要素和运营要素，前者是关于“什么(what)”，后者是关于“如何(how)”，两者共同构成战略决策的基石。危机情境能够激发组织有关“什么”和“如何”的灵感，一方面选择更加有价值的战略选项，另一方面通过改进运营避免陷入组织失败(Bachmann，2009)。以上这些策略基本上都可以根据其含义纳入效率转型和创业转型两种策略之中。

效率转型策略的内容是提高运营效率、减小某个业务的规模和范围，也称为缩减策略，包括退出艰难的市场、去掉不盈利的产品线、出售资产、外包和裁员等行为举措。这些举措用以防止财务损失，并腾出新资源以投向更具效能的活动。缩减也被描述为“效率”导向策略(Hambrick，1985)和对核心业务的“重新聚焦”(Dawley 等，2002；Johnson，1996)策略。实证研究中对缩减策略对组织转型的有效性存在较大的争论。例如，Robbins 和 Pearce(1992)认为剥离资产和降低成本是转型策略的核心，Hoffman(1989)也认为控制成本是成功转型的关键。相反地，Barker 和 Mone(1994)和 Barker 等(1998)认为缩减策略是一种失败的转型策略，会弱化企业。Castrogiovanni 和 Bruton (2000)则发现收缩活动对组织转型并无显著影响，认为缩减策略的效果可能具有情境性，需要在不同的产业背景中检验。但以往对缩减策略的检验主要偏重于减小业务规模和范围的效果检验，未纳入提高运营效率的其他举措。

创业转型策略包括进入新市场、寻求新资源、研发新产品、调整公司目标和形象等行为举措，强调对市场和产品的变革和创新(Boyne 和 Meier，2009)。创业转型策略的主要贡献是从新资源中获得回报。创业转型策略可能部分采取外部网络构建活动，如调整顾客、供应者和接待机构的关系等(Arogyaswamy 等，1995)，对外部期望的重新排列也是缩减和重置的前提条件(Filatotchev 和 Toms，2006)。大量实证研究发现，创业转型策略是有效的，这与以往组织生态理论中假定组织变革是由于突变而非适应的观点相悖(Hannan 和 Freeman，1977)，组织生态理论认为创业转型将导致更深度的组织衰落。Boyne 和 Meier (2009)认为由于存在大量的“勘探式”策略可以运用，如为顾客提供新服务、变革和平衡的活动比例等(Boyne 和 Walker，2004)，因此理论上创业转型策略对组织转型应该有效，他们的实证也证实了创业转型策略对组织转型的有效性。

Barker 和 Mone (1994)认为效率转型策略并非贯穿组织转型过程始终的策略，Pearce 和 Robbins (1994)则认为组织转型包含战略性(创业转型)和运营性要素(效率转型)，但效率转型策略贯穿组织转型过程的始终。Boyne 和 Meier(2009)认为效率转型策略可能先于创业转型策略发生，是较为有效的转型启动策略。

以往已有较多转型策略的研究，但累积的实证和概念研究形成了理解转型策略的碎片，特别在效率转型策略方面，已有研究还存在较大的模糊性（Cater 和 Schwab，2008）。但这些策略内容为本研究的组织转型策略构建奠定了理论基础，可通过借鉴创业研究、组织二元和创新方面的实证研究成果，构建更为细致的转型行为策略，并分析和检验其变革效能。下面将通过回顾相关文献系统构建组织转型策略。

2. 组织转型策略与战略性创业

自从美国战略管理杂志（*Strategic Management Journal*）在 2001 年发表了“战略性创业”的专刊以来，战略性创业概念日益受到创业管理和战略管理等领域的学者们的关注，美国战略管理学会更是在 2007 年 11 月开始出版战略创业杂志（*Strategic Entrepreneurship Journal*），发表了一些战略性创业研究报告，进一步推动战略性创业研究领域的发展。

战略性创业是战略管理和创业研究领域交叉融合产生的新概念（Companys 和 McMullen，2007），是创业学和战略管理结合的产物（Hitt 等，2003）。战略管理的焦点是如何通过战略决策和行动策略构建企业竞争优势，而创业研究的焦点则是如何识别和利用各种机会创建新业务，两者通过企业的创业导向（创新、风险承担和行动领先）以及企业目标（创造价值）等交叉融合为战略性创业这一概念。

效率转型策略和创业转型策略与战略性创业和组织二元的理论框架非常契合。战略性创业就是追寻机会和追寻优势的一种整合协同策略（Ireland，Hitt 和 Sirmon，2003），同时具有创业活动和战略活动要素，是一种富有创业心智的战略活动（Kuratko 和 Audretsch，2009）。通过创业寻求机会（opportunity-seeking）和战略寻求优势（advantage-seeking）两者的整合，塑造竞争优势并创造价值（Choi 和 Shepherd，2004；Ireland 和 Webb，2007；Luke，2008）。前者可视为创业转型策略或探索策略，而后者可视作效率转型策略或开发策略（Choi 和 Shepherd，2004；Ireland 等，2003；Ireland 和 Webb，2007；Luke，2008；Steffens、Davidsson 和 Fitzsimmons，2008）。组织二元理论认为，组织同时具备探索和开发的能力和功能，在探索和开发之间维持一个适当的平衡是企业组织生存和发展的基本条件。持续追求开发可能导致企业能力的刚性，难以自我更新以适应环境，而过度强调探索学习会导致企业低效运作，妨碍企业充分获取现有能力的回报。探索与开发的差异比较如表 2.4 所示。

表 2.4 探索与开发策略的比较

比较项目	探　索	开　发
目标	为了满足正在出现的顾客或市场需求	为了满足已有的顾客或市场
结果	新的设计、新的市场、新的营销渠道等出现	已有的设计、目前的市场、已有的营销渠道和技能等的改善
知识基础	需要新的知识或是从已有知识中升华出新的知识	扩展了已有的知识与技能
来源	搜索、变异、柔性、试验、冒险	提炼、复制、效率、实施
绩效影响	长期绩效	短期绩效

资料来源:Justin(2005)。

探索旨在通过创新寻找新的市场和产品或服务,而开发的目的是通过创新提升原有产品或服务的生产效率,降低成本,扩大销售,从而充分获取现有能力的回报水平。从含义上看,探索是一种创业转型策略,开发则是一种效率转型策略。

探索策略类似于探索性学习,是以新的替代产品试验为目标的组织行动方式,伴随着搜寻、变化、承担风险等活动(Slater 和 Narver,1995),包括探索新技术与新资源,测试客户需求而不是被动接受客户需求,以及从事可能导致产生突破性思想的活动(Sitkin 等,1994)。探索性学习很难在短期内产生显著效果,其回报往往具有不确定性、远期性。而开发策略类似于开发性学习,是学习在经验方面可靠的知识,意味着生产率、生产改进、惯例化以及组合和推广已有经验等(Holmqvist,2003)。开发性学习使企业更加专注于某个业务领域,培养核心能力,减少变化和风险,可带来积极、近期、可预测的短期绩效,而在环境剧烈变化和行业竞争激烈的情况下,开发性学习难以帮助组织更好地适应环境要求,组织的持续性发展受到威胁,在组织长期发展方面不起关键作用。

3. 内部导向策略和外部导向策略

按照行动的组织边界范围,可将组织转型策略区分为内部导向策略和外部导向策略。战略管理研究将战略行为分为内部行动和外部行动两个维度(Dutton 和 Jackson,1987;Chattopadhyay 等,2001)。内部行动是组织内部行为应对战略问题(Cook 等,1983),采取诸如改变组织结构、成立新部门等措施使组织适应环境压力;外部行动则运用组织间策略改变和塑造环境,如并购其他组织、与其他组织合作、开拓市场等。战略更新文献也认为有几种不同的战略更新模式(Agarwal 和 Helfat,2009):内部重组,新市场进入;研发投入,新产品开发;通过收购和公司投资等形式的外部资源更新。这几种模式可分为两类:第一类是内部模式,包含内部重组、新市场进入和研发投入、新产品开发;第二类为外部模式,通过收购、投资、网络联盟等方式更新组织外部资源。根据创新领域的研究,各行业企业组织的创新过程已经逐渐超出组织边界,变得越来越开放,成为一种组织间活动(Chesbrough,2006),即所谓的开放创新。Marino等(2008)认为创新行为本身就包含网络构建活动。在创新过程中,组织通过系统地整合组织内和组织外的能力来完成技术任务(Lichtenthaler,2008)。组织转型活动也不会例外,也是一种依靠组织内部和外部各种能力的过程,需要特别重视组织转型过程中的超出组织边界的行为。

国内学者李文元和梅强(2007)认为企业组织通过外部和内部两种途径获取知识,外部途径由企业人员与外部环境之间的信息交流实现,如企业与顾客、竞争者、关系网络和制度之间的互动,通过建立强有力的内外部信息沟通网络,再通过网络将外部信息传递至企业内部,增加组织对环境适应的能力和长期生存的能力。内部途径则通过增加企业成员知识共享,包括个人学习、职能部门内学习、跨部门学习和多层次学习等实施。Raymond 和 Blili(2000)指出,跨组织学习是一种促使组织产生新的知识与技术的动态互动过程,并能发展集体的竞争优势。组织间学习可避免浪费资源,快速寻找最好的方法和路径,从而避免重复研究(Cegarra-Navarro,2007)。技术创新网络中的合作关系为组织建立了知识共享的环境,为创新提供了基础。通过跨组织学习,不同专长的组织创新能力集合起来,使得网络知识在质量和数量上实现飞跃,提升组织开发和探索能力(刘兰剑,2009)。

许多学者揭示了超越组织边界、整合内部和外部资源在变革过程中的重要性,这些研究为分析组织转型活动提供了内部—外部的分析框架。根据这一分析框架,探索策略和开发策略包含自主探索、协作探索、自主开发和协作开发四种策略要素。按照 U. Lichtenthaler 和 E. Lichtenthaler(2009)的定义,自主探索是指从企业组织内部进行创新,如通过研究活动的发明等(Smith 等,2005);协作探索是指从外部来源获取创新所需相关知识和资源(Lane 等,2006);自主开发是指组织内部的创新应用,如将知识应用到企业的产品上等(Brown 和 Eisenhardt,1995);协作开发是指与外部合作的知识和资源的转移,如通过技术联盟或技术许可等方式获得相关创新应用等(Lichtenthaler,2007)。

按照经典的"异化—选择—保持"模型(Campbell,1960),自主探索和协作探索指向异化和选择(Zollo 和 Winter,2002),如产生新的直觉(intuition),然后选择,通过评估选择最合适的思想(March,1991)。而自主开发和协作创新则强调在不同情境下的内外部应用(Zollo 和 Winter,2002),是组织的创新应用机制。

需要指出的是，自主探索、协作探索、自主开发和协作开发四种策略并非互斥的，组织转型中可能并非单一地依赖其中一种策略，而可能选择采取几种策略的组织。

六、组织转型过程模型：若干经典阶段模型

一般认为组织的转型过程存在两个典型阶段：重置和恢复。还有一些指导实践的多阶段模型（Bibeault，1982；Goodman，1982；Slatter，1984），但并未得到实证检验。如，Bibeault（1982）提供了一个清晰的组织转型多阶段模型，认为陷入财务困境的企业的首要目标是获取生存、获取现金流。企业通过清算、剥离、产品消除、预算删减等途径达到这一目的后，进而进入转型过程的高阶阶段——获得成长和发展，如市场份额的增长，这一阶段的策略是并购、开发新产品、进入新市场、增强市场渗透等。在两个阶段中间是决策点——在企业停止衰落后，组织需要决定采取何种策略恢复企业，获得增长。因此组织转型是“获得生存—决策—获得发展”的三阶段过程。一些学者将“获得生存”阶段视为“运营”或“效率”转型，“获得发展”阶段视为“战略型”或“创业型”转型（Robbins 和 Pearce，1992）。

Grinyer 等（1988）分析了 25 家英国公司的变革的启动时间、采取的行动和绩效特征，提供了组织转型过程的实证研究。Robbins 和 Pearce（1992）提出了组织转型过程模型。该模型主要包含通过降低成本和资产缩减寻求稳定的缩减阶段，缩减常常是短期策略，但该策略可以作为转型策略的主导策略，渐进地转移到转型过程的第二个阶段——修复阶段，该阶段组织系统地投资以获取财务增长：通过运营转型，强化运营绩效；同时，通过新产品开发或新市场的拓展等进行战略转型，如图 2.6 所示。他们通过 38 家企业样本的分析实证检验了该模型（Robbins 和 Pearce，1992）。

Sheppard 和 Chowdhury（2005）运用案例分析方法提出了组织转型的四阶段模型，将组织转型分为衰退——响应启动——转型——结果的过程，该过程认为组织转型是“绩效——战略——实施——绩效”的循环往复过程，如图 2.7 所示。每个阶段都有不同的关键要素和核心概念。Cater 和 Schwab（2008）通过对小型家族企业的案例分析提出了基于过程的组织转型模型，他们将组织转型策略区分为两个阶段，第一阶段的策略聚焦于组织稳定，高管启动转型，获得外部咨询的智力支持，并采取缩减策略；第二阶段的策略聚焦于实施持续的组织变革，如进行产品、市场、运营和人力资源等方面的变革等。组织危机是组织转型的激发动力，组织危机对组织转型策略的影响受到众多调节因素的影响，

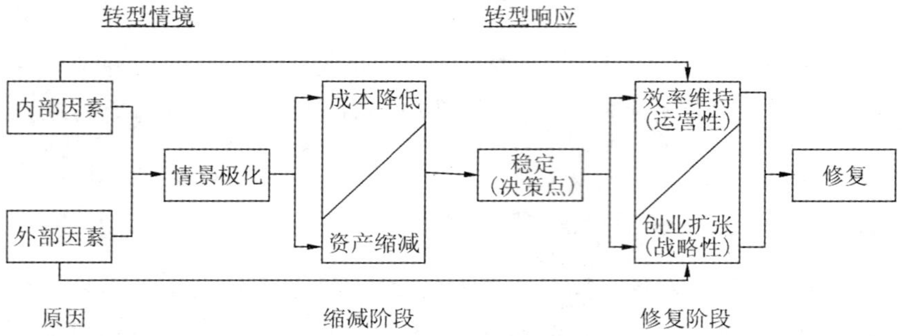

图 2.6 组织转型的三阶段模型

资料来源:Robbins 和 Pearce(1992)。

组织转型策略的后果有两种:组织修复或组织失败(Cater 和 Schwab,2008),如图 2.8 所示。

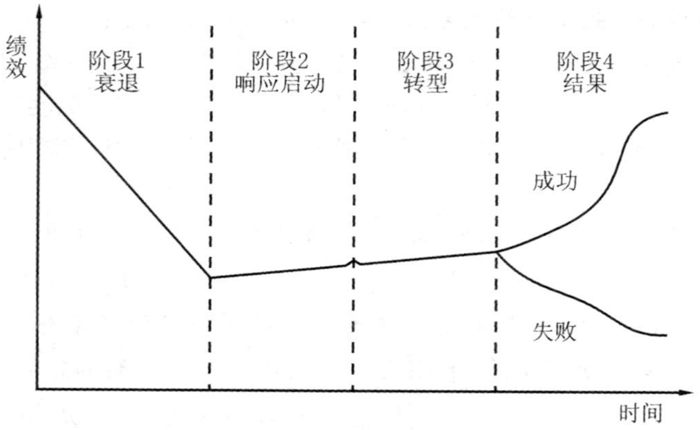

图 2.7 组织转型的四阶段模型

资料来源:Sheppard 和 Chowdhury(2005)。

组织转型过程研究为构建本研究框架提供重要启示。根据 Cater 和 Schwab(2008)的组织转型阶段模型,组织危机是影响组织转型策略的重要前因,这种影响关系受到一些调节因素的影响,而转型策略的选择和实施则是转型效能的直接影响因素。基于这一理论逻辑,本研究认为企业高管对组织所处的危机状态的感知——组织危机感——将会影响到组织转型策略的选择,而选择的组织转型策略决定了组织转型绩效。与组织变革过程理论相比,组织转型过程模型更加嵌入危机情境,更加具体地提出了组织转型中值得关注的关键变量及其关系,如组织危机与转型策略等,有利于本研究提出并聚焦于一些关键概念。

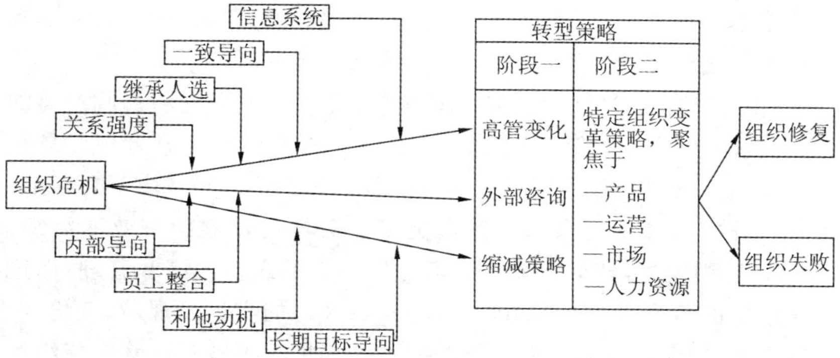

图 2.8　组织转型阶段模型

资料来源：Cater 和 Schwab(2008)。

七、组织转型的影响因素：高管团队、组织环境与组织冗余

1. 企业高管与组织转型

组织转型与高层管理者有紧密的联系，许多研究分析了高管与高管团队更替的关系(Arogyaswamy 等，1995；Barker 等，2001；Hoffman，1989；Lohrke 等，2004)。以往存在两种研究观点，一种认为高管任期太久容易对现有战略产生过度认同，导致绩效下降，并很少有变革需求(Barker 和 Patterson，1996；Miller，1991)，这种观点得到了战略变革研究的支持，认为新任高管是组织转型过程的一部分(Barker 和 Duhaime，1997)；另一种观点认为高管轮替是任命新领导而非现任领导无能的信号(Castrogiovanni 等，1992；Salancik 和 Meindl，1984)，高管替换可传递组织严肃对待组织转型的信息，进而驱动高管团队和激励外部利益相关者提供转型所需资源和时间(Castrogiovanni 等，1992)。

两种观点都有实证方面的支持。Mueller 和 Barker(1997)和 Pearce 和 Robbins(1994)发现领导更替与组织转型正相关，而 Bruton 等(2003)和 Sudarsanam 和 Lai(2001)则发现高管团队对组织转型的可能性并无影响。有关案例研究也得出了类似的矛盾结果(Jas 和 Skelcher，2005；O'Neill，1986b；Zimmerman，1989)。Boyne 和 Meier(2009)认为可能原因是没有考虑其他关键影响变量导致了以上矛盾结论(Boyne 和 Meier，2009)，如这些研究没有考察新任高管是内部晋升还是外部空降的(Beatty 和 Zajac，1987；Reinganum，1985)，外部空降的领导者更可能考虑采取变革，但可能由于缺乏有关组织的知识而使得新战略难以迅速和有效实施(Helmich 和 Brown，1972；Schwartz 和 Menon，1985)，而行动速度是组织转型的关键(Arogyaswamy 等，1995；Hambrick，1985)。相反地，内部提拔者可能已对组织问题现状非常了解，可采取适当的技

术和政策策略进行变革，因此可以迅速行动实现转型，但另一方面，内部提拔者可能被既有文化锁定，难以感知到变革的需求。

Zajac(1990)认为，当任命外部空降者作为首席执行官时将面临严重的代理问题，而有关内部晋升者的特征信息更加充分，因此内部晋升者更容易获取高绩效。他的实证研究支持了他的观点。Zuniga-Vicente 和 Vicente-Lorente (2006)认为外部空降者比内部晋升者更可能破坏已建立的有效的组织惯例。Carlson(1961)则发现，外部空降者更可能增加新的组织规则和管理，而这些可能会妨碍组织的转型努力。Boyne 和 Meier(2009)的实证发现，在变化较小、较为静态的企业，内部晋升者的有关组织的内外部情境理解对高管实施组织转型策略很有益处，但另一方面，当所处产业变化较大、较为动荡时，内部晋升者也有可能由于"主导逻辑"难以发生改变而难以使组织适应新的环境(Lohrke 等，2004)。而更换高管可给外界发出清晰的信号——组织将与以往失败的战略脱离，这种信号将增加外部利益相关者对组织转型的支持(Bernabeo，2002)。但由于新的领导者可能存在缺乏有关组织的知识以及存在转移摩擦力等方面的劣势(Arogaswamy 等，1995；Barker 和 Mone，1994；Lohrke、Bedeian 和 Palmer，2004)。

另一种组织转型与高管的关系研究中，将组织视为"高层管理者"的映象(reflection)(Hambrick 和 Mason，1984)，但以往有关组织转型的研究大多聚焦于高管轮替的影响，基于该视角的研究较少。已有研究认为，管理者启动转型策略的动机较弱(Ford，1985；Ford 和 Baucus，1987)，尤其是他们对既有战略有强烈承诺或将组织衰落归因于外部因素时(Barker 和 Barr，2002；D'Aveni 和 MacMillan，1990)，说明企业高管的认知因素对组织转型也有影响。未来可基于认知和战略选择的视角，探讨高管认知差异导致的组织变革策略异化，来解释组织转型效能的差异，以进一步丰富人们对组织转型策略和过程的理解。

2. 所处环境与组织转型

有关组织转型尚有许多问题需要研究，如"环境和企业条件对组织转型的什么影响"(Sudarsanam 和 Lai，2001)，"什么类型的组织行动和资源对组织转型是合适的"以及"缩减是否是转型的基本策略，或者是否某些环境下缩减并无必要"(Francis 和 Desai，2005)。成功的组织转型是环境因素、内部资源和企业策略等多阶段作用的结果(Francis 和 Desai，2005)，环境因素是众多影响组织转型因素中的一个(Castrogiovanni 和 Bruton，2000)。而以往组织转型研究更加注重策略有效性的检验，对其他相关影响因素的研究较为弱化，特别是缺乏对外部环境和内部组织特征的影响的关注，而对这些因素的关注对扩展人们对组织转型的理解有重要作用(Boyne 和 Meier，2009)，特别是在经济环境发生巨变的背景下，更应关注外部环境和组织资源水平特征等因素对组织转型的影响。

一般组织环境(general environment)研究(Dess 和 Beard, 1984)以及任务环境研究(Castrogiovanni, 2002)认为组织转型受到管理者难以控制的外部环境的影响。而有关组织变革的研究，特别是有关内部适应性调整的研究(Zajac 和 Kraatz, 1993)认为高管和优质资源是组织绩效未达预期目标时的重要适应机制(Wiersma 和 Bantel, 1993)。经典管理理论认为，不同的组织转型策略选择导致不同的绩效结果(Miles 和 Snow, 1978)，三种观点一起预示着组织转型受到外部环境、内部变革和修复策略的影响。有关组织转型的研究认为因此应该将组织所处的环境纳入研究视野。

什么水平的环境应该被纳入组织转型研究？Castrogiovanni(1991)对影响所有企业的一般环境与影响单个企业的任务环境进行了区分(Beckman 等, 2004)，如果研究关注的是多个产业内企业的组织转型，那么应该同时关注一般环境和任务环境，如果仅仅关注单一产业的组织转型，那么仅需要考虑企业组织所处的任务环境的差异性(Boyne 和 Meier, 2009)。

有关环境的另一种区分是 Dess 和 Beard(1984)将环境区分为宽宏性(munificence)、动态性(dynamism)和复杂性(complexity)三个维度，每个维度以特定方式影响组织。宽宏性与组织转型的关系最为密切(Arogyaswamy 等, 1995)，组织生态学文献已经说明了组织在低宽宏性环境下将难以生存(Hannan 和 Freeman, 1977)。研究发现，组织所处环境的宽宏性(如重组的金融资源)越高，组织越容易成功，而环境的复杂性越高，则组织越容易失败(Baum 和 Oliver, 1991; Gruca 和 Nath, 1994)，这些观点与结论同样适用于组织转型(Boyne 和 Meier, 2009)，如果组织所处环境资源充分、复杂性不高，组织转型就越容易成功。但即使在宽宏的环境中，一些组织转型依然会失败，这是由于他们采取了不适当的策略(Moulton 等, 1996)。

以往研究认为环境变化的程度与绩效呈负相关(Anderson 和 Tushman, 2001; Sheppard, 1995)，然而这些观点并未直接应用到组织转型中，因为环境是向宽宏性和复杂性的哪个方向变化十分关键。如果环境向更加宽宏、更低复杂的方向变化，则组织转型的成功性更高(Boyne 和 Meier, 2009)。较低的复杂性使管理者可更容易地制定和实施转型策略(Lindsley 等, 1995)，而更高的宽宏性意味着这些策略更可能获得额外回报(Sheppard, 1995)。而环境的退化则对管理者产生额外压力，驱使组织向失败方向发展(Boyne 和 Meier, 2009)。例如，外部利益相关者可能将环境限制视为打击，撤销对组织转型策略的支持与合作(Arogyaswamy 等, 1995; Pajunen, 2006; Sutton 和 Callahan, 1987)，类似的，在难以处理的环境条件下，保持或替换人才也是困难的（D'Avenni，1990）。良好的任务环境毫无疑问是组织转型的重要条件。

有关任务环境的结论预示着对环境变化的方向和程度对组织转型研究至关重要，特别是对那些处于细分行业中难以脱离现存环境的企业（Boyne 和 Meier，2009），相比于一般环境的影响，组织转型策略的变异与组织所处的任务环境的关联性更强。此外，静态的以往环境对绩效具有基线效应，这种效应结果并非组织修复的程度。因此在组织转型研究中需要采用动态的环境变化测量方式。

但很少有研究关注组织转型所处的特定任务环境。Boyne 和 Meier（2009）通过对已经发表的 18 篇环境与组织转型的分析发现，其中 5 个研究假设环境对组织转型不存在影响，尽管这些研究样本采集多个行业，既没有考察一般产业环境效应，也没有考察任务环境效应；3 个单一行业样本的研究驳回了一般环境会影响组织转型的假设，但对组织所处的任务环境的影响被忽略；2 个研究运用配对技术试图控制环境效应，这些样本来自于不同产业，从不同产业选取两个成功转型的企业进行分析，然而不同企业所处的任务环境同样被忽略了；另一种控制环境影响的策略是运用虚拟变量，4 个研究运用了这一策略，与配对方法的研究存在类似的问题。18 个研究中，没有一个研究检验过环境的复杂性，仅有 4 个研究检验了宽宏性，通常运用市场规模进行测度，发现宽宏性与组织转型呈正相关（Dawley 等，2002；Hambrick 和 Schecter，1983；Pant，1991），但并未测量任务环境的宽宏性以及环境时间维度上的变化，尽管对企业水平的最终结果并无很大影响，因为转型策略的有效性并不完全取决于现有环境的限制，但对任务环境变化的忽视可能严重影响业务单元（Castrogiovanni 和 Bruton，2000；Hambrick 和 Schecter，1983；Morrow 等，2004；Thietart，1988）和小企业的研究结果（Chowdhury 和 Lang，1994，1996；Evans 和 Green，2000；Pearce 和 Robbins，1994）。Boyne 和 Meier（2009）则通过对 140 所学校的组织转型研究发现，环境变化对组织转型有显著影响，组织难以脱离所处的任务环境。企业组织至少在短期内往往被束缚在特定的市场小环境，具有的战略选项也很少，对这些企业而言，任务环境对组织转型的影响将更加重要。

3. 组织冗余与组织转型

组织冗余（organizational slack）指组织特定计划周期内可用的过剩资源库存（Nohria 和 Gulati，1996；Sharfman 等，1988），为组织总资源与资源需求的差额，反映了组织的资源水平。组织冗余可源于组织前期绩效，也可以是组织有计划地预留，作为战略计划的缓冲器。

组织转型往往受到一系列因素的影响，如时间压力、严格限制的组织冗余和利益相关者支持等(Arogaswamy、Barker 和 Yasai-Ardekani,1995)。战略选择理论认为,行为策略是组织冗余、规模和决策者外部因素控制感的方程(Tan 和 See,2004)。大量研究关注资源水平对组织结果的影响,但对资源水平与组织转型的关系研究依然薄弱(Boyne 和 Meier,2009)。

理论上,组织的冗余资源是转型策略的重要影响因素(Francis 和 Desai,2005)。Chowdhury 和 Lang (1993)认为组织危机或渐进衰退中的可用资源是转型努力成功的关键。组织冗余为企业提供了组织转型所需的资源(Barker 和 Duhaime,1997),帮助企业吸收绩效下降或波动的负面影响,并为采取有效行动提供保障。能立即获取可用资源的企业在转型时刻受到的启动转型策略的局限更少(Barker 和 Mone,1998)。因此,具有更多组织冗余的企业生存和进入转型阶段的可能性更高。Francis 和 Desai(2005)的通过对 97 家样本企业的分析研究发现,诸如组织冗余以及组织采取的转型策略等组织因素比环境因素对组织转型的影响更强。

大量组织行动的研究论证了组织冗余影响组织行动策略的选择。组织冗余可使组织的注意力从防止陷入困境(救火)转移到扩张性战略和具有风险性、创新性、高回报的创业活动上(Nohria 和 Gulati,1996)。实证发现,组织冗余能促进组织对突破性产品创新的投入,并帮助组织避免创新失败和损失,保护组织资源(O'Brien,2003)。组织能促进一系列探索活动,如创新(Nohria 和 Gulati,1996),风险承担(Singh,1986)和适应(Kraatz 和 Zajac,2001)。

最后,组织冗余是组织威胁和机会与组织行动策略间关系的重要调节因素,下文将对此进行论述。总之,组织冗余影响了组织转型策略,既存在直接效应,也存在调节效应,是研究组织危机与组织转型策略选择关系中需要纳入分析的重要变量。

八、组织危机与组织转型变革:基于组织认知行动的观点

组织危机感影响着组织变革和转型。有研究发现,危机环境下进行组织变革更为困难(Robbins 和 Pearce,1992)。由于绩效危机的出现,企业高管可能因威胁—僵化效应而固着于既有战略姿态(Barker 和 Mone,1998;Staw 等,1981)。尽管实证研究发现只有少数的商业失败是由于外部因素导致的(Boyle 和 Desai,1991),组织失败往往是由于内部问题,如产品更新、投资于核心能力和成本控制等失败导致的(Baum,1989;Hedberg、Nystrom 和 Starbuck,1976;Starbuck、Greve 和 Hedberg,1978),但管理者倾向于将绩效衰减和组织危机归因于外部因素,如竞争等(Cater 和 Schwab,2008),因此导致缺乏组织变革和转型的动力。

此外，组织危机感对组织转型策略选择也产生影响。如 Seeger 和 Ulmer (2002)的研究就发现，将危机视为组织更新的机会的首席执行官授权、许可员工和其他利益相关者沿着组织更新的轨道行事，这些组织在接下来的几年中获得了成长。高级领导者会将危机视为短暂的和更新的机会(Christianson 等，2009)，进而形成积极公开的评论，形成的认知框架影响对危机的赋义，使得组织得以修复和补给。

根据组织理论的假设(Dutton 和 Jackson，1987)：组织的短期和长期效能部分取决于组织对内外部环境的反应(Argyris 和 Schbn，1978；Chandler，1962；Lawrence 和 Dyer，1983)以及组织行动部分取决于组织内个体特别是高层决策者的意向性行为(Child，1972；Thompson，1967)，众多学者研究了个体、团队和组织对组织内外环境的认知与组织行动之间的联系，认为对两者之间关系的揭示将有助于解释组织变革和适应过程，提出了一系列类似于 Huber 和 Glick (1993)提出的理论框架，如图 2.9 所示。

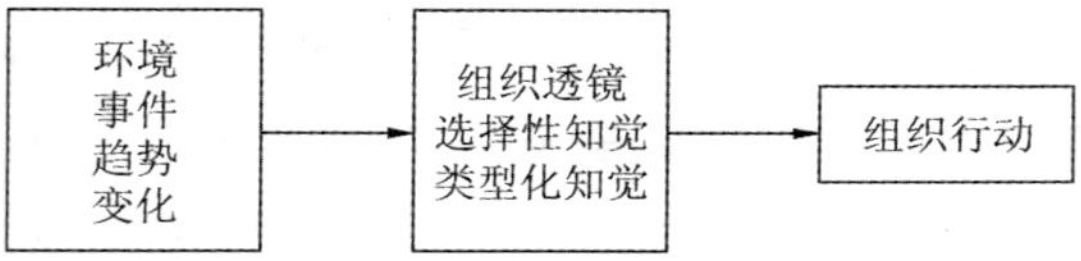

图 2.9　基于认知视角的组织适应模型

资料来源：Huber 和 Glick(1993)。

基于这一视角，高层管理者的组织危机感导致了组织变革。高层决策者受到一系列信息不完全的事件、不明朗的趋势和难预料的变化的影响，因为这些事件、趋势和变化对组织试图达成的目标有重要影响(Ansoff，1980；King，1982)，因而成为高层决策者关心和思考的战略议题。企业高管对战略议题的不同理解是导致行动和绩效差异的重要原因，如 Dutton 和 Jackson(1987)发现，20 世纪 90 年代美国银行业在竞争和管制方面发生了根本性的变化(比如为中低收入顾客提供多样化的人寿保险，对州际银行以及进入证券业限制的放松等)，不同银行高层决策者对此情境的不同的理解和反应是导致绩效差异的重要原因。如图 2.10 所示。

图 2.10　组织危机感与组织变革之间的关系

为了在持续变革的时代生存和发展，组织需要充分识别机会和威胁，并将其反映在战略决策中(Fink 等,2005)。由于变革情境中各种现象的数量和复杂程度将大大超出企业高管理解和处理的范围,企业高管需要对信息进行过滤和取舍(Hambrick 和 Mason,1984)。决策者对环境认知和理解会对战略决策产生重要影响(张文慧等,2005)。组织内的领导者或利益联盟会主动扫描组织所处的经营环境,分析外部经营环境的变化及其所产生的机会与威胁,并作为规划未来战略性变革的依据,努力调整组织各项管理行为以期提升组织绩效,实现基业长青(March 和 Simon,1958;Cyert 和 March,1963;Thompson,1967;Lawrence 和 Lorsch,1967;Pfeffer 和 Salancik,1978)。对组织内外部环境及其变化或潜在变化的扫描、考察,形成分析和判断,是推动组织与外部环境变化相适应,实现组织与环境匹配的重要基本条件。Parnell 和 Lester 等(2000)发现,组织的环境不确定性知觉与转型变革高度相关。

中国转型背景中,企业高管的组织危机感对组织变革的影响更加显著。学者们认为,在经济转型国家,规则的变动使得企业组织的企业高管十分注重对环境的扫描分析。作为转型国家,正式和非正式游戏规则会发生根本和全面的改变(Peng,2003),这种外部宏观政策环境的特征与西方发达国家稳定成熟的规则化和制度化商业环境比明显不同,使得中国企业高管在进行外部环境扫描、制定各项战略决策时面临更高的不确定性,包括更高的规则的不确定性、结果不确定性和备选方案的不确定性(董小英等,2008)。

第三节　危机下的战略性创业决策理论回顾

组织转型策略的确立和实施是战略选择的过程,行为决策与选择理论被大量应用于解释战略性创业选择的机制。在对危机(威胁)背景下战略选择的研究中运用较多的主要有两个理论——展望理论和威胁—僵化观点,本研究对这两个理论进行综述。

一、展望理论及其观点

自 Simon 的有限理性学说提出后,产生了许多新的理论,主要包括期望理论、启发式、生态理性说和理性实体论。这些研究延续了理性范式(规范性决策理论)的传统,主要基于风险情境的决策,风险概念是理论的核心概念。其中展望理论[①](prospect theory)成为经济学、心理学、金融学和管理学的核心理论,

① 也有国内学者译作"前景理论"或"预测理论"。

也是应用于战略选择研究的主要理论之一。

展望理论由是 Kahneman 和 Tversky 于 1979 年提出，并在 1992 年进行了补充和完善，Kahneman 并因此获得了 2002 年的诺贝尔经济学奖。展望理论的核心观点是（Rieger 和 Wang，2008；Tversky 和 Kahneman，1992；Wakker，2003）：①决策者将决策选项与偏好点进行对比，将其框定为得或失；②效用函数是 S 型曲线，在得的情景下曲线下凹，在失的情景下曲线上凸，在得的情景下比失的情景下要更平滑，说明人们对损失比对盈利或收益更加敏感；③在得的情境下决策者偏向保守，而在失的情境下则偏向冒险；④低概率被高估而高概率被低估。

展望理论认为决策过程包括两个阶段（段锦云，2009）：编辑阶段和评估阶段。编辑阶段是决策者对事件进行预处理和解析，主要包括对信息的编码、合并、分离、取消等。编码是个体设定参照点以对结果进行收益或损失及其大小的判断；合并是把具有相同结果的概率进行简化决策方案归纳整合，以简化形式评价；分离指把无风险因素从风险因素中抽离出来；取消指把各个结果所共有的因素删除。决策者采用不同的编辑方式，加之决策者固有认知差异和即时情绪的影响，导致不同决策者对信息不同的理解和评估，造成了差异化或“非理性”决策的产生。框架效应是展望理论中用于解释其结论机制的理论。

二、框架和框架效应

1. 框架的定义

决策理论中，Tversky 和 Kahneman（1981）将框架（Frame）定义为与特定行为关联的行动、结果及其权变条件在决策者头脑中形成的概念。框架可以是决策者对决策相关信息进行主动编码和加工的结果，也可以是他人提供和包装信息的加工结果。在组织理论中，框架指决策者对组织现实（organizational reality）的定义（Gioia 和 Sims，1986），包含“假设、知识和期望等，通过语言表达”（Orlikowski 和 Gash，1994）。Tversky 和 Kahneman（1981）认为，框架的形成部分来自问题表达的方式，部分来自决策者个体特征，如规范、习惯等因素的影响。

2. 语义操纵与框架效应

框架能够唤起记忆，被用来对决策问题赋义，进而帮助决策，影响决策结果，引起“框架效应”。Levin 等（1998）认为存在风险选择框架（risky choice framing）、属性框架（attribute framing）和目标框架（goal framing）等三种框架。属性框架是通过对物体或事件某种属性的操纵来实现的，如强调某个行动方案积极的一面，而忽略或淡化其消极的一面等。从认知视角看，属性框架是决策者对行动方案不同属性特征的分布式加工引起的，而外部给予的属性框架又会导致决策者对该属性框架特征的分配注意。上述框架会对决策偏好产生影响，导致所谓的框架效应(framing effect)，Tversky 和 Kahneman(1981)将其定义为由于决策问题描述上的改变导致选择偏好不同的现象。因此，这三种框架都是语义操纵(semantic manipulate，又称措辞操纵)的结果。

根据 Kühberger 和 Schulte-Mecklenbeck 等(2002)的研究，在真实和假想的决策情境中都存在语义框架效应。在战略性决策中，企业高管所面对的问题往往是经过其他人员(如下级、参谋等)事先编辑的，要在他人事先有意无意架构好的问题框架下进行决策(李劲松，2000)，因此在战略决策中，语义框架效应同样可能存在。许多战略管理和组织理论也运用框架效应来解释研究结果。如组织理论认为，框架会塑造决策者的理解和行动选择(Gioia 和 Sims，1986)。一般认为管理者对不确定性的知觉框架存在特定模式和规律(Giddens，1984)，框架可帮助管理者刻画知觉到的不确定性，进而影响管理行为。框架和实践互相影响，人们对情境的知觉影响其行动决策(Cerulo，2007)，行为又反过来影响认知框架，框架与行为之间的互动使得组织具有适应性。但战略管理和组织理论在应用展望理论时往往不区分框架效应的来源是来自哪种框架。

3. 情境操纵与框架效应

Highhouse 等(1996)证实了除了 Tversky 和 Kahneman(1981)提出的著名的语义框架效应之外，情境操纵(context manipulate，情境指独立于决策任务的信息)也影响决策者对靶子议题(target issue)的主观解释，并通过实验研究证实了对比效应(contrast effects)的存在。他们在同一个模糊性战略决策问题呈现之前，向一组被试呈现了一个明确的机会情境(一家影院所有者获悉，在他们影院附近将新建一些公寓和餐馆)，向另一组呈现了一个明确的威胁情境(物流公司所有者获悉，保护本州物流企业免受外来竞争的法规将被废除)，然后要求被试就模糊性战略决策问题进行评估，在比较两组被试的评估结果后发现，被试对模糊性战略问题的评估结果受到明确的机会或威胁情境的影响，出现了对比效应：呈现明确的机会情境的被试更可能将模糊问题解释为威胁，而呈现明确的威胁情境的被试更可能将模糊问题解释为机会。

Stapel 和 Koomen(1998)则通过实验研究证实了情境的另一种效应模式——同化效应。他们发现情境操纵会影响决策者对靶子议题的解释框架(interpretation frame)，引起同化效应(assimilation effects)。而对比效应的产生则是由于情境影响了决策者的参照框架(reference frame)。

情境信息可发挥解释框架和参考框架两种角色功能都具有相应的理论支持，前者为社会认知理论支持，后者为社会判断理论支持。①解释框架。大量社会认知研究发现，易得信息可引导对刺激的解释。其中一个经典研究是Srull和Wyer(1979)运用"填写任务"增加"敌对"和"友善"概念的易得性，然后让被试判断对象人物Donald的模糊行为(难以区分友好与敌对)，结果显示"敌对"概念填写组更多将其判断为敌对，而"友善"概念填写组更多将其判断为友善。这意味着在不确定性问题的解释过程中，当诸如"威胁"、"危险"、"风险"、"灾害"等概念认知活跃时，该不确定性问题更可能被视为威胁，反之则被视为机会。在这种情况下，情境信息可能导致同化效应。②参考框架。社会判断研究表明，情境信息被决策者用作比较标准，靶子判断可能向远离情境的方向转移，即所谓的"比较关系对比"(comparison contrast)。因此，在阅读一系列明确威胁后，不确定性问题更可能被视为机会，反之则被视为威胁。对比效应在个性倾向(Herr，1986)、绩效(Kravitz和Balzer，1992；Maurer和Alexander，1991)、薪酬信息(Mellers，1986)和战略决策问题(Highhouse等，1996)中被观察到。

情境信息发挥上述两种功能中的何种功能受什么因素决定呢？Stapel和Koomen(1998)认为是由"情境—靶子相似性"(context-target similarity)水平决定。情境—靶子相似性指刺激所属类型的接近性。在情境和靶子问题属于相同类型(情境—靶子相似)时，情境信息将被视作参照框架，导致对比效应；而当情境与靶子分属不同类型(情境—靶子不相似)时，情境信息将被视作解释框架，导致同化效应，而对比效应不太可能发生。相对于靶子属于不同类型，靶子属于同一类型时更可能导致比较过程(Kahneman和Miller，1986)。这意味着当靶子与情境刺激存在类型相似性时，对比效应发生(Stapel和Koomen，1998)。Stapel和Koomen(1997)以及Stapel、Koomen和Van der Pligt(1997)等也发现了情境－靶子相似性在对比效应产生中的重要性。在另外一个研究中，Stapel和Winkielman(1998)发现独特性(distinctness)和尺度关联性(dimensional relevance)也是情境框架效应模式的重要决定因素。被作为比较标准的情境需要具备独特性，不能提供不同知觉的刺激不会被作为个人的比较标准，情境信息需要包含清晰的目标边界，而抽象的信息则不太容易被用作清晰和特定的锚定点。此外，情境刺激对后续情境刺激的影响条件是前一个情境刺激影响了后一个情境刺激判断的尺度，比如有关大小、颜色和重量的情境刺激将影响靶子刺激中大小、颜色和重量的判断。

通过以上文献回顾可得到以下知识图来描述框架效应，如图2.11所示。风险行为是不稳定的，受到许多因素的交叉影响，是决策任务、问题情境和信息加工策略的函数(李劲松，2000)。决策者有意无意地收集到有关决策的各项信息，如决策选项及其结果的信息(如各种投资组合及其回报)和决策情境信息(某地区经济形势，组织危机，未必与决策问题和选项相关)，这些信息通过语义等方式(如报纸、咨询报告、调查报告、研讨会发言讨论等)呈现,语义呈现时会使决策者出现风险选项框架、属性框架和目标框架等语义框架,可能会对决策偏好产生影响,导致语义框架效应。情境会影响决策者的解释框架或参照框架,也可能对决策偏好产生影响,进而导致对比效应或同化效应。

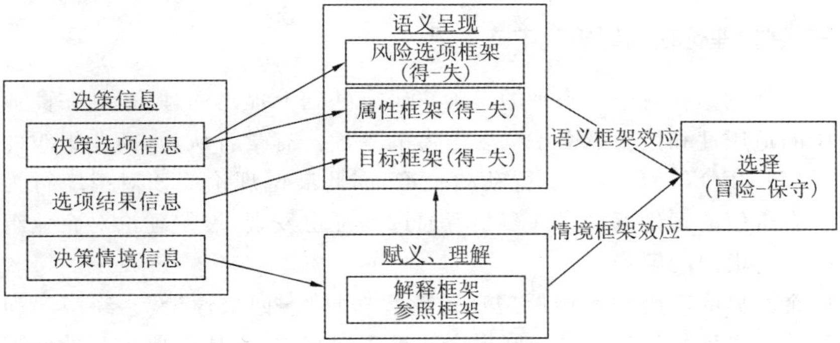

图 2.11 语义框架效应和情境框架效应

资料来源:本研究整理。

比较语义框架效应和情境框架效应(两者的比较参见表 2.5 所示),除了所指向的信息不同之外,研究中的有关核心概念也有所不同。语义框架效应研究中的核心概念是风险,是具有明确概率的期望(Highhouse 等,1996);而在情境框架效应检验中的核心概念则是不确定性。在商业决策中,特别是复杂的战略决策中,往往很难识别和定义具有特定概率的期望,所处的情境模糊度更高,决策任务更加两难,可以以许多方式理解(Schwenk,1995),因此用不确定性来描述决策情境更加合适。

表 2.5 不同框架及效应检验的比较

框架	效应	验证	典型实验任务	核心概念
风险选项框架	偏好反转	语义操纵	亚洲病问题	风险:已知得失选项及其概率
属性框架	偏好反转	语义操纵	牛肉问题	风险:已知得失选项及其概率
目标框架	偏好反转	语义操纵	朝三暮四	风险:已知得失选项及其概率
情境框架	同化效应或对比效应	情境操纵	战略决策	模糊:结果选项及概率不确定

资料来源:本研究整理。

组织危机作为组织战略决策者进行战略选择的情境,也可能会影响到组织的战略选择,许多实证研究也支持了这一点。如基于威胁—机会的组织危机研究中就发现,高威胁知觉显著降低了组织开发策略的选择(Voss 和 Sirdeshmukh 等,2008),而在缺乏威胁的情况下,组织不太可能采纳有可能威胁到现有客户对象的创新策略，取而代之的是聚焦于现有产品、技术和客户的渐进开发创新（Gilbert，2005），本研究将在下文中和第四章的研究框架和假设提出中为这一结论提供更多的论据。而根据情境框架效应研究结论，组织危机对决策者的战略选择存在对比效应或同化效应。

三、展望理论在组织研究中的应用

展望理论是在对个体水平的实验室研究基础上提出的理论，其在商业组织决策中的适用性和检验吸引了众多学者的兴趣。有学者认为，商业组织的关键决策者（如 CEO 等）负责组织行动的决策，因此展望理论应该对组织行为决策提供了有价值的理论解释。许多学者通过实证也发现，展望理论对企业组织的风险行为有很强的解释力。

一个经典的应用是运用展望理论解释“风险—回报悖论”。经济学和金融学的理论和实证都认为风险与回报之间呈正向相关，个体需要更高的回报才会采取更高的风险行为，Bowman（1980）注意到，战略管理领域在对多个产业的研究结果却显示，企业行为风险与回报之间呈负向关系，特别是产业的低盈利企业在其公司运营和回报上的变异度更高，这就是著名的风险—回报悖论。Bowman（1982）运用内容分析的方法对食品行业的 82 家企业、电脑行业的 46 家企业和电冰箱行业的 27 家企业分别进行了分析，进一步验证了企业的风险—回报悖论，并提出可从两个理论角度揭开这一悖论，一是管理和规划的角度①，二是从企业的风险态度的角度。他基于风险态度的视角，首次应用期望理论来解释组织层面的战略选择，认为业绩较差的企业倾向更加冒险可解释企业行为的风险—回报悖论（Bowman，1984）。

Fiegenbaum 和 Thomas（1988）对美国 47 个产业的 2322 家企业进行了分时间段的分析，发现高于回报参照点之上的企业风险与回报呈正相关，而低于回报参照点的企业风险与回报呈负相关，从实证上支持了期望理论在企业层面的解释力，以及不同产业和时段中解释的稳健性。Jegers（1991）用比利时的 3250 家制造业企业的数据和相同的测量和分析方法重复了 Fiegenbaum 和 Thomas（1988）的研究，进一步支持了期望理论在企业组织水平的适用性。Bromiley（1991）用包含 288 家企业样本，在控制了以往绩效、产业绩效和组织冗余等变量后，仍然支持了低绩效企业增加了企业冒险倾向，并且发现这种冒险倾向会导致低绩效的结果，意味着低绩效的企业可能存在恶性循环。Lehner

---

① 如 Bettis 和 Hall（1982）用企业多元化、Bettis 和 Mahajan（1985）用产业特征来解释风险—回报悖论。基于决策理论视角，本研究认为管理和规划作为行为策略，是企业组织战略选择的结果，其内在机理仍然需要风险等相关决策变量解释，因此，本文未对基于该视角的研究进行专门的系统回顾。

(2000)采用平均二次差分(mean quadratic difference)的风险测度方法,仍然支持了组织水平的期望理论。

此外,Jackson 和 Hatfield(2005)通过对企业纳税行为决策的研究发现,决策框架(基于展望理论的损益框架)和威胁—机会知觉对风险行为有显著影响,证实了内部认知加工和纳税者知觉对纳税行为的效应。Bromiley(2009)在资源配置决策任务中检验了期望理论,发现期望理论的参数(资源、风险倾向和偏好水平)以复杂的方式交互影响风险行为,因此难以简单地预测企业的风险行为。损失规避和偏好点主导着决策结果,价值曲线方程斜率处于次要位置,接近偏好点的企业风险规避程度最高,而不是期望理论所预示的高于偏好点的企业。

四、展望理论在组织研究中受到的批评

然而,也有研究对期望理论在组织层面的理论效度提出了强烈质疑。质疑的焦点是,实证检验中通常将财务风险指数等客观指标简单地视为企业高管所感知的风险,但实际上这些指标并不一定等同于组织决策者的风险知觉。Jegers(1991)就发现,高于回报基准企业的决策者将风险视为绝对概念,而低于回报基准企业的决策者则将风险视为相对概念。此外,还有研究者认为应当定义企业的决策者是管理者还是利益相关者,如果是利益相关者,就还应该考虑资本市场理论。因此,Jegers(1991)认为需要对决策者的知觉风险建立一套理论,来说明风险知觉究竟是通过回报变异等绝对指标测量,还是通过相关变异等相对测量。

此外,展望理论中的风险与管理者理解的风险存在显著差异:①管理者对可能结果的概率非常不敏感;②管理者的决策特别受到核心绩效目标的关注方式的影响;③管理者对风险承担和赌博作严格区分(March 和 Shapira,1987)。结合其他个体和组织战略选择的相关研究结果,运用经典风险概念不能有效解释组织背景中的风险行为。④文化对风险理解也有重要影响,李劲松(2000)认为中国人的风险概念与西方有很大差异。⑤不同行业背景下的企业高管的风险理解也存在显著差异。Pablo(1999)通过对油气产业、商业银行和软件开发三个产业的总共 155 家企业样本的分析结果发现,经理人的风险理解与产业显著相关,不同产业的经理人关注风险的不同维度方面,存在一定的文化、战略、和时间导致的差异,比如银行经理对风险的可控性相关特征特别敏感,而油气产业的经理人对情境模糊性特征更为关注,软件产业的经理人非常关心风险决策的后果,风险知觉受到偏好点的影响更为明显。Pablo 建议未来的研究采用基于产业差异的测量方法。

这些批评都在一定程度上使得人们对展望理论的结论在对组织的战略选项和行为的解释中存疑。未来，关键需要构建基于管理者自身的、特定行业的和特定文化背景中的风险概念。正如前文所论述的，风险是组织危机（组织危机感）的重要构成要素，这些证据也都间接地表明，组织危机感也可能存在行业和文化的特定性，也需要构建基于管理者自身的、特定行业的和特定文化背景中的组织危机感概念，以解释组织战略选择，检验相关理论，如展望理论和框架效应等。

五、威胁—僵化观点及其在组织研究中的应用

威胁—僵化观点（threat rigidity perspective）由 Staw、Sandelands 和 Dutton（1981）提出，最先发表在 *Administrative Science Quarterly* 杂志上，之后被广泛应用于个体、团队和组织等水平的战略行为选择研究中，用来解释面对威胁时的个体、团队和组织的行为反应。威胁—僵化观点的基本理论观点是（如图 2.13 所示）：面临威胁的个人、团队和组织倾向限制信息，团队和组织倾向采取增加权威性等内部控制举措。威胁导致了个人、团队和组织的僵化反应，决策者倾向在个人、团队和组织支配领域内采取行动应对威胁，行动趋向保守，即，威胁将对决策者的行为选择产生“僵化效应”。僵化反应可能导致威胁的加剧，特别是在突变的环境下，进而形成恶性循环；僵化反应也可能减缓威胁，特别是在渐变的环境下，此时威胁缓解，威胁僵化反应变弱。如图 2.12 所示。

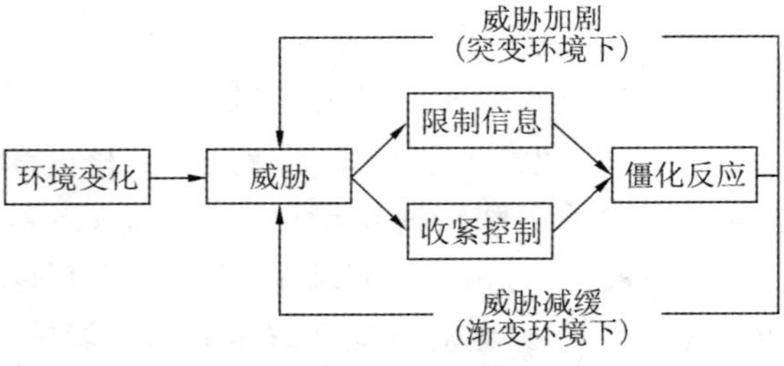

图 2.12　威胁—僵化观点示意图

资料来源：Staw、Sandelands 和 Dutton（1981）。

组织行动策略的一个重要维度是外部指向和内部指向（Chattopadhyay 等，2001），外部指向的行动旨在改变环境（例如通过发展新市场或调整管制法规），需要管理者在低可控领域开展活动，这些活动需要持续的资源投入，但没有任何收益保证，与外部实体可能达成的合约会限制组织未来行动，因此，相比于内部指向的行动，外部指向的行动常常不那么必要，更加冒险和难以实施（Dutton 和 Jackson，1987）。

根据威胁—僵化理论,企业高管知觉到低可控、负面后果的威胁情境时,为了抵消负面知觉,企业高管更倾向选择在较高组织可控的领域内采取行动(Chattopadhyay 等,2001)。此外,威胁知觉增强企业高管对效能的关注(Staw 等,1981)和对组织内部问题的注意(例如降低成本和节省预算)(Thomas 等,1993),从而促使组织采取内部导向策略。最后,由于威胁事件导致情境风险更为显著,企业高管可能采取风险规避行为(Sitkin 和 Pablo,1992)。这些论点认为企业高管在威胁情境下采取内部指向的行动,因为这种行动比外部指向的行动具有更高的可控性和更低的风险性。相反,机会意味着较高的可控性(Jackson 和 Dutton,1988;Taylor,1989)和可能收益(March 和 Shapira,1987),因此,面临机会时,企业高管倾向采取投机的风险行为(Thomas 等,1993)以及外部指向的行动(Dutton 和 Jackson,1987)等。

组织层面的实证研究证实了威胁—僵化观点。如 Thomas 等(1993)对医院的研究发现,将不确定性变化判定为机会的高管更可能在未来三年对提供系列产品和服务采取显著性的变革。Papadakis 等(1999)通过一个希腊化学公司 CHEMCO 案例研究揭示了在危机感知和机会感知两种情境下不同的决策模式。在 20 世纪 90 年代,希腊面临水荒,CHEMCO 面临被其水供应商 WA 断水的威胁,引起了企业高层的高度重视。在这种外因导致的危机情境下,CHEMCO 以理性姿态进行组织决策,调动和扩展各层面管理人员提出并挑选备择方案,各个部门之间密切合作,并迅速采取了决策。后来由于降水量增多,水资源缺乏得到缓解,外部危机情境解除,当再次对危机情境下的决策进行反思时,CHEMCO 已经处于机会认知的情境之下,原来被用来应对危机的决策被发现存在缺陷,而在这种反思中,发掘了企业降低水供应成本的机会。Sharma(2000)在环境保护制度的背景下研究了危机感与策略选择之间的关系,发现判定为机会的企业更可能采取主动性的环保策略,相反则更可能采取被动型的环保策略。Chattopadhyay 等(2001)也发现,威胁和机会识别影响组织反应的内部导向与外部导向的程度,他们还发现,相比于机会,企业存在更强动机对威胁进行反应。这一研究与其他许多研究(如 Schneider 和 De Meyer,2006;Dennison 等,1996;Sharma 等,1999),进一步说明了威胁和机会识别对战略行动具有重要影响。

六、展望理论与威胁—僵化观点的比较

比较威胁—僵化观点和展望理论就可以发现,两者对组织行为的预测结果在某种程度上相互矛盾。根据展望理论,人们在有利的情境下倾向于风险回避,因为他们倾向回避损失并认为这种情境下更可能损失。相反,人们在不利

的环境下倾向于冒险，因为他们认为他们没什么损失。因此，企业高管面临威胁情境时会冒险，在机会情境时倾向风险规避（Fiegenbaum 和 Thomas，1988；Wiseman 和 Gomez-Mejia，1998）。假定外部导向策略相比内部导向策略更加冒险，那么根据展望理论将推导出，面临威胁的组织将选择外部导向策略，而面临机会的组织将倾向选择内部导向策略（Chattopadhyay 等，2001）。可能损失与冒险、外部导向的行动有关，可能收益与风险规避和内部导向行动有关（Chattopadhyay 等，2001）。而根据威胁—僵化观点得出的推论则完全相反。

此外，展望理论及其在组织行动领域的应用研究表明（Fiegenbaum 和 Thomas，1988；Greve，1998；Wiseman 和 Gomez-Mejia，1998），组织更多地关注对特定资源的损失或收益，而非控制的降低或强化。而威胁—僵化观点则强调组织战略决策者对情境的可控性的关注，不可控与组织内部导向策略有关。Ocasio（1995）认为，威胁僵化理论主要解释不确定性和不可控性情境，而展望理论主要解释损失情境。

最后，展望理论解释的是有明确选项备择选项的客观风险，威胁—僵化理论解释的是难以确定备择选项、结果高度模糊、结果的概率分布也难以确定的“风险”（Ocasio，1995），根据前文对风险、不确定性和模糊性等概念的辨析，这种“风险”用“模糊性”或者“不确定性”描述可能更加贴切。

第四节　创业绩效研究概述

以往的研究讨论了多维组织绩效测量，认为财务绩效是组织绩效的核心，但财务绩效并不能反映全部组织绩效（Chakravarthy，1986）。Hofer 和 Sandberg（1987）认为组织绩效还应包含运营绩效、产品质量和市场份额等绩效要素。Venkatraman（1989）认为应采用财务绩效、运营绩效和董事会评价绩效三个维度来评价组织绩效。其中运营绩效指有利于产生财务绩效的关键因素，如产品质量、市场份额等，董事会评价绩效则指股东的满意度。Chandler 和 Hanks（1993）将“企业成长”和“业务容量”作为衡量组织绩效的两个并列维度，并指出大多数的企业将成长作为其主要发展目标，因此应将企业成长作为组织绩效的重要衡量维度。Chrisman 等（1998）等也强调考察组织绩效应特别关注生存和成长连个绩效维度。

Murphy 等（1996）较为系统地分析了创业研究中所用的绩效变量，将其概括为八类，分别是效益、成长、利润、流动性、成败、市场份额、规模、利益相关者评价等。其中，效益、成长和利润是使用最多的三个维度。丁岳枫（2006）对创业领域的绩效实证研究进行了系统分析，也发现使用最频繁的是效益、成长和利润等三个绩效维度。

许多学者根据研究目的的需要，研究时在组织绩效模型中纳入了所关心的特定绩效维度。如在绿色创业、环保研究和商业伦理领域，许多学者将环保绩效或绿色绩效等作为新的绩效维度；在社会创业研究领域，学者们纳入了绩效的社会维度；在人力资源管理和组织行为研究中，学者们将员工满意度、组织承诺等作为组织绩效的重要内容。

本研究基于组织转型和危机管理的研究，也纳入了本研究较为关注的绩效内容——适应绩效。适应绩效是指组织对组织所处环境的适应程度。Bennis(1999)就指出，组织效能判断标准应该包括变革的适应能力，即组织对环境作出反应的能力。危机管理文献中也将组织对外部环境变化响应的速度、组织与外部环境的匹配度等作为危机管理效能的重要内容。组织变革是组织适应外界环境变化而进行的调整活动及其过程，而适应绩效反映组织适应外部环境的程度和速度，应成为组织变革研究中关注的重要绩效内容。本研究根据以往组织转型和适应研究文献设计了包括"适应市场和环境变化的程度"、"应对市场和环境变化的速度"和"响应市场变化的敏捷程度"三个测量指标来反映适应绩效，将其作为重要效标之一来检验组织所选择的转型策略的有效性。

第五节　以往研究的局限和有待解决的问题

第一，组织变革作为一种普遍的组织现象一直是西方学者较为关注的研究领域，本研究以"组织变革"、"组织转型"、"战略转型"、"战略变革"、"组织适应"、"组织改良"等关键词查阅国内研究报告后发现：一方面，很多相关研究是思辨式分析或者对西方研究的综述，缺乏实证分析；另一方面，一些研究脱离了中国文化背景、产业背景、组织背景，而组织变革研究的重要趋势是不再抽象地探讨组织变革现象，而是基于文化背景、产业背景、组织背景和变革形式来研究变革。当前中国企业中较为活跃的组织变革形式主要包括公司创业、并购重组、网络组织和国际创业四种(王重鸣，2008)，未来需要基于特定产业内的变革形式，将背景因素纳入研究框架来研究组织变革，探讨变革策略选择的影响因素及其作用机制，揭示我国企业组织变革的动力来源要素。

第二，组织转型作为一种危机下的组织变革过程，受到越来越多的关注，特别是在国际金融危机和产业调整的背景下正日益成为研究焦点，但以往研究存在三方面的局限性：一方面，以往研究十分关注高管轮替等因素对组织转型和转型策略的影响,较少基于认知视角来考察高管认知因素对组织转型及转型策略选择的影响。高管轮替仅仅是组织转型现象中的一部分,而组织高管未轮替情况下的组织转型也是重要的管理现象,特别是在我国民营企业职业经理人普及度不高、高管轮替频度不高的特定现实背景下,以往理论难以揭示和解释我国的组织转型过程;另一方面,转型策略的研究累积的实证和概念研究形成了理解转型策略的碎片,特别在缩减策略方面,已有研究还存在较大的模糊性(Cater 和 Schwab,2008),需要在一个整合的框架内对组织转型策略选择的影响因素及转型策略的效能进行分析和检验;第三方面,组织所处的一般环境和任务环境被证明对组织转型策略及转型效能有重要影响,但以往研究在检验组织转型策略及其效能方面,往往对一般环境和任务环境的控制不够严格,未来需要在更加严格控制的条件下检验两者之间的关系,特别是在我国转型变革危机的任务情境下检验组织所处的特定环境(危机)对转型策略选择的影响效果、模式和作用机制。

第三,以往对组织危机感的研究存在三方面的局限性:第一方面,学者们对组织危机感采取了解析式的分析思路,可能难以形成对组织危机感概念结构的全面理解,忽视了组织危机感的其他特征维度,虽然这些维度并非区分威胁和机会的关键特征,但却可能对决策和行为有显著影响;第二方面,无论是风险还是危机的认知都有较强的文化特异性,不同的文化背景下,人们对组织危机感有不同的理解(Leiter,1980;Handel,1982),基于西方社会文化和商业背景的组织危机感概念不一定适用于中国的特定背景;最后,以往研究对组织危机感的影响因素通常是通过理论推断、案例研究、访谈研究等定性方法进行分析的,较少采用定量分析,对组织危机感影响因素及其作用机制的解释尚不充分,需要进一步研究,如图 2.13 所示。

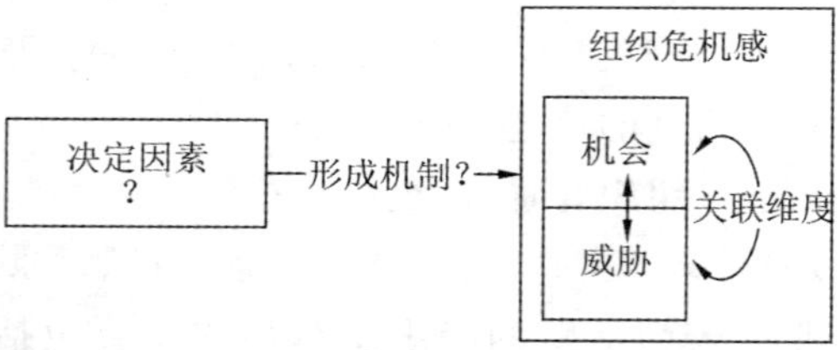

图 2.13　以往缺乏对组织危机感结构、影响因素和形成机制的研究

第四,展望理论和框架效应的研究,主要针对的是风险情境下的行为决策,但运用经典风险概念难以有效解释组织背景中的战略选择。至少存在以下几个方面的不足:①经典风险概念的局限。一方面,有些研究将财务风险指数等绝对指标简单地视为企业高管所感知的风险,但实际上这些绝对指标测量的风

险并不一定等于企业组织决策者的风险知觉(Jegers,1991);另一方面,展望理论中的风险与管理者理解的风险存在显著差异(March 和 Shapira,1987)。②风险概念的情境特异性。一方面,文化对风险理解有重要影响,如李劲松(2000)发现中国人的风险概念与西方有很大差异;另一方面,不同行业背景下的企业高管的风险理解也存在显著差异,如 Pablo(1999)对油气产业、商业银行和软件开发等产业的研究发现,经理人的风险理解与产业显著相关。认识是实践活动的基础,企业高管对风险概念的不同理解以及对待风险的不同态度,会直接影响到企业高管在风险条件下所采取的决策行为。③风险概念难以描述创业背景下的战略选择情境特征。创业背景下的战略决策是在不确定性情境下的决策(Alvarez 和 Busenitz,2001;Loasby,2002),而通过前文的分析,本研究已经指出了"不确定性"与"风险"两个概念在内涵和外延上的差异,基于风险情境的决策理论在推论至不确定性情境中时需要实证检验。

第五,在对威胁情境下组织行动的实证研究中,展望理论和威胁—僵化理论两种推论结果互相冲突的理论都得到了实证支持,未来研究需要进一步考察和比较分析这两种理论。根据威胁—僵化理论的观点,在威胁情境下,决策者倾向于选择在组织支配领域内采取行动,以增加行为控制并降低行为风险,在威胁情境下组织是风险回避的。一般组织内部指向的行动具有更高可控性,因此企业高管在威胁情境下倾向于采取内部导向的行动。但根据展望理论,人们在有利的情境下倾向于风险回避,在不利的环境下倾向于冒险,基于此,企业高管面临威胁情境时会冒险,在机会情境时倾向风险规避(Fiegenbaum 和 Thomas,1988;Wiseman 和 Gomez-Mejia,1998)。假定外部指向的行动比内导向的行动更加冒险,那么根据展望理论,面临威胁情境的组织将倾向于采取外部导向行动,而面临机会的组织将采取内部导向的行动(Chattopadhyay 等,2001)。

第六,以往有关展望理论和框架效应的研究对决策的情境关注不够。从纯粹的理论构建来说,战略性决策和个体决策没有什么特别不同之处(Mittal 和 Ross,1998),而战略性决策的情境特征,决定了其系统差异。以往展望框架效应的研究大部分为非战略性决策任务,要么缺乏情境性,要么决策的后果非常小,与决策者自身关联较弱(李劲松,2000)。而战略研究和危机研究的文献表明,战略决策的情境对战略有显著影响,如在不确定性情境下,企业高管采用场景规划(scenario planning)等商业规划技术辅助决策(Alvarez 和 Barney,2005),此外,危机规划(crisis planning)也被认为是组织最核心的战略活动,包括①识别可能的危机,以及②配置资源、能力和结构应对危机(Pang 等,2006),会对组织战略决策产生重要影响。

有研究表明，语义框架在战略决策任务中表现得可能并不明显。如李劲松(2000)通过对战略性经营风险决策背景下决策者的风险行为进行分析后发现，展望框架对战略行为决策的影响并不明显，随着决策任务战略性程度的提高，决策者的风险决策行为变得更加理性。战略决策结果更容易受到情境的影响，若要理解决策者对模糊问题的解释，需要重视情境在对战略选择中的作用(Highhouse 等，1996)。

第七，情境框架效应的研究深化了对展望理论、框架效应的理解，成为制度理论的有益补充。所有行动目的论的理论[①]都存在三个关键假设：①假设目的属性；②假设个体属性；③假设决策情境属性(Alvarez 和 Barney，2007)。一般行动决策理论偏重强调三个假设中的某个假设，如动机理论等心理理论强调个体属性，功能理论强调目的属性，而制度理论强调情境属性。展望理论同时强调了目的属性和个体属性，但对情境属性的假设成为众多批判的来源。而同化效应和对比效应的研究发现则扩展了展望理论，将更多的情境属性纳入分析框架。制度理论是战略决策外部控制论的经典理论，强调外部环境变迁等因素为企业制造了机会和威胁，决定了企业的战略选项及其选择，虽然强调了情境属性，但一方面低估了连接内外部环境和战略选择环节的决策者的作用，忽视了组织战略选择是组织所处情境与决策者共同作用的结果的事实(张文慧等，2005)，另一方面，难以更加细致地解释环境对战略决策作用的内在机制。

但情境框架效应研究也需要有所扩展：

(1)以往情境框架效应的研究以及其他组织行为和战略管理的研究均假定战略决策者可清晰地将组织所处情境标签为“威胁”和“机会”，某种程度上假定了威胁与机会是二分的、静态的，忽略了两者之间的互相动态转化的可能以及

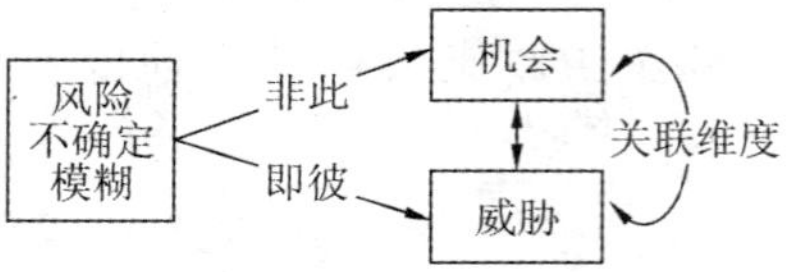

图 2.14　以往研究中使用的组织危机感

复合的可能，如图 2.14 所示。一些理论表明，威胁与机会两者存在存在权变性(Duntton 和 Duncan，1987；梅胜军，2009)和复合性(Kotter 和 Sathe，1978；梅胜军，2009)。如 Duntton 和 Duncan(1987)认为，如果决策者认为能够找到解决问题的方案，可能将环境标识为机会，而当决策者不能找到解决问题的方案时，

① 认为能促使目的实现的行动比不能促使目的实现的行动发生的可能性更高，如心理学的动机理论、人类学的功能理论和社会学的制度理论等(Alvarez 和 Barney，2007)。

则可能将环境标识为威胁。此外，应用更多的信息可能会使决策者看到机会中的风险，也可能有利于发现机会。当不确定性有可能被企业组织克服时，决策者会预先采取措施主动建构环境，促使环境朝向有利于组织的方向发展(Duntton 和 Duncan，1987)。这些都表明，威胁与机会之间是可转化的，企业高管在决策中的确会考虑威胁与机会之间的转化性，并因此可能会影响组织的行动。因此，在研究情境对战略选择的框架效应时，威胁与机会之间的转化性是不可忽略的特征因素。纳入威胁与机会的转化性，扩展组织危机感的概念维度，如图 2.15 所示，可以深化和拓展对情境框架效应的理解。

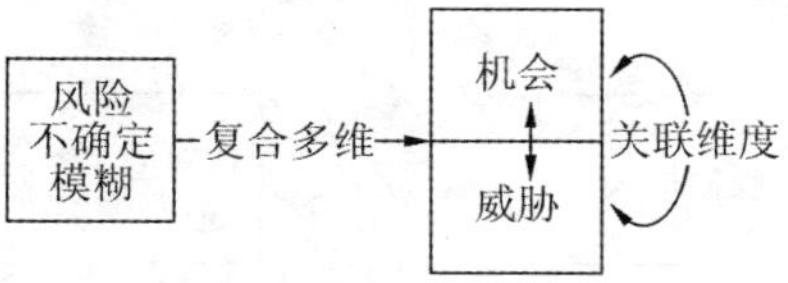

图 2.15　本研究中使用的组织危机感

(2)在以往情境框架效应的研究中，使用的是可以确定理解为机会或威胁的情境对模糊情境解释的影响，发现情境信息对决策情景的解释产生了影响，即存在情境框架效应，如图 2.16 所示。但现实的战略决策中，企业高管面对的各种情境通常都是模糊性的，可通过研究企业高管对模糊情境理解对另一个决策情景理解的影响效应来扩展或深化情境框架效应理论，如图 2.17 所示。

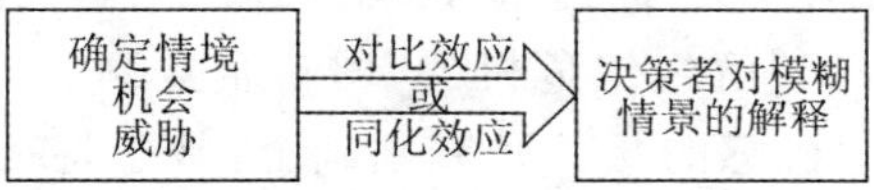

图 2.16　以往研究中使用确定情境

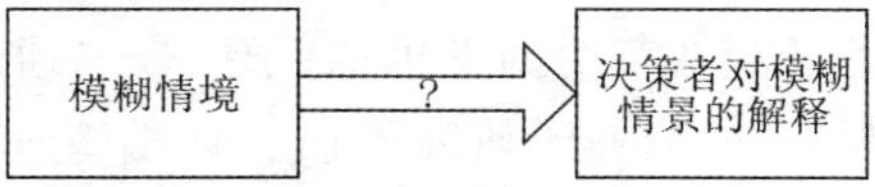

图 2.17　本研究中使用模糊情境

(3)以往研究为了清晰地检验情境框架效应，采用了不存在任务关联性的情境，如图 2.18 所示。虽然有利于控制干扰、清晰地证实情境框架效应的存在，但情境信息是一种决策的社会线索，决策优先受到强社会线索的影响，现实决策中，战略选择更容易受到与任务和目标高关联的情境的影响。以往研究未研究任务关联性情境的框架效应，难以有效地解释情境对现实战略选择的效应模式。因此研究与任务关联的情境对战略选择的影响及其效应模式更符合现实战略决策实践，如图 2.19 所示。

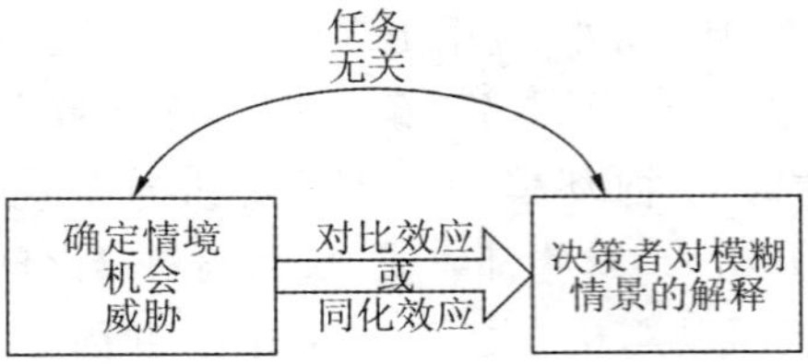

图 2.18　以往研究中使用的情境相互独立

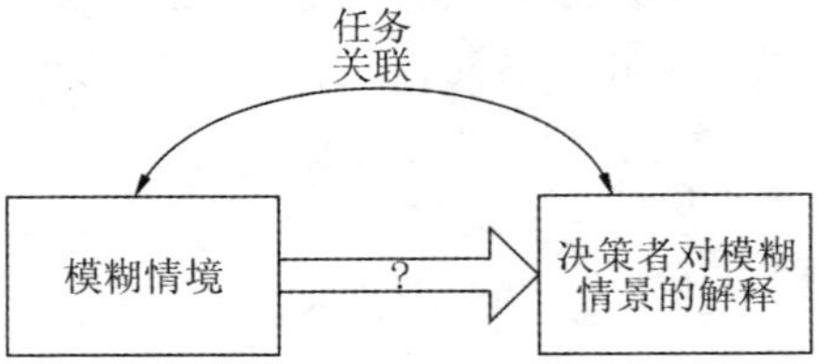

图 2.19　本研究中使用的情境相互关联

第六节　本研究拟解决的理论问题与研究框架

通过以上分析，本研究拟解决以下问题：

(1)企业高管的组织危机感的概念构思结构研究。试图解答我国企业高管是怎样认知框架评估和理解组织危机的，即对企业高管“组织危机感”的概念化。本研究拟在组织危机感的相关研究基础上，基于特征模式识别观点，首先初步构建组织危机感的多因素特征构思模型，接着设计三项子研究对此进行修正和验证：子研究一运用基于内容分析技术的访谈研究修正和分析组织危机感的概念构思和我国企业转型变革中的危机源；子研究二通过编制量表和探索性因素分析探索组织危机感的结构；子研究三在子研究二的基础上验证组织危机感的结构，并检验测量信度和构思效度。本研究的组织危机感的结构模型及其量表编制是本研究的基础。

(2)企业高管组织危机感的影响因素和形成机制研究。试图回答哪些因素影响了企业高管的组织危机感，以及这些因素如何影响组织危机感。特别关注企业高管自身的认知和行为方面的关键影响因素。本研究拟基于认知视角，通过回顾创业理论有关机会评价与识别的研究以及机会和威胁的相关理论，提出影响企业高管组织危机感的几个重要认知和行为方面的影响因素及作用机制的假设，通过问卷研究检验，明确“哪些认知和行为因素影响企业高管的组织危机感”以及“这些认知和行为因素如何影响企业高管的组织危机感”。

(3)组织危机感对战略选择的影响和作用机制研究。试图回答企业高管的组织危机感以什么样的影响模式影响战略选择(影响模式)、组织危机感对战略选择有什么样的效应(效应模式)、组织危机感以什么样的作用机制影响战略选择(作用机制)。设计 3 项子研究:案例研究通过案例探索组织危机感与战略选择之间的关联性;问卷研究通过问卷调查数据分析,进一步揭示组织危机感对战略选择的影响模式;实验研究运用实验方法检验组织危机感对战略选择的效应模式和作用机制。

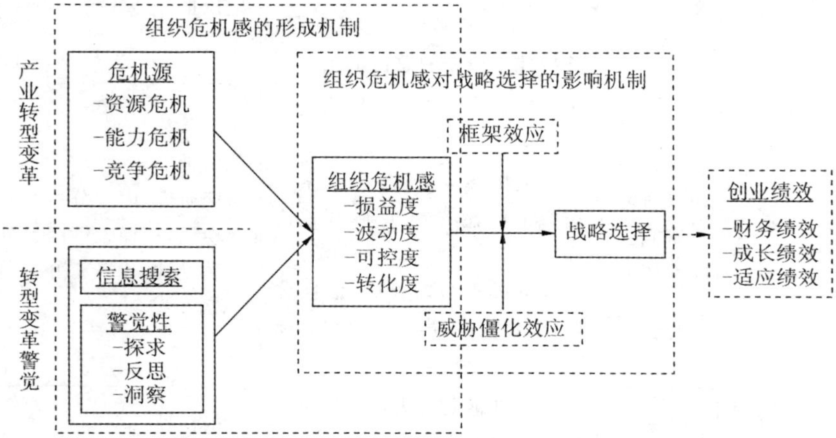

图 2.20　本书总体研究的基本理论构思图

图 2.20 为本研究的理论框架。组织危机感是本研究的关键概念和逻辑主线,研究依次探讨了:①组织危机感的结构(构建组织危机感的结构模型);②组织危机感的形成机制(构建组织危机感的过程模型);③组织危机感对战略选择的影响和作用机制(组织危机感的影响模式、效应模式和作用机制)。影响模式是指组织危机感内在结构如何影响组织的战略选择及影响结果;效应模式是剔除了组织危机感的基线效应之后,在严格的控制条件下检验组织危机感对战略选择的情境框架效应,从而在同一个分析框架内分析展望理论和威胁—僵化理论的结论对战略选择的解释性;作用机制则是揭示组织危机感的效应模式的产生过程。

第七节　研究步骤与技术路线

在交代研究背景和提出研究问题(第一章)、回顾以往研究并构建研究框架(第二章)的基础上,本研究设计了 3 项研究试图回答以下理论问题(技术路线如表 2.6 所示):

表 2.6 本研究的内容、步骤与方法技术

章节	研究方法	研究内容	分析技术
1. 绪论	实践分析	说明主要研究背景,提出研究问题	—
2. 理论回顾与研究框架	文献研究	通过回顾组织危机、组织变革和组织转型、战略选择研究文献,提出有待解决的理论问题,并构建本研究的总体框架	理论推导
3. 研究一:组织危机感的概念构思开发与验证研究	文献研究 子研究一:访谈研究 子研究二:问卷研究 子研究三:问卷研究	组织危机感的概念及结构模型推演 组织危机感构思修正与探索 组织危机感量表编制与结构探索 组织危机感结构验证,信度分析,聚合效度、辨别效度和效标关联效度检验	理论推导 访谈研究、内容分析技术 问卷调查、探索性因素分析 结构方程建模、相关分析、EVA 计算
4. 研究二:组织危机感的影响因素及形成机制研究	文献推导 问卷研究	组织危机感主要认知和行为影响因素的理论推演与假设提出 组织危机感主要影响因素及形成机制	理论推导 相关分析、多元回归分析、结构方程建模
5. 研究三:组织危机感对战略选择的影响及作用机制研究	案例研究 问卷研究 实验研究	通过案例研究初步分析组织危机感与战略选择的关系 组织危机感对战略选择的影响模式 组织危机感对战略选择的效应模式和作用机制	多案例分析 问卷调查研究、相关分析、多元回归分析、结构方程建模 情境实验研究、卡方分析、相关分析、logistic 回归分析
6. 总论	总结归纳	对总体研究结论进行讨论,说明研究进展、意义与局限,指出未来的研究方向	理论推导

(1)研究一围绕组织危机感结构模型展开,包含 3 个子研究。在相关文献梳理的基础上构建组织危机感的构思,子研究一运用基于内容分析技术的访谈研究修正和分析组织危机感构思,子研究二通过编制量表和探索性因素分析探索组织危机感的结构,子研究三在子研究二的基础上采用验证性因素分析验证组织危机感的结构,并检验信度和构思效度。

(2)研究二围绕组织危机感的过程模型展开,包含 1 个问卷研究。在文献

回顾和推导基础上提出假设，通过问卷调查获得数据，运用相关分析、多元回归分析和结构方程建模技术等分析数据，检验相关假设。

（3）研究三围绕组织危机感对战略选择的影响和作用机制展开。包含 3 个子研究：案例研究、问卷研究和实验研究。案例研究通过多案例分析探索组织危机感与战略选择之间的关联性；问卷研究运用问卷调查方法检验组织危机感对战略选择的影响模式，通过相关分析、多元回归分析和结构方程建模分析数据检验假设；实验研究则分析和检验组织危机感对战略选择的效应模式和作用机制，通过卡方分析、相关分析、多元回归分析和 logistic 回归分析数据检验假设。

第三章 组织危机感的概念构思开发与验证研究

第一节 研究目的

以往组织危机感的研究中存在以下局限：①忽视了威胁和机会复合或动态转化的现实可能，即忽视了威胁和机会之间的权变性；②忽视了威胁和机会认知的文化独特性，而研究认为组织危机感受到文化背景的影响；③忽视了威胁和机会认知的行业独特性，而研究认为威胁和机会认知存在行业差异（Pablo，1999）。

研究一的主要目的是探索和验证中国文化和转型变革背景中企业高管的组织危机感构思结构（组织危机感结构模型），为后续的组织危机感形成过程、对战略选择的影响和作用机制的研究奠定基础：①借鉴模式识别理论、特征分析理论和图式理论的思想，通过文献回顾和理论推演，构建企业高管组织危机感的构思模型；②基于内容分析的访谈研究，探索和修正组织危机感结构模型，并分析转型变革背景下组织危机的主要来源；③编制测量工具进行大规模抽样调查，运用探索性因素分析和验证性因素分析等统计方法探索和验证组织危机感的维度结构，检验测量工具的信度和效度（包括聚合效度、判别效度和效标关联效度）。

第二节 研究框架及假设

一、基于特征模式的组织危机感

企业高管是以什么样的认知模式认识和理解危机的呢？按照特征模式识

别理论观点，组织危机感是一种基于特征模式的“专家式”的认知过程。Simon(1996)通过对棋手的研究发现：专家对局势的判断是整体综合的，以组块方式对棋子之间的关系理解、编码和快速系统组合；专家对局势感知不追求细枝末节，而是基于关键特征，使得专家具有超强的判断力。企业高管熟悉其所在的企业组织及其处境，并且具备大量的决策判断经验，判断组织的威胁和机会处境也是其职责任务，也必须具备相关的职业技能以胜任其工作。因此，某种程度上，企业高管往往是其决策领域内的“专家”（苗青，2006），他们对创业过程中的各项业务相关的威胁和机会认知是一种“专家式”的认知过程。

基于认知视角的图式理论对此提供了很好的理论解释基础。认知心理学的研究发现，人们不是依据形式逻辑进行思维，而是根据在生活积累的“图式”(Schema)。Fiske 和 Taylor(1984)将图式定义为一种认知结构，表征关于给定概念或特定类型刺激的组织化知识(organized knowledge)。图式不仅包含了概念特征，也包含特征之间的关系。研究认为，人们对情境的感知和评估是通过图式进行的(Fiske 和 Taylor，1984；Hastie，1981；Markus 和 Zajonc，1985)，图式帮助人们在其所处情境中简化、有效管理信息并赋予其含义，引导着人们知觉、解释和理解事物的方式。

基于特征模式理论和图式理论，本研究认为，企业高管对危机情境或事件的知觉和理解是基于某种“专家式”的“图式”。该认知模式具有如下特征：①组块式的；②基于关键特征属性和特征属性之间关系的；③具有特定图式参照的。这些特征与以往有关机会识别的观点和研究结论相吻合，如 Barren(2006)认为创业者通过一种经由经验形成的特殊认知框架感知和联系看起来不相关的外部事件和趋势，进而发现潜在机会。苗青(2006)对机会识别的研究也证实了公司创业决策者对机会的识别和判断是基于关键特征的专家型的认知模式，基于新颖奇特性、潜在经济性、持续性、实践性、独立性和可取性等特征识别机会。企业高管在对组织转型中的不稳定状态进行理解时也应该遵循类似的认知模式。

那么，组织危机感中组块、关键特征以及关键特征之间的关系具体是什么？鉴于图式的内容专属特性(content-specific)(Abelson 和 Black，1986)，以往有关威胁和机会、危机的特征研究为此提供了重要参考，本研究对此进行了梳理和归纳，结果参见表 3.1。综合以往研究，组织危机的主要特征有：①破坏、损失或损害性，或者对组织目标的威胁程度；②紧迫性、突发性或者时间压力；③可能性，指某项损害结果出现的概率；④可控度，即危机事件或情势的可干预程度；⑤演变性，指危机事件或情势发展态势的不确定性或动态变化程度；⑥联动性，危机事件或情势带来的连锁效应，导致一系列不可预料事件的发生；⑦利益相关者关联性，即对组织内外部利益相关者的影响程度；⑧预见性，是否可以在事件或结果发生前就可以预测；⑨转化性，危机事件或局面向有利于局面转化的可能性、条件和程度。从上述总结中可见，以往研究中有关危机的特征繁多，莫衷一是，有些是基于事件的，有些是基于情境的。

表 3.1 组织危机的特征归纳分析

学者	特征要素
Hermann(1969,1972)	威胁重要目标实现；时间紧迫；超出决策者预期；产生高压力
Smart 等(1978)	机会；威胁；可预测性
Kirby 和 Kroeber(1978)	可控性
Billing 等(1980)	可能价值损失；时间压力
Milburn 等(1983)	威胁组织达成组织目标或降低组织达成其目标的能力；解决方案策略的结果不确定性；易受性；可控性
Brecher 和 James(1988)	外部环境突然变化；变化已影响组织基本目标的达成；变化之间具有连动性，可能造成致命的伤害；会带来风险；只能事先预估，却不能完全避免；对变化作出反应和处理的时间非常有限而且紧迫
Clark(1988)	威胁目标实现；控制能力的下降；可以感知到时间压力
Jackson 和 Dutton(1988)	消极负面；可控性；损益性
Barton(1993)	负面影响；不确定性；损害
Booth(1993)	无法用正常程序处理；剧烈变迁；产生压力
Lerbinger(1997)	对获利、成长、甚至生存产生潜在威胁；管理者必须认知到威胁，相信这种威胁会阻碍公司发展的优先目标；必须认知到若不采取行动，情势会恶化甚至无法挽回
Mitroff 和 Anagnos (2000)	实际威胁或潜在威胁
Rosenthal 等(2001)	对社会系统的基本机制和行为准则架构产生重要威胁；时间压力；不确定性
Wan 和 Yiu(2009)；Mei 和 Wang(2009)	机会与威胁的可转化度

资料来源：根据相关文献整理。

普遍接受、影响力最大的组织危机特征模型是 Milburn 等(1983)提出的组织危机特征模型和 Jackson 和 Dutton(1988)所提出的威胁—机会特征模型，这两个模型为本研究提供了原型理论。Milburn 等(1983)认为可从可控、积极和易感三个特征识别危机。Jackson 和 Dutton(1988)通过对 56 个特征的分析和归纳,将威胁和机会从三个基本特征进行了区分,认为威胁主要包括消极、不可控和潜在损失三个特征,而机会则包含积极、可控和潜在收益三个特征,这六个特征两两分别对应,消极与积极对应,不可控与可控对应,潜在损失与潜在收益对应,构成了威胁—机会识别的三个特征维度,分别命名为:正负,可控和损益。Jackson 和 Dutton(1988)的特征模型经过了多次实证检验。Thomas 和 McDaniel(1990)通过实证研究后发现,消极与积极(正负)、潜在损失与潜在收益(损益)并不是互相截然区分的,而是连续体的两端;不可控与可控(可控)则在知觉中可以区分开,是二分变量。他们还发现,可控比正负和损益在区分威胁—机会中更为关键,Dennison 等(1996)也证实了这一点,在对战略行动的影响中,可控更为重要。

基于以上,本研究认为企业高管的组织危机感是基于损益、易感、可控和负面四个特征的特征模式识别,对应的,分别将四个特征分别命名为:损益度、波动度(反映容易受到组织危机影响的可能性及频繁性)、可控度和负面性。提出如下假设:

假设 1a:损益度、波动度、可控度和负面性是企业高管组织危机感的四个特征维度。

二、中国文化背景下的组织危机感

文化背景对组织危机感有重要影响。如 Barr 和 Glynn(2004)通过对 276 个跨文化样本的实证调查后发现,文化对危机(威胁与机会)的识别有重要影响。基于民族方法学的赋义观点也强调了组织危机感的文化特异性,该理论观点将赋义作为实践推理(practice reasoning)(Leiter,1980;Handel,1982),强调赋义中的解释过程,认为赋义创造了一个可感知对象和过程的世界,作为呈现赋义载体的母语在这个过程中起到重要作用,不同文化背景下的语义知觉可能会导致不同的赋义过程和结果。不同群体具有不同的文化合理性(cultural rationalities)(卢克斯和李丽,2001),各自具有独特组织形式和解释框架(Gephart 等,1990)或"理性"(Douglas 和 Wildavsky,1983),使得不同文化群体对危机的理解不同。基于民族方法学的赋义观点为分析中国文化背景下的组织危机特征识别提供了理论视角。

有关风险知觉和决策的跨文化研究佐证了中国文化背景中企业高管的组织危机感结构可能存在特别之处。例如,Bontempo 等(1997)发现,欧美被试在投资决策时更加注重损失的概率,而亚洲被试更加注重损失的数额。Weber 和 Hsee(1998)发现中国被试和西方国家被试存在风险知觉的文化差异,相对的,由于中德文化的相似之处(集体取向、注重家庭和等级次序等),中国被试和德国被试之间的差异要小得多。

本研究由此推论,中国文化背景可能会对中国文化背景下的企业高管组织危机感产生重要影响,乃至影响组织危机感的特征结构。

心理学认为,人们通过思维揭示事物特征和内部联系,进而形成概念。思维模式是指人们用以处理信息和感知周围世界的思维习惯。一个民族或区域经过长期历史发展会形成较为固定的思维模式,思维模式可反映不同文化中个体和群体的认知特性(姜勇,2005)。

中国人具有整体思维、辩证思维和矛盾思维的思维模式特点。整体思维以内部各要素之间的差别对立为前提,认为要素之间的关系对结果起决定作用(王新华和任军莉,2002;连淑能,2002;罗振西,2004;胡星斗,2005;任华和梁瑞春,2008);辩证思维是以对立统一的概念或范畴的形式来反映对象,它首先是整体思维,力求全面把握对象的相关方面及其关系;矛盾思维则从事物的对立统一关系中把握客体,是辩证思维的重要表现形式。

自阴阳学说在公元前 8 世纪的中国产生以来,阴阳两气相生相克、相反相成的宇宙哲学成为中国人思维模式的重要特征影响至今(冯友兰,2005)。传统思维模式是否随着改革开放、中西融合和经济现代化而不复存在?吴礼权(2008)从语言分析的视角,通过对汉语相关词汇的抽样统计分析论证了现代中国人倾向整体的思维方式。Peng 和 Nisbett(1999)也认为,受中国传统文化和马克思主义的影响,现代中国人倾向用辩证和整体的观点看待和处理问题。侯玉波等(2007)的系列研究也表明,整体思维、辩证思维和矛盾思维性仍然是中国人思维的重要特征(Hou 等,2003),说明传统思维模式在现代中国仍然是显著特征,这些特征对中国人社会认知、决策判断、责任归因等过程有着重要的影响作用(侯玉波等,2004)。

具有整体思维、辩证思维和矛盾思维特征的人不仅仅关注威胁本身的特征,并且关注威胁和机会之间的矛盾对立统一关系。他们将对威胁与机会之间的关系投入更多认知资源,形成对威胁—机会相互转化、转化条件和转化可能等特征的独特理解,并在决策中有一定的影响权重。许多汉语成语和日常用语反映了中国人对危机转化知觉的特性。如“危机”一词本身就包含“危险”和“机会”两部分,还有“祸兮福所依、福兮祸所伏”、“塞翁失马,焉知非福”、“隐患险于明火,预防胜于救灾”、“居安思危”、“化险为夷”、“山穷水复疑无路,柳暗花明又一村”、“星星之火,可以燎原”等用语都说明威胁与机会之间的关系在中国人的危机感中有重要地位,Mei 和 Wang(2009)对中国企业高管的问卷调查分析结果也提供了这方面的实证证据。

基于以上分析，本研究提出假设1b：

假设1b：威胁与机会之间的转化度也是企业高管组织危机感的特征因素之一。

可控度和转化度所反映的是威胁和机会之间的整体关系，而损益度、波动度和负面性则是机会和威胁的区别特征，损益、波动和负面反映的是企业高管对威胁—机会的效价认知框架，可控和转化则反映的是企业高管对威胁—机会的关系认知框架。按照这种理论逻辑分析，这五个特征可归纳为两个不同的二阶因子：损益度、波动度和负面性可归入一类，根据含义命名为“威胁识别”（或机会识别）；可控度和转化度可归入另一类，将其命名为“转机识别”（或转危识别）。因此，本研究提出假设1c：

假设1c：企业高管的组织危机感是一个二阶多因素特征模型。

综合以上假设，本研究提出假设1：

假设1：企业高管的组织危机感是一个多维的特征模型，主要包含损益度、波动度、负面性、可控度和转化度等五个特征因素。进一步可概括为两个二阶因素：威胁识别和转机识别。

第三节　子研究一：基于内容分析技术的组织危机感构思开发

一、研究目的

上一小节在文献综述和理论推导的基础上提出了中国文化背景中企业高管组织危机感概念构思，子研究一的主要目的是在此基础上初步识别、探索和修正该研究构思，为子研究二的问卷编制和结构探索以及子研究三的构思结构验证奠定基础。此外，本研究还试图分析样本行业转型背景下企业高管的危机源知觉，以期对组织危机感有更全面的理解，为组织危机感影响因素研究作研究准备。

二、研究方法

定性方法是组织危机研究中常用的研究方法（Sullivan-Taylor 和 Wilson，2009），以往许多研究采用案例或者访谈等方法来研究危机、灾难、威胁以及环境巨变等。通过对广泛的定性数据的详细和系统性分析，危机研究可以获得更广泛的发展（Gephart，1993）。此外，如同上节所阐述的，文化因素对组织危机感有重要影响，基于民族方法学的赋义观点观点十分强调对语言文本的分析，包括对话和文档的分析。为了识别出中国文化背景中企业高管组织危机感的独特结构，采取定性的语言文本分析方法是必要和有效的。这些是本研究决定采用访谈方法和内容分析技术的主要依据。

在具体操作上，本研究借鉴了 Jackson 和 Dutton(1988)对威胁和机会特征的研究方法，首先访谈样本企业的高层管理人员，获取有关组织危机特征的定性材料，接着通过对定性材料的量化分析，保证研究结果的信度和效度。

本研究拟采用语义内容分析技术分析访谈内容。内容分析技术是对定性数据进行量化分析的有效方法，已经在许多社会科学研究中得到应用(Kolbe 和 Burnett，1991)，既可以应用于描述性研究，也可以应用于探索性研究(颜士梅，2008)，本研究符合该技术的应用条件。此外，内容分析技术可比较规范地将定性材料有序、量化地表达出来，减少因分析的主观性和倾向性(陈维军，2001)导致的结论偏差，亦可满足本研究的主要要求。

三、数据收集

1. 访谈对象

本研究以企业高管人员作为访谈对象。Jackson 和 Dutton(1988)指出，识别和评估组织内外部事件、发展和趋势及其对组织的影响是高层管理人员的工作职责的一部分。这些问题具有高度的不确定性，因此往往也吸引了高层管理人员较多的注意力以进行理解。加之高层管理者也是企业组织的战略决策者，他们基于对事件、发展和趋势的解释和理解进行战略行动选择，决定组织采取何种因应行动策略。本书不仅关注组织危机感构思结构，也关注组织危机感对组织后续战略选择的影响，以企业高管为取样对象，可保证构建的组织危机感结构具有较强的效标关联效度。因此，本研究以企业高管作为访谈对象。

本研究在浙江省(杭州市、嵊州市、义乌市)、湖北省(武汉市、黄冈市、黄石市)和江西省(九江市)共选取了 17 家企业，主要分布在服饰行业(领带行业和衬衫行业)和医药行业(医药制造)两大行业，前者作为传统制造行业的代表，后者则作为高科技制造行业的代表。每家企业访谈 1～2 位高管人员，总共访谈了 25 名高层管理人员。相关企业和受访者背景情况如表 3.2 所示。

表 3.2 受访企业组织样本分析

企业名称	所在地区	所属行业	企业性质	企业规模	访谈人数	访谈对象性别	访谈对象职位
嵊州市天使领带服饰有限公司	浙江嵊州	领带行业	外资	中小型	2	男,男	总经理,总经理助理
嵊州市亨达领带服饰有限公司	浙江嵊州	领带行业	民营	中小型	1	男	总经理
浙江雅士林领带服饰有限公司	浙江嵊州	领带行业	民营	中小型	2	男,男	副总经理,厂长
嵊州市大鹰织造领带有限公司	浙江嵊州	领带行业	民营	中小型	2	男,女	董事长,总经理
浙江麦地郎领带制造有限公司	浙江嵊州	领带行业	民营	中小型	1	男	副总经理,办公室主任
浙江华义医药有限公司	浙江义乌	医药制造	合资	中小型	2	男,男	总经理,总工程师
湖北省博仁制药有限公司	湖北黄冈	医药制造	民营	中小型	1	男	总经理
湖北省黄梅县金谷药业有限公司	湖北黄冈	医药制造	民营	中小型	1	男	总经理
江西长江药业有限公司	江西九江	医药制造	合资	中小型	2	男,男	总经理,副总经理
江西庐山制药有限公司	江西九江	医药制造	民营	中小型	1	男	副总经理
九江中天药业有限公司	江西九江	医药制造	民营	中小型	2	男,男	总经理,副总经理
杭州汇能生物技术有限公司	浙江杭州	医药制造	民营	中小型	1	男	总经理
浙江天元生物药业有限公司	浙江杭州	医药制造	民营	大型	1	男	执行董事
义乌市天羽服饰有限公司	浙江义乌	衬衫行业	民营	中小型	2	男,男	副总经理,总经理助理
能达利集团	浙江义乌	衬衫行业	民营	中小型	2	男,男	董事,副总经理
浙江黑马实业有限公司	浙江义乌	衬衫行业	民营	中小型	1	男	总经理
义乌市华顺制衣有限公司	浙江义乌	衬衫行业	民营	中小型	1	男	总经理

2. 访谈设计与程序

本研究采用半结构化深度访谈的方法获取每位高管人员的材料数据。访谈提纲部分内容参考了 Sullivan-Taylor 和 Wilson(2009)以及 Jackson 和 Dutton(1988)对组织危机的访谈研究提纲,主要围绕"企业转型背景下面临的主要危机”这一主题，从危机、威胁和机会及两者之间的关系几个方面设计了以下几个问题：①根据您的总体印象，您认为企业转型变革中的危机是什么，您是如何理解危机的？②您觉得转型变革中企业是否处在危机的主要判断标准是什么，危机的诱发因素（原因或条件）有哪些？③您觉得企业转型变革所面临的威胁与机会有什么共同的特点，有什么不同点？④您认为你们企业转型变革中可能面临哪些危机（威胁或风险和不确定性）？最容易（或经常）遇到的挑战是什么？⑤您认为其他同行企业转型变革中可能面临哪些危机（威胁或风险和不确定性）？最容易（或经常）遇到的挑战是什么？⑥您认为整个行业转型升级中所面临的主要挑战或危机是什么？最容易（或经常）遇到的挑战是什么？⑦您是如何评价上述危机（挑战、威胁或风险和不确定性）的（回答较短时，可诱发提问：可能导致什么样的后果？发生的可能性大小？有哪些因素或条件？是否容易发生？）？⑧您认为应该如何应对和管理转型变革中的危机（挑战、威胁或风险和不确定性）？成功控制或避免不良后果需要哪些条件？成功的可能性有多大？⑨您是否认为这些危机（挑战、威胁或风险和不确定性）也蕴含着某种机遇等积极有利的方面？如果是，您认为存在哪些积极有利的方面（或因素）？⑩您认为应该如何趋利避害？有哪些影响企业发展方向的因素（原因或条件）？⑪对相同的危机情境，有的人认为很有害，而有的人认为也有利，您认为引起人们这种判断差异的原因有哪些？

访谈时，以上述提纲为主线，并积极就组织危机特征的描述方面进行追问或讨论。访谈时间一般控制在 1.5 小时左右。所有讨论和访谈都进行记录，及时转化整理成电子文档，整理并删减无关文字材料（如企业背景信息介绍等），以尽量减少无关数据。

四、访谈资料分析

1. 分析单元的确定

分析单元是指实际计算的对象，是内容分析中最重要、同时也是最小的元素。分析单元可以是独立的字、词、段落或主体等（李本乾，2000）。研究表明，在内容分析编码中，用特定的词和短语比用句子、段落或文件作为最小分析单元所导致的编码信度要高得多（Saris 和 Morton，1978）。Jackson 和 Dutton（1988）在研究威胁和机会识别时，使用关键词作为分析单元，通过获取描述威胁和机会的 56 个关键词，构建了威胁—机会识别的特征模型。此后有关威胁—机会以及组织危机的研究也基本围绕特征属性关键词进行。延续以往研究思路，本研究在整理出的访谈材料中，将具有相对独立完整信息的短语或句子作为最小的内容分析单元，总共抽取出了 107 个分析单元，其中危机特征识别有 67 个分析单元，危机源识别有 40 个分析单元。相关内容可参见附录。

2. 编码表的构建

编码表的构建是内容分析过程中的关键一环，特定的研究必需建立起明确的编码类目使之适用于研究问题和内容，其过程是识别和确立编码内容特征的明确规则的过程。构建方法主要有归纳法和演绎法（Mayring，2000）：归纳法通过对数据的逐步分析形成编码类别，演绎法通过现有理论或研究成果来开发初始代码，通过加入、修正和提炼形成编码类别。

危机、威胁和机会、风险等相关研究已经为组织危机感奠定了一定的研究基础，给本研究提供了良好起点。因此，本研究首先遵循了演绎法的分析逻辑，充分借鉴现有成果对危机情境特征的提炼，形成了组织危机感的五个基本类别，即损益度、波动度、负面性、可控度和转化度。为了降低单个研究者导致的主观偏差，保证编码的类目信度，本研究还请了四位研究者（两位管理学博士生和两位心理学博士生）以归纳法的思路进行了编码构建工作。要求研究者用简洁的词语来描述各个分析单元部分所体现出的评价特征，在分析比较的基础上，根据相关性、排斥性和完备性的内容分类原则形成编码类目，所形成的编码表基本类目与前述编码类目基本一致。在确定编码类目之后，借鉴以往研究，对损益度、波动度、负面性、可控度和转化度等特征要素的内涵进行了归纳和界定，定义如表 3.3 所示。

表 3.3　组织危机感访谈资料内容分类定义表

概念	项目	基本定义
特征识别	损益度（损害—受益）	转型过程中组织内外不确定性变化导致业绩受损（受益）的程度。是企业高管基于损益性对变化导致的可能后果的评价。
	波动度（易感—可能）	转型过程中组织受内外不确定性变化影响的难易程度或频繁程度，以及不确定性变化导致的各种结果（受损或受益）的可能性。是企业高管对不确定性变化导致的后果的概率或频度评价。
	可控度（可控—失控）	组织通过调控组织内外部因素控制可能结果的有效性，包括控制损益大小和改变概率大小的有效性。是企业高管对把握机会或规避威胁的操作可行性和操作效果的评估。
	负面性（负面—正面）	组织内外部变化导致组织和组织成员与工作相关的文化、氛围、价值观、观念、动机、态度和情绪等方面的变化。是企业高管对不确定性变化导致的组织社会系统积极（或消极）影响的评估。
	转化度（转化—复合）	组织内外部不确定性变化同时蕴含潜在有利和不利影响的程度，以及潜在有利和不利之间演变转化的可能和条件完备性。是企业高管对组织业务环境具备的威胁和机会双重、统一特性的评价。

续表

概念	项目	基本定义
来源识别	资源危机	企业生存或发展所需的土地、资本和劳动力等生产要素的不足或衰减导致组织目标难以实现的不利局面。
	能力危机	技术创新、市场拓展、组织管理方面的知识和能力的缺乏和不足威胁企业组织目标的实现。
	竞争危机	企业面临的产品或服务的市场份额争夺、价格竞争等程度加剧导致企业处于不利局面，阻碍组织目标实现。
	认同危机	企业管理团队经营理念的冲突、组织认同的衰退、社会声誉的损坏、信用和吸引力的下降等妨碍实现组织目标的不利局面。
	关系危机	由于企业社会网络的衰减、残缺或网络广度和强度不足导致组织目标难以实现的不利局面。

3. 编码过程

根据 Weber(1996)的建议，本研究采用单重归类(single classification)方法，把每个分析单元归入最适合的内容类别中，即使某个分析单元同时带有其他类别的属性也是如此。如果某个单元的含义十分含糊，则放弃分析(Bos 和 Tarnai，1999)。

编码过程如下：①邀请 2 名管理学博士和 1 名心理学博士作为编码员；②正式编码前，对编码员进行了培训，以口头方式向其讲解编码规则，选取了 10 个分析单元进行了预编码，以便编码员准确掌握内容类别的界限和编码程序，就初始代码的内涵形成一致认识；③要求编码员对编码材料按照要求进行编码，每个分析单元记 1 分；④为了分析交互判别信度，在获取编码数据后，计算 3 位编码员之间的编码一致性。计算方法按照数学中的集合原理，用三位编码员在各个类别上编码结果的“交集”分别除以各个类别上编码结果的“并集”，若用 T_1、T_2、T_3 分别表示编码员 A、B、C 的编码个数，则 $T_1 \cap T_2 \cap T_3$ 表示 3 位编码员编码归类相同的个数(交集)，$T_1 \cup T_2 \cup T_3$ 表示 3 位编码员各自编码个数的并集，则编码一致性公式为 $CA=\frac{T_1 \cap T_2 \cap T_3}{T_1 \cup T_2 \cup T_3}$(袁登华，2004)；⑤编码效度检验，邀请熟悉该测量内容的专家来评判，以确定测量项目与需要测量内容范畴之间的关系紧密程度。

4. 编码信度和效度检验及编码结果统计

内容分析中的编码一致性程度在 0.80 以上为可接受水平，在 0.90 以上为较好水平(Bos 和 Tarnai，1999；Ormerod，2000)。本研究的 3 位编码员在各个编码类别上的编码一致性程度如表 3.4 所示，从编码结果看，编码一致性比较高，均大于 0.80，处于可接受的水平。

内容效度的评定主要通过经验式判断来进行。一般情况下是请熟悉该内容的人员来评判，以确定项目与内容范畴之间关系的密切程度。内容效度评定的一个常用指标是“内容效度比”(Content Validity Ratio，CVR)，当CVR为负值时，表明认为该项目内容适当的评判者不到一半，当CVR为－1时，所有人都认为该内容不当，而当CVR为1时，所有评判者都认为项目很好（王重鸣，2001）。本研究采用这一指标来评判编码效度，分别计算了本研究中各个分析单元编码结果的CVR值，结果显示，危机特征识别中有60个CVR值为1，7个CVR值为0.67，危机源识别中有37个CVR值为1，3个CVR值为0.67，表明本研究编码结果具有较好的内容效度。

表3.4　访谈内容编码一致性程度

变量	项目	编码一致性
危机特征识别	损益度（损益—受益）	0.92
	波动度（易感—可能）	0.90
	负面性（负面—正面）	0.87
	可控度（可控—失控）	0.80
	转化度（转化—复合）	0.83
危机源识别	资源危机	0.88
	能力危机	0.86
	竞争危机	1.00
	认同危机	1.00
	关系危机	1.00

编码统计分析结果如表3.5所示。从分析结果看，危机特征识别中负面性的频次最高，占总频次的25.4%，其次为波动度，占总频次的23.9%，转化度的频次最低，占总频次的14.9%。可控度占总频次的16.4%，损益度占总频次的23.9%。危机源识别中，能力危机的频次最高，占总频次的42.5%，其次为竞争危机，占总频次的32.5%，资源危机的频次排第三，占总频次的12.5%，认同危机和关系危机的频次都较低，分别占总频次的5%和6%。

表3.5　组织危机感的编码结果统计分析

变量	项目	频次	占总频次百分比
危机特征识别	损益度（损益—受益）	13	19.4%
	波动度（易感—可能）	16	23.9%
	负面性（负面—正面）	17	25.4%
	可控度（可控—失控）	11	16.4%
	转化度（转化—复合）	10	14.9%

续表

变量	项目	频次	占总频次百分比
危机源识别	资源危机	5	12.5%
	能力危机	17	42.5%
	竞争危机	13	32.5%
	认同危机	2	5%
	关系危机	3	6%

五、子研究一的讨论与小结

本研究参照 Jackson 和 Dutton(1988)以特征关键词构建威胁—机会识别模型的思路,通过对访谈的文本内容分析,初探了中国文化背景中企业高管的组织危机感结构,并分析了样本行业企业的主要危机源类型。通过研究,可以得到以下几个结论。

1. *支持了组织危机感的五要素假设*

研究结果支持了中国文化背景中企业高管的组织危机感主要包含损益度、波动度、负面性、可控度和转化度五个核心特征要素的理论假设。既包含 Jackson 和 Dutton(1988)提出的损益、负面和可控性三个特征,也包含 Milburn 等(1983)等提出的可控性、消极和易感三个特征,融合了这两个基于西方文化背景提出的概念模型的四个核心要素。

2. *转化度特征要素反映中国文化特征*

除此之外,中国文化背景中企业高管的组织危机感还包含了上述模型都没有纳入的特征——转化度。转化度特征的频次比其他四个特征的频次低,可能是由于转化度特征具有内隐特征,难以通过语义激发并识别所导致。尽管转化度特征的频次较低,但仍然提供了转化度特征存在性的充分证据。

组织内外部不确定性变化同时蕴含潜在的有利和不利影响,有利和不利影响之间也存在互相演变转化的可能,需要具备一定的转化条件。转化度指企业高管对不确定性变化的这一权变特征的心理评估,是对组织业务环境所具有的威胁和机会双重性、矛盾统一特性的评价,主要包含:机会所带来的挑战或威胁,威胁中所蕴含的机会,危机情境中的威胁和机会双重性,以及威胁与机会的矛盾统一等内容。从定义上看,转化度特征的含义并不能完全被损益度、负面性、波动度和可控度等特征含义所包含,五个核心特征要素的内涵存在关联,但含义重叠较小,初步说明中国文化背景中企业高管的组织危机感结构中转化度特征的存在性,理论推导出的组织危机感结构模型不仅具有理论基础,还具有一定的实证基础。

为了对组织危机感的五个特征因素有较为直观的理解,在此列出了每个特征因素的一些原型加以说明，如表3.6所示。

表3.6 组织危机感特征因素的原型举例

特征	原型举例说明
损益度	"外部订单大幅减少"；"利润总额减少"
波动度	"容易受到原材料价格的影响"；"市场面窄，风险不分散"
负面性	"中下层管理人员缺乏积极性"；"很难建立高敬业度的员工队伍"
可控度	"在我们目前的实力下，没有能力去左右什么"；"缺乏专业人才，招不来，留不住"
转化度	"这个时候能和我们竞争的企业不会很多，这正是我们崛起的一个机遇"；"从短期来看会增加资金投入，增大成本，但长期来看有利于发展"

3. 现阶段服饰和制药产业的危机来源

从危机源识别分析结果看，转型变革背景下服饰行业（领带行业和衬衫行业）和医药行业受访企业所面临的主要危机源为：排在首位的是能力危机，如技术创新、市场拓展以及生产运营等方面的知识和能力的不足；其次为竞争危机，如由于市场竞争加剧、价格战等导致的不利局面等；再次为资源危机，如土地获取和融资困难，也是构成组织危机的重要来源之一。少部分企业面临认同危机和关系危机。

第四节　子研究二：组织危机感量表的编制和构思结构探索

一、研究目的

子研究一通过对访谈的内容分析初步说明，在转型变革背景下，企业高管的组织危机感存在损益度、波动度、负面性、可控度和转化度五个核心特征要素。然而，定性方法存在不可避免的局限性，子研究一并未能充分论证上述五个核心特征要素是否可独立构成单独因素，更不可能检验组织危机感的二阶结构模型的假设。需要通过问卷研究和定量分析方法来探索和验证组织危机感构思的理论假设。

子研究二的目的是在子研究一的基础上，基于特征分析的理论思想，通过编制问卷，运用问卷调查方法收集数据，采用探索性因素分析探索组织危机感的概念结构，进一步检验或修正子研究一的相关结论，并为后续研究奠定测量基础。

二、问卷编制

访谈研究得到的危机特征描述关键词和Jackson和Dutton(1988)的28对威胁—机会特征描述关键词构成了组织危机感问卷编制的文本材料。

损益度、负面性、波动度、可控度和转化度五个特征分别选择代表性描述和特征表述的语句作为问卷测量题项。按照每个维度4个以上项目的原则进行问卷编制①,考虑到问卷试测后部分项目可能因测量效果不佳而删除,适当扩充了每个维度的题项。最终每个子维度分别设计了4~6个测量项目。

三、样本描述

主要在浙江省嵊州市领带产业集群和浙江省义乌市衬衫产业集群内选取样本。在新《劳动法》实施、产业转型升级和国际金融危机等大背景下,这两个劳动密集的产业面临着市场压缩和生产成本上升等一系列因素的影响,较为适合作为组织危机感概念结构探索与验证的研究样本。本研究总共调查了107家企业。从行业分布情况看,领带企业77家,占72%,衬衫企业30家,占28%。从企业所有制分布情况看,外资企业17家,占15.9%,合资企业39家,占36.4%,民营企业51家,占47.7%。从企业规模分布看,雇员100人以下企业57家,占53.3%,100人至300人企业31家,占29.0%,300人以上企业19家,占17.7%。

总共向企业高层管理者发放了200份问卷,回收有效问卷135份,有效问卷回收率为67.5%。其中,向嵊州市领带企业高层管理者发放问卷140份,回收97份有效问卷,有效问卷回收率为69.3%;向义乌衬衫企业高层管理者发放问卷60份,回收38份有效问卷,有效问卷回收率为63.3%。

调查的企业高层管理者人口统计结果参见表3.7所示。问卷的人口统计变量部分由于涉及受访者隐私等原因,部分样本未填写完整,考虑到样本的可获取性,组织危机感问卷填写完整即作为有效问卷,人口统计变量未填写完全的样本仍纳入了后续的统计分析。

表3.7 调查对象人口统计特征分析

人口统计变量		频次	百分比
性别	男	77	57.0%
	女	57	42.2%
	缺省	1	0.7%

① Hinkin(1995)通过对组织研究中的277个量表的分析发现,单个维度的平均项目数为4个。基于这一分析结论,本研究认为组织管理研究中单个维度包含的项目达到4个可以符合一般性的研究标准。

续表

人口统计变量		频次	百分比
年龄	30 岁以下	11	8.1%
	31～40 岁	38	28.1%
	41～50 岁	33	24.4%
	51 岁以上	32	23.7%
	缺省	21	15.6%
学历	初中及以下	27	20.0%
	高中及中专	18	13.3%
	大专至本科	84	62.2%
	硕士及以上	5	3.7%
	缺省	1	0.7%
工作经验	5 年以下	27	20.0%
	5～10 年	84	62.2%
	10 年以上	23	17.0%
	缺省	1	0.7%

四、探索性因素分析结果

对包含 24 个测量项目的组织危机感量表检验分析结果显示，a 系数为 0.88，大于 0.7，表明量表项目间具有较高的信度。

从 KMO 测量和 Bartllett 球体检验的结果来看，KMO 值为 0.86，大于 0.8，Bartllett 球体检验 Sig. =0.00，拒绝了相关系数矩阵为单位矩阵的原假设，表明本研究所获取的数据适合用来做因素分析。采用主成分分析法，按照特征根大于 1 进行因素抽取并按照方差最大法进行转轴。具体分析结果如表 3.8 所示。

表 3.8 组织危机感的探索性因素分析结果①

测量项目	因素荷重				
	F1	F2	F3	F4	F5
3. 附加值减小	0.79	0.17	0.09	0.16	0.10
2. 竞争更激烈	0.77	0.16	0.12	0.04	0.17
1. 市场地位减弱	0.77	0.13	0.08	0.09	0.13
4. 市场成长性下降	0.67	0.17	0.13	0.11	0.13
22. 管理层的战略认同	0.65	0.20	0.07	0.19	0.07
8. 原材料价格波动性	0.17	0.76	−0.12	0.11	0.15

① 说明：分析前可控和转化特征的测量分数进行了反向转化。

续表

测量项目	因素荷重				
	F1	F2	F3	F4	F5
6. 产品价格波动性	0.06	0.75	−0.13	0.14	0.13
7. 核心员工流动性	0.12	0.69	0.12	0.08	0.28
5. 合作关系稳定性	0.13	0.65	0.16	0.15	0.04
9. 产品销量波动性	0.07	0.63	0.13	0.13	0.03
10. 生产产品质量稳定性	0.17	0.53	0.01	0.23	0.13
11. 企业对客户的吸引力	−0.06	0.04	0.76	0.03	0.07
12. 企业的执行效率	0.17	0.06	0.73	0.12	0.03
13. 企业决策反应速度	0.25	0.10	0.72	0.00	0.26
14. 企业对供应商的影响	0.21	0.09	0.70	0.12	0.03
15. 企业对形势的把握	0.19	0.03	0.68	0.11	0.12
21. 核心员工对企业前景认同	0.37	0.13	0.41	0.13	0.17
16. 发展形势喜忧参半	0.08	0.07	0.22	0.73	0.13
17. 提供发展机遇	0.06	−0.10	0.11	0.72	0.38
18. 提供了成长机会	0.33	0.23	0.02	0.68	0.11
19. 寻找新的突破口	0.07	−0.13	0.12	0.67	0.18
20. 有利于企业发展	0.09	0.01	0.13	0.62	0.09
23. 对人才的吸引力	0.37	−0.02	0.03	0.28	0.53
24. 企业员工的敬业度	−0.02	0.47	−0.01	0.27	0.48
解释变异量/%	20.02	12.95	12.49	11.38	4.57

探索性因素分析结果发现，从组织危机感量表的 24 个项目中可以提取出 5 个因素，总共解释了 61.59% 的变异，5 个因素解释的变异量分别 20.02%，12.95%，12.49%，11.38% 和 4.57%。分析发现，用来测量负面性特征的 4 个项目仅有两个项目(项目 23 和 24)聚合在一起，并且这两个测量项目的因素荷重也偏低，其余两个项目则分布在了损益度维度和可控度维度上。

五、子研究二的讨论与小结

从探索性因素分析结果看，负面性因素的测量项目分散在各个因素。主要的原因可能是：①一方面，负面性特征的含义与损益度和不可控等特征存在部分重叠；另一方面，与损益度、波动度、可控度和转化度四个特征相比，负面性特征偏向描述更为微观水平的危机属性，因此难以与其他四个特征并列在相同的概念构面层次，这两个原因可能导致负面性特征难以构成组织危机感的单独因素，以往的实证研究也发现，正负与损益聚合为一个因素，不构成单独的因素(Thomas 和 McDaniel，1990)，测量的不稳定性，除了问卷编制原因外，可能与此有关；②以往研究认为，积极和消极属于认知的情感成分（affective components），Fiske 和 Taylor（1984）将其称之为“情感标签”（affective tags），而情感成分存在内隐性特征，难以通过问卷方法捕捉和予以测度量化，由此导致了量表中有关消极负面性方面的项目不稳定。

考虑到本研究的总体目的是研究组织危机感对转型战略选择的影响，而组织层面的情绪成分不但难以通过问卷方法测量，而且情绪成分对组织水平的转型战略选择的影响也非本研究关注的焦点；此外，根据 Netemeyer 等（2003）和 Chen 等（2009）的建议，对明显交叉分布于其他因素的项目或内容与因素含义不一致的项目应当考虑删除。

基于以上理论分析、研究焦点、方法和测量技术等方面的理由，考虑在后续的实证研究中删除负面性因素的测量项目，最终采用了包含 20 个项目的量表。后续研究将基于这一修订后的组织危机感量表。从探索性因素分析的结果看，删除负面性因素后的四个子因素在对总变异的解释量上相对均匀，未出现个别因素解释变异量过高或过低的情况，初步表明四因素问卷具有较好的效度。删除负面性因素的测量项目后，损益度因素包含 4 个测量项目，波动度因素包含 6 个测量项目，可控度因素和转化度因素都包含 5 个测量项目。

探索性因素分析显示，中国文化背景下企业高管的组织危机感主要包含损益度、波动度、可控度和转化度四个因素，虽未完全证实文献推导出的研究构思和子研究一的研究结论，但也并未否定原有构思。探索性因素分析在子研究一的基础上，再次验证了中国文化背景下企业高管组织危机感中转化度特征因素的存在。

第五节　子研究三：组织危机感构思结构验证和信效度检验

一、研究目的

子研究二编制了组织危机感的测量问卷，并初步探索了组织危机感构思的结构，说明了在中国文化背景中的企业高管组织危机感包含了损益度、波动度、可控度和转化度四个因素。但探索性研究得出的构思结构需要独立样本进行结构验证（Chen 和 Friedman 等，2009）。此外，子研究二尚不能验证组织危机感构思的二阶模型假设，也未对构思的效度进行检验。

子研究三将在子研究二结构探索研究的基础上，通过结构方程建模技术对组织危机感结构进行结构验证，并对组织危机感量表进行评价，分析组织危机感构思结构的聚合效度和辨别效度。具体主要包含：①损益度、波动度、可控度和转化度四个因素是否稳健，转化度是否能与损益度、波动度、可控度并列构成单独因素；②损益度、波动度、可控度和转化度四个因素是否可以抽取出威胁识别和转机识别两个二阶因素，转机识别维度是否可与威胁识别维度并列的独立维度；③组织危机感的聚合效度、判别效度和效标关联效度检验。

二、研究方法

构思结构的验证性因素分析和量表评估最好通过单独的样本进行(Hinkin，1995)，因此子研究三进行了第二轮问卷研究。本轮问卷研究样本采集与上一轮有所不同，主要在单一的行业内部进行采样。单一行业采样设计的好处是可以有效地控制环境外部效应(Judge 和 Douglas，2009)，在一定程度上控制非观测异质性所导致的结果偏差，提高检验结果的可信性。

采用验证性因素分析检验构思结构。验证性因素分析提供了比较各个因素结构模型的基本原理(Kline，2004)，适合于用来分析潜变量的因素结构。本研究将运用 AMOS 18.0 软件进行验证性因素分析，比较各个因素结构模型。通过计算内部一致性系数检验测量信度，采用相关分析、计算平均抽取方差(AVE)值等方法检验聚合效度、辨别效度和效标关联效度。

三、测量工具

组织危机感问卷采用子研究二修订后的量表，总共包含 20 个测量项目，其中损益度维度包含 4 个测量项目，波动度维度包含 6 个测量项目，可控度维度和转化度维度都包含 5 个测量项目。使用李克特六点量表进行测量。

组织风险问卷源自 MacCrimmon 和 Wehrung(1990)以及 Thomas 和 McDaniel(1990)编制的量表，为包含 4 个测量项目的单维度量表。

四、样本描述

本研究主要在浙江省义乌市衬衫产业选取样本。总调查了 123 家企业。从企业所有制分布情况看，外资企业 19 家，占 15.4%，合资企业 26 家，占 21.1%，民营企业 78 家，占 63.4%。从企业规模分布看，雇员 100 人以下企业 89 家，占 72.4%，100 人至 300 人企业 24 家，占 19.5%，300 人以上企业 10 家，占 8.1%。

调查的企业高层管理者人口统计结果参见表 3.9 所示。问卷的人口统计变量部分由于涉及受访者隐私等原因，部分样本未填写完整，考虑到样本的可获取性及研究成本，组织危机感问卷填写完整即作为有效问卷，人口统计变量未填写完全的样本仍纳入了后续统计分析。

表 3.9 调查对象人口统计特征

人口统计变量		频次	占比
性别	男	152	72.7%
	女	52	24.9%
	缺省	5	2.4%
年龄	30 岁以下	37	17.7%
	31～40 岁	37	17.7%
	41～50 岁	59	28.2%
	51 岁以上	28	13.4%
	缺省	48	23.0%
学历	初中及以下	57	27.3%
	高中及中专	91	43.5%
	大专至本科	39	18.8%
	硕士及以上	2	1.0%
	缺省	20	9.6%
工作经验	5 年以下	62	29.7%
	5～10 年	104	49.8%
	10 年以上	33	15.8%
	缺省	10	4.8%

五、研究结果

1. 信度检验

在进行测量时，需要对测量的信度作出评定，从而检验测量的准确性。为了保证在研究分析中使用的数据是可信的，首先对研究中所使用的量表进行信度检验。采用 Cronbach 内部一致性系数 a 系数作为测量信度的指标。内部一致信度是目前比较流行而且效果较好的信度评定方法，能准确地反映出测量项目的一致性程度和内部结构的良好性，成为心理学和管理学研究中使用最广泛的信度指标。一般认为，若 a 系数值在 0.7 以上，则表明该量表项目的信度是可接受的。组织危机感量表的 a 系数为 0.91，在 0.7 以上，因此该量表具有较好的内部一致性。

2. 结构验证

验证性因素分析（CFA）是用以评价已经提出的假设模型的一种结构方程模型（SEM）统计技术，是社会及行为科学学者用来验证其测量或量表是否符合收集所需数据的一种好方法。探索性因素分析在未知构思时具有优势，而验证性因素分析则能为假设模型提供有意义的检验和拟合指标。相对前者，验证性因素分析是研究者在相关理论的基础上，通过具体的限制使得理论和测量相互融合的方法(McDonald 等，1990)。

根据 Byrne(1998)的建议，研究者可从卡方检验值比例、渐进误差均方根(RMSEA)及其置信区间去判断接受验证的因素结构模式是否合适。一般而言，上述指数的数值越小，则显示被验证的模式越合适。一般认为，卡方检验值比例越接近 1，模型拟合越好，在 2 到 5 之间模型可以接受；RMSEA 小于 0.05 的模型完全拟合，小于 0.08 的模型能很好拟合，小于 0.10 的模型中等拟合，大于 0.10 的模型拟合较差。本研究除参考 RMSEA 的数值外，也参考由 Marsh、Balla 和 McDonald(1988)、Marsh 和 Hau(1996)等学者所倡议的 CFI、NNFI、IFI 和 TLI，一般认为指标数值在 0.90 以上便可接受。

本研究比较分析了组织危机感的虚无模型、一阶模型和二阶模型。运用 AMOS 18.0 拟合计算后的结果参见表 3.10 所示。NNFI、IFI、TLI 和 CFI 均在 0.90 以上，RMSEA 在 0.05 以下，χ^2/df 小于 2，因此从拟合指数看，一阶模型和二阶模型都能够很好地拟合。

表 3.10　组织危机感的各种可能模型比较

模型	χ^2	df	RMSEA	NNFI	IFI	TLI	CFI
M_0 独立模型	2097.977	190	0.220				
M_1 一阶四因素模型	207.223	164	0.036	0.901	0.978	0.974	0.977
M_2 二阶四因素模型	207.300	165	0.035	0.901	0.978	0.974	0.978

此外，各测量项目的因素负荷均在 0.60～0.80，表明组织危机感构思的结构效度良好，验证了测量量表的内部一致性和内容效度(Judge 和 Douglas，2009)。

一般情况下，二阶模型因为它是用一个二阶因子去表达一阶因子之间的关系，其卡方值必然增大，自由度也将随之增加，但只要二阶模型与一阶模型相比增加的卡方达不到显著水平，就认为这个二阶模型足以反映各一阶因素的关系。若二阶模型的卡方显著增加，则表明二阶模型拟合不好，不足以反映各一阶因素之间的关系。比较一阶模型和二阶模型，在增加一个自由度的情况下，二阶模型增加的χ^2仅为 0.077，远小于 6.63(a=0.01 时的χ^2临界值)，因此认为二阶模型的简化是值得的。好模型是尽可能准确且相对简洁的(侯杰泰和温忠麟等，2004)，同等条件下一般倾向选择更为简洁的模型。本研究认为，相对于组织危机感的一阶模型，二阶模型更为简洁，且理论含义也十分清晰，因此后续研究将主要基于组织危机感的二阶模型展开。

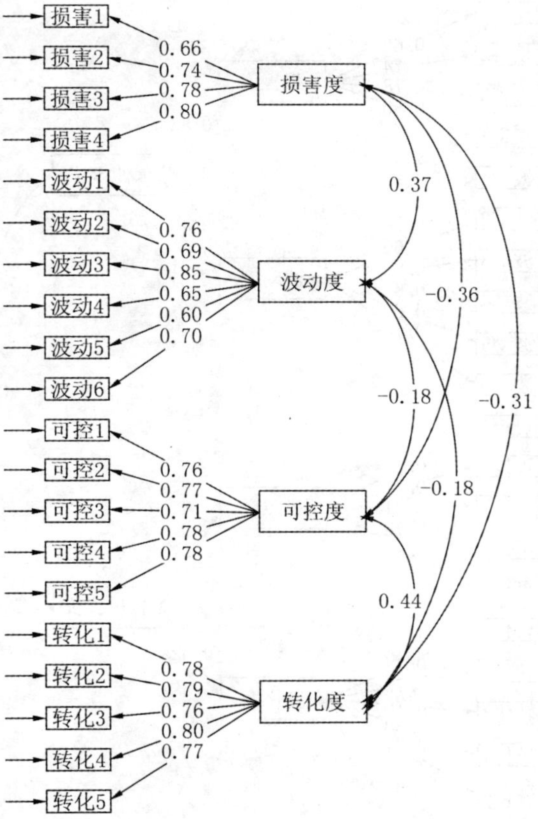

图 3.1 组织危机感的一阶模型

3. 效度检验

构思效度可通过信度检测、表面效度、聚合效度、辨别效度和效标关联效度检验等方法进行。在子研究二组织危机感问卷编制过程中，已经请研究者对测量项目的表面效度进行了评价，保证了组织危机感构思和测量的表面效度。本研究在信度检测的基础上，采取了聚合效度（convergent validity）、辨别效度（discriminant validity）和效标关联效度（criteria-related validity）三种方法对构思效度进行进一步检验。

聚合效度指同一构思的多个指标测量结果相似的程度，而辨别效度是对一个构思别于其他构思的度量。研究表明，构思的平均抽取方差（AVE）表明了构思中各维度能够进行解释的变异量，是构思聚合效度的衡量指标，当 AVE 大于 0.50 时，表明构思具有较好的聚合效度。相应维度上的所有项目在该维度上的 AVE 同时大于其他维度上的负荷则意味着构思具有充分的辨别效度。Fornell

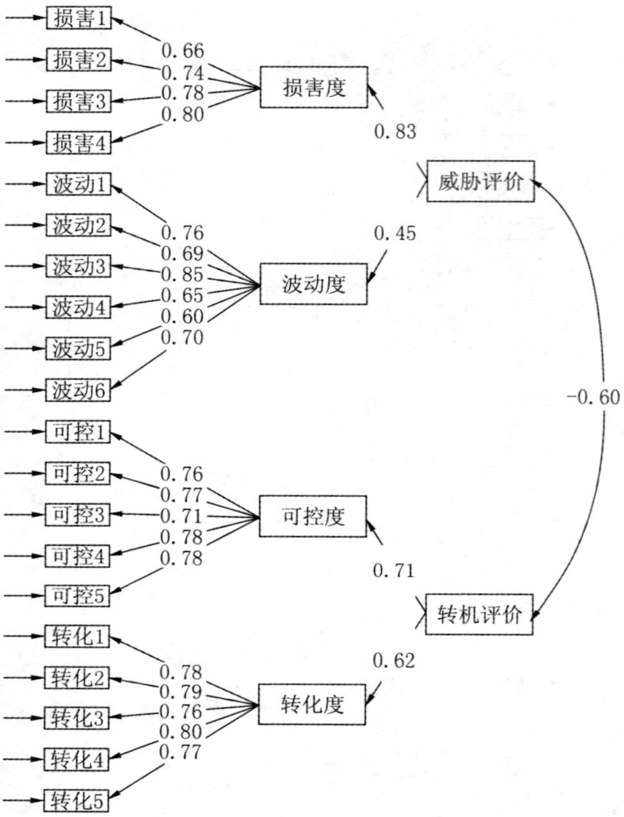

图 3.2　组织危机感的二阶模型

和 Larcker(1981)认为,当对角线上的 AVE 同时大于相应列中的相关系数时,模型构思就具有足够的聚合和辨别效度。

表 3.11 是组织危机感各维度的相关矩阵及其相应的 AVE 值。从分析结果看,组织危机感四个维度的 AVE 分别为 0.56、0.51、0.58 和 0.61,均大于 0.5,且均高于相应列中的相关系数,表明组织危机感构思具有充分的聚合效度和辨别效度。

表 3.11　组织危机感各维度平均值、相关系数和平均抽取方差

因素	均值	标准差	损益度	波动度	可控度	转化度
损益度	3.53	1.16	(0.56)			
波动度	3.60	0.84	0.33**	(0.51)		
可控度	3.33	0.97	−0.33**	−0.19**	(0.58)	
转化度	3.23	1.13	−0.27**	−0.17*	0.42**	(0.61)

注:①相关系数为各维度测量项目简单平均值之间的相关;②对角线括号内的数值为各因素的平均抽取方差 AVE 值,等于相应维度因素负荷的平方和的平均值;③** 表示在 0.01 水平上显著,双尾检验;* 表示在 0.05 水平上显著,双尾检验。

效标关联效度检验的目的是确定测量的内容是研究者想要测量的内容,一般的检验方法是检验理论上相互关联的变量是否在实证中得到验证(Churchill,1979)。本研究通过考察同时效度的方法检验组织危机感的效标关联效度。

以往研究组织危机感的主要目的是考察企业高管威胁认知与战略选择或组织行动之间的关系,由于理论上对组织危机感与组织行动之间的关系尚存在争论,难以找到适当的效标变量,因此本研究通过考察组织危机感与其相近概念的关联性来检验同时效度。通过前文的文献综述可知,组织危机感与组织风险知觉概念之间存在一定的重合,理论上高度相关。如果实证检验表明组织危机感与组织风险知觉之间的确存在显著性相关,则表明组织危机感具有较好的效标关联效度。

相关分析结果如表 3.12 所示,结果显示,组织风险知觉与损益度、波动度和二阶维度威胁识别显著相关。这与前文分析的组织危机感中的损益度、波动度以及二阶维度威胁识别的内涵包含了风险知觉的两个关键特征一致,由于可控度、转化度以及二阶维度转机识别的内涵重叠方面较小,因而组织风险知觉与这些维度的相关性相对较低,相关并不显著。实证结果与理论相关假设非常一致,说明组织危机感具有较好的效标关联效度。

表 3.12　组织危机感各维度与组织风险知觉的相关分析结果

变量	均值	标准差	1	2	3	4	5	6	7
1.风险知觉	3.33	0.77	1						
2.损益度	3.53	1.16	0.22**	1					
3.波动度	3.60	0.84	0.28**	0.33**	1				
4.可控度	3.33	0.97	−0.06	−0.33**	−0.19**	1			
5.转化度	3.23	1.13	0.00	−0.27**	−0.17*	0.42**	1		
6.威胁识别	3.57	0.82	0.30**	0.88**	0.75**	−0.33**	−0.28**	1	
7.转机识别	3.27	0.88	−0.03	−0.35**	−0.21**	0.81**	0.87**	−0.36**	1

注:** 表示在 0.01 水平上显著,双尾检验;* 表示在 0.05 水平上显著,双尾检验。

五、子研究三的讨论与小结

子研究三在子研究二的探索性因素分析基础上，运用结构方程建模、AVE计算和相关分析等方法，对组织危机感的构思结构、量表信度、辨别效度、聚合效度和效标关联效度进行了分析和检验。

检验结果显示：①删减负面性维度测量项目后的组织危机感量表测量信度良好；②验证了组织危机感一阶四因素模型和二阶四因素模型，两个模型结构都很稳定。比较而言，二阶模型更简洁，理论含义也十分清晰，因此后续研究倾向基于二阶模型进行理论分析；③组织危机感的辨别效度、聚合效度和效标关联效度都符合检验要求，结合表面效度检验，说明组织危机感模型具有良好的构思效度。

第六节　研究讨论与结论

本研究基于特征识别理论、图式理论和民族方法学的赋义观点，提出了组织危机感对中国文化背景中的企业高管而言是一个多维的特征模型的研究假设，构建了包含损益度、波动度、负面性、可控度和转化度等五要素的假设模型，并认为五个因素进一步可概括为二阶因素：威胁识别和转机识别。经过基于定性方法的访谈内容分析和基于定量方法的探索性因素分析、验证性因素分析和二阶因素分析，研究结果部分支持了上述研究假设。

一、组织危机感的四因素模型

组织危机感包含了四个一阶因素：损益度、波动度、可控度和转化度。各个特征因素的主要含义是：①损益度，指转型中组织内外部不确定性变化导致核心业务受损（受益）的价值规模大小，是企业高管基于损益性特征对不确定性变化导致的可能后果的评估；②波动度，指组织受各种内外部因素变化影响的难易程度或频繁程度，以及不确定性变化导致的各种结果（受损或受益）的可能性，是企业高管对不确定性变化导致的后果的概率或频度的估计；③可控度，指组织通过调控内外部因素控制可能后果的可行性，包括对损益度大小的控制和对波动度大小的控制，是企业高管对把握机会或规避威胁的操作可行性和操作效果的评估；④转化度，指组织内外部不确定性变化同时蕴含潜在有利和潜在不利的程度，以及有利和不利影响演变转化度的可能及其条件，是企业高管对组织所具有的威胁和机会双重性、复合统一特性的评价。

本研究提出的、反映中国文化背景中企业高管组织危机感结构特点的代表性维度——转化度维度——被证实存在，且能与损益度、波动度和可控度并列，构成企业高管组织危机感的单独因素。子研究一的访谈内容分析提供了损益度、负面性、波动度、可控度和转化度五个因素存在的实证证据，子研究二的问卷数据探索性因素分析提供了损益度、波动度、可控度和转化度四个并列维度的初步证据，子研究三进一步验证了子研究二的分析结果。基于理论、研究焦点、方法和测量技术等原因，将组织危机感模型修订为包含损益度、波动度、可控度和转化度的四因素模型。修订后的模型在子研究三的验证性因素分析中通过了信度和效度检验。

二、组织危机感二阶因素模型

组织危机感的四个一阶因素可进一步聚合为两个二阶因素，其中损益度和波动度聚合成的二阶因素命名为威胁识别，可控度和转化度聚合成的二阶因素命名为转机识别。

威胁识别是企业高管基于损益性和波动性两个关键特征的认知框架，是对组织所处情境的威胁—机会水平（程度）的估计；转机识别则是基于可控性和转化性两个关键特征的认知框架，是对情境中机会—威胁关系的理解。两者显著相关，共同构成了企业高管对组织危机进行理解的认知框架，即组织危机感，如图 3.3 所示。

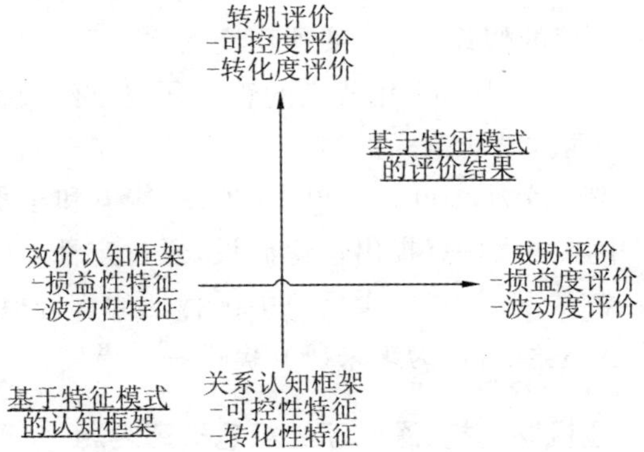

图 3.3　本研究得出的组织危机感结构模型

子研究三通过结构方程建模比较了一阶模型和二阶模型，发现两个模型都能很好地拟合，相对而言，二阶模型在增加 1 个自由度的情况下仅增加了远低于显著性水平的卡方变化值，二阶模型更为简洁，且二阶维度的理论含义也很清晰。因此后续研究将主要基于组织危机感的二阶模型进行分析研究。

三、服饰和制药企业面临的危机源

样本行业企业的危机源主要为能力危机、竞争危机和资源危机。从子研究一对危机源识别的分析结果看，服饰行业（领带行业和衬衫行业）和制药行业受访企业所面临的主要危机源中，排在首位的是能力危机，主要包括技术创新、市场拓展、组织管理方面的知识和能力的缺乏和不足，威胁企业组织目标的实现；其次为竞争危机，指企业面临的产品或服务的市场份额争夺、价格竞争等程度加剧，导致企业处于不利局面，阻碍组织目标实现；再次为资源危机，指企业生存或发展所需的土地、资本和劳动力等投入要素的不足或衰减，导致组织目标难以实现的不利局面；最后，少部分企业面临着认同危机（企业管理团队经营理念的冲突、组织认同的衰退、企业社会声誉的损坏、信用和吸引力的下降等妨碍实现组织目标的不利局面）和关系危机（由于企业社会网络的衰减、残缺或网络广度和强度不足导致组织目标难以实现的不利局面）。

第七节　研究意义与展望

一、尝试运用实证方法构建反映中国特征的管理概念

管理理论基于“人”的假设，存在某种程度的文化路径依赖（刘文瑞，2007；韵江和陈丽，2009），扎根于中国文化背景的管理研究已经成为中国管理研究的方向。但构建不同于西方学科范式的努力，大多偏离了现代科学方法的“证伪”要求，回归到传统思辨（吕力，2009；刘文瑞，2009；苏勇和于保平，2009）。本研究基于西方理论和中国文化特点提出理论假设，通过定性与定量方法的综合论证，通过理论与方法的匹配，初步探索反映中国特征的管理概念，是中国式管理概念与范式构建的小小尝试，可为未来研究提供一定借鉴。

二、扩展了组织危机感结构，深化了组织危机感内涵

在具体的理论结果方面，本研究论证了以往组织危机感研究中较为忽视的转化度特征因素的存在，并扩展了可控度特征因素的内涵，论证了中国文化背景中的企业高管是基于组块化的效价特征认知框架及关系特征认知框架理解组织危机的。

以往研究发现，企业高管基于对情境的理解进行决策，Dutton（1986）以及所有基于该研究的后续研究均假定企业高管是基于威胁—机会的认知框架理

解其所处情境的:①认为企业高管根据损益(受益)、消极(积极)、不可控(可控性)特征将情境类化为“机会”或“威胁”;②假定企业高管一定能够清晰地将情境标识为“机会”或“威胁”;③假定情境对企业高管而言要么是机会,要么是威胁;④假定企业高管在战略选择中不会考虑威胁与机会之间的转化,或者这一特征对战略选择而言基本可忽视。

本研究则发现,企业高管基于损益度、波动度、可控度和转化度特征理解情境,未假定企业高管能够清晰地将情境类型化,论证了企业高管实践中的确会考虑威胁与机会之间的转化度,补充和深化了以往有关企业高管如何理解情境的研究。

三、主要局限及研究展望

本研究存在如下局限:①取样行业比较单一,影响了相关结论的可推广性,未来可采集多行业样本数据进一步研究分析;②未进行跨文化比较。本研究的结论立论于中国文化背景下人们的思维模式特点,不同文化背景中企业高管的组织危机感结构和内涵是否的确存在差异还需要跨文化研究进行分析。

第四章　组织危机感的影响因素和形成机制研究

第一节　研究目的

研究一通过三个子研究探索、开发和验证了组织危机感的结构维度，奠定了后续研究的基础。一方面，由于以往研究对组织危机感影响因素的分析较少，且通常是通过理论推断、案例研究、访谈研究等定性方法进行的，较少采用定量分析，对组织危机感影响因素及其作用机制的解释尚不充分，需要进一步研究；另一方面，组织危机感是对组织所处态势的感知和理解，显然，组织危机感不仅仅反映了组织状态的客观情况，还融入了组织成员本人的主观理解①，以往研究对组织危机感的认知方面的因素关注不够。

延续认知研究的视角和研究焦点，研究二的主要目的是探析企业高管组织危机感的认知和行为方面的影响因素。首先回顾相关理论文献，提出有关影响因素的研究假设；接着通过问卷调查数据分析检验研究假设，最后进行讨论和总结。

第二节　研究框架及假设提出

对变化的适应起始于信息搜索。企业高管通过扫描机制识别组织内、外部的重要事件和趋势（Farh、Hoffman 和 Hegarty，2007；Hambrick，1982），提供组织决策所必须的信息（DiMaggio 和 Powell，1983），使组织与所处经营环境匹配

① 赋义理论就认为，人们在某种偏好框架下对刺激赋义，是对可感知环境的塑造，受到可信性而非精确性的驱动（Weick，1995），因此人们也难以完全客观地感知情境。

适应，进而提升绩效表现(Bluedorn 等，1994)。在模糊的决策任务中，信息往往是不完备的，决策者需要搜集新信息。为了准确框定组织事实以选择合适的战略行为，企业高管需要充分的信息，通过搜寻消费者偏好信息、其他成功或失败企业的分析等可以降低未知，从而提高决策的确定性(Alvarez 和 Barney，2005)。

创业研究文献认为，创业者通过环境扫描行为获取信息，分析加工形成机会识别判断，进而影响企业的战略选择(Stewart 等，2008)。影响机会识别的因素主要有两大类：①拥有必需的信息；②利用信息的认知特性(Mitchell 等，2002)。在信息加工理论看来，机会识别的第一个阶段是信息搜寻，创业者通过搜集相关信息，对信息进行解释、编码、赋义后才能作出判断(Simon 和 Houghton，2002)，类似的，信息搜索也是组织危机感的重要影响因素。有关赋义的研究也表明了信息搜索对组织危机感的影响，赋义是指环境扫描、解释和进行响应的过程(Weick，1995)，强调人们在某种偏好框架下对刺激产生意义的过程，刺激是一种信息输入过程。当环境模糊性和不确定性很高时会激发赋义的产生。

信息加工理论认为存在自动和受控两种加工模式：①自动模式下，人们通过特征模式识别的形式迅速地吸收大量信息，不需要努力获取信息，因为这些信息储存在先验知识中，这种先验知识有时候又被称之为类型或图式(Fiske 和 Taylor，1991；Schneider 和 Shiffrin，1977)。尽管该模式下的信息获取非常高效，但也存在负面作用，比如，由于缺乏对新信息的辨别容易导致对已有知识的强化，形成刻板印象，难以扩展和更新人们的理解。图式作为一种过滤器的功能，调整了人们的注意力分配。②在受控模式下则相反，决策者大多数将认知注意力投注于新信息，导致更深度信息的获取，能在更大程度上辨别已有知识以外的新信息，这种模式要求决策者具有高强度的认知能力，但由于人们的认知能力有限、注意力资源限制以及回避高强度认知荷重的倾向，受控模式通常很少被运用。信息搜索作为一种主动行动，属于信息加工的受控模式(Simon 和 Houghton，2002)，能更新决策者对情境的理解。

Sullivan-Taylor 和 Wilson(2009)通过对英国旅游业、航空业和交通业的企业高管的定性研究发现，组织间的不确定性和威胁识别的差异源于信息的精确性和完备性等因素的影响，支持了信息搜索对组织危机感的影响。Hickson 等(2003)和 Miller 等(2004)也发现，信息越不精确和不完备，管理者知觉到的风险和威胁也就越高。Thomas 和 McDaniel(1990)和 Thomas 等(1993)发现，具有更高水平信息搜索和利用的组织更可能将问题理解为潜在可控的收益。国内学者张文慧等(2005)通过实验研究发现，决策者使用的信息越多，越可能将环境标识为机会。

也有研究对这一结论提出了质疑，如 Anderson 和 Nichols(2007)将信息搜索分为搜索时间和信息多样性两个维度后研究发现，花更多时间进行信息搜索的管理者更可能将模糊议题视为威胁，而增加信息多样性则会导致管理者降低威胁理解，增加信息搜索和多样性对管理者的机会理解没有影响。他们发现，不寻求多样信息源的管理者花更多时间搜索信息的目的仅仅是强化已有观点。此外，有研究发现，信息易得性与威胁和机会的可控性都正相关(Kuvaas，2003)。可见，信息搜索既可能与企业高管的威胁识别正相关，也可能负相关。

本研究认为，信息搜索与威胁识别的关系主要取决于组织所处状态的不确定性或风险的高低及其原因。在不确定性或风险是由于信息的不对称导致的情况下(即典型的模糊情境)，决策者搜集越多的信息，不确定性就越低；当不确定性或风险并非由于信息不对称导致时，决策者搜集大量的信息会强化其已有的威胁知觉。而通过信息的分析和处理，找到成功应对危机的方案的可能性也更高。因此，这种情况下，信息搜索与威胁之间的关系为负相关，但与转机识别正相关。

就本研究的实际样本行业(衬衫行业)而言，因国际金融危机等原因，该行业整体上处于不利的发展态势(市场萎缩、成本上升、竞争加剧等)，信息不对称对组织危机感的影响较弱，企业高管会在信息加工的自动模式下形成组织危机感结论，受控模式下的信息搜索获取的信息将强化已有结论。因此，本研究提出假设：

假设 2：信息搜索可强化企业高管的组织危机感；

假设 2a：信息搜索可强化企业高管的威胁识别；

假设 2b：信息搜索可强化企业高管的转机识别。

警觉性被认为是解释在不确定、不均衡环境中识别机会的关键(Kirzner，1973)，警觉性影响了识别创业机会的可能性(Tang 等，2008)。创业者警觉性越高，发现机会的概率就越高(Hisrich 和 Langan-Fox 等，2007)。大量创业实证研究支持了这一结论，如苗青(2008)分析了中国企业家警觉性与机会识别之间的关系后发现，警觉性显著性地影响到创业机会的识别。在组织变革研究中，警觉性也被认为是形成组织危机感的关键变量，如 Beck 等(2008)在变革情境下，对变革冲量进行了实证分析，证明了变革敏感性、组织变革倾向在组织变革决策中的作用。

在信息加工理论看来，决策者对信息(变化、事件和趋势)的敏感性影响他们对信息的判断。警觉性之所以能够提高机会识别的可能性，是因为警觉性反映了信息加工图式(Ardichvilietal，2003)，对不符合现有图式的信息进行反应，促使创业者形成清晰的认知框架(Gaglio 和 Katz，2001)。张文慧等(2005)研究发现,分析定性与机会判定之间具有很强的正相关。他们还认为分析定性与机会判定之间的关系在理论上也可能是负相关,一个理性决策者越是仔细分析信息,也越有可能判断其中蕴藏的威胁更大。本研究认为,在非信息不对称导致的不确定性情境下,决策者的警觉性会强化其对信息的分析定向,从而强化威胁知觉,通过信息的分析和处理,找到成功应对方案的可能性也更高,这种情况下,警觉性与组织危机感中的威胁识别和转机识别都正相关。在对决策情境形成认知框架的过程中,警觉性也起到关键作用,能够促进决策者对信息加工形成清晰的认知框架,强化了组织危机感。因此,本研究提出如下假设:

假设3:警觉性可强化企业高管的组织危机感;

假设3a:警觉性可强化企业高管的威胁识别;

假设3b:警觉性可强化企业高管的转机识别;

早在1934年熊彼特就指出,警觉性和前摄性(proactiveness)是信息扫描的重要前因,激发了创业者的信息搜索。Gaglio和Katz(2001)发现,高警觉性的创业者表现出更高搜寻市场非均衡状态的信息和注意变化的倾向,并对不符合既有图式的信息进行反应。因此,警觉性高的人有更强动机来进一步搜索信息。Gaglio和Katz(2001)进一步指出,缺乏信息搜索的努力可归因于创业者的慢性图式。关于认知闭合的研究也证实了这个结论。认知闭合需要是个体对模糊性表现的动机和愿望,刘雪峰等(2007)研究表明,高认知闭合的个体在面对模糊情境时,为了消除模糊性所带来的压力和焦虑,即使没有充足的证据也会立刻作出决策,并有意无意地排斥新信息;而低认知闭合者对模糊性的容忍程度高,因而有更强的动机进一步搜索相关信息,对信息进行更深入的分析和思考。此外,本研究回顾以往文献发现,许多学者直接用信息搜索作为警觉性的重要行为指标,如最早开发警觉性量表的Kaish等(1991)将警觉性分为阅读警觉性和开发思维警觉性,前者反映商业信息阅读的频率和数量,后者反映商业思考方面的时间和精力,说明了警觉性与信息搜索之间的紧密联系。基于此,本研究提出了假设4。

假设4:警觉性促进了企业高管的信息搜索;

综合以上假设,提出如下假设。

假设5:警觉性通过促进信息搜索间接强化组织危机感。

从理论逻辑上,警觉性和信息搜索对组织危机感的影响也存在另一种可能:信息搜索所获取的信息及企业高管对相关信息的敏感和警觉交互影响了组织危机感。为探明警觉性、信息搜索和组织危机感之间到底是中介模型还是交互模型,本研究提出了与假设5相对的假设并进行实证检验。

假设6:警觉性和信息搜索交互影响组织危机感。

第三节　研究方法

一、样本描述

由于本研究关注的是企业高管组织危机感中因认知和行为差异导致的变异，因此需要尽量控制由于外部环境本身带来的差异。选择同一地区的单一产业可有效控制客观情境，因为同一地区的政策、地理等环境相同，单一行业的行业特征及其市场环境相同。基于以上考虑，本研究主要在浙江省义乌市衬衫产业选取样本。

本研究共调查了 153 家企业。从企业所有制分布情况看，外资企业 21 家，占 13.7%，合资企业 27 家，占 17.6%，民营企业 105 家，占 68.6%。从企业规模分布看，雇员 100 人以下企业 119 家，占 77.8%，100 人至 300 人企业 24 家，占 15.7%，300 人以上企业 10 家，占 6.5%。

本研究总共向企业高层管理者发放了 429 份问卷，总共回收有效问卷 247 份，有效问卷回收率为 57.6%。调查的企业高层管理者人口统计结果参见表 4.1 所示。

表 4.1　调查对象人口统计特征

人口统计变量		频次	百分比
性别	男	168	68.0%
	女	74	30.0%
	缺省	5	2.0%
年龄	30 岁以下	45	18.2%
	31～40 岁	59	23.9%
	41～50 岁	65	26.3%
	51 岁以上	29	11.7%
	缺省	49	19.8%
学历	初中及以下	77	31.2%
	高中及中专	98	39.7%
	大专至本科	46	18.6%
	硕士及以上	5	2.0%
	缺省	21	8.5%
工作经验	5 年以下	70	28.3%
	5～10 年	129	52.2%
	10 年以上	38	15.4%
	缺省	10	4.0%

二、测量工具

组织危机感问卷采用子研究二修订后的量表，总共包含 20 个测量项目，其中损益度维度包含 4 个项目，波动度维度包含 6 个项目，可控度维度和转化度维度都包含 5 个项目。使用李克特六点量表进行测量。

警觉性量表摘选自苗青(2008)和 Li(2004)编制的量表，总共包含 15 个测量项目，探求、反思和洞察三个维度每个维度有 5 个测量项目。使用李克特六点量表进行测量。

危机源是本研究的控制变量，量表为自编量表。根据研究一的子研究一中访谈内容的分析结果，危机源主要包含资源危机、能力危机和竞争危机三种来源，根据子研究一，为每种危机源设计了 3 个测量项目，总共包含 9 个测量项目。使用李克特六点量表进行测量。

第四节　研究结果

一、共同方法偏差检验

由于问卷均由单一个人填写，必然存在共同方法偏差。为了检查共同方法偏差的程度，本研究对数据进行了 Harmon 单因素检验，这一方法被认为是有效检测共同方法偏差的策略之一(Podsakoff 和 Organ，1986)并被普遍运用(McGrath，2001)。如果共同方法偏差较大，则检验会呈现单一维度的结果，或者单一维度解释了超过 50%的协方差。检验结果表明，按照特征根大于 1 的非旋转因素分析，总共得到 11 个因素，总共解释了 65.8%的变异，其中解释变异最大的单一因素解释的方差为 15.6%，不超过 50%，说明公共方差偏差并不显著，不影响分析结果的可信度。

二、测量模型检验

在进行相关分析和回归分析之前，首先对各变量进行了信度和结构检验以保证后续分析在良好的数据结构基础上进行。由于各变量都有一定的理论和实证基础，因此在检验各变量结构时都运用了验证性因素分析。

1. 警觉性测量模型检验

警觉性量表的 a 系数为 0.76。验证性因素分析结果如图 4.1 和表 4.2 所示。从结果指标看，NNFI、IFI、TLI 和 CFI 均在 0.90 以上，RMSEA 在 0.08 以下，χ^2/df 小于 2，因此从拟合指数看，测量模型都能够很好地拟合。此外，各测量项目的因素负荷均在 0.62～0.88，表明结构效度良好。

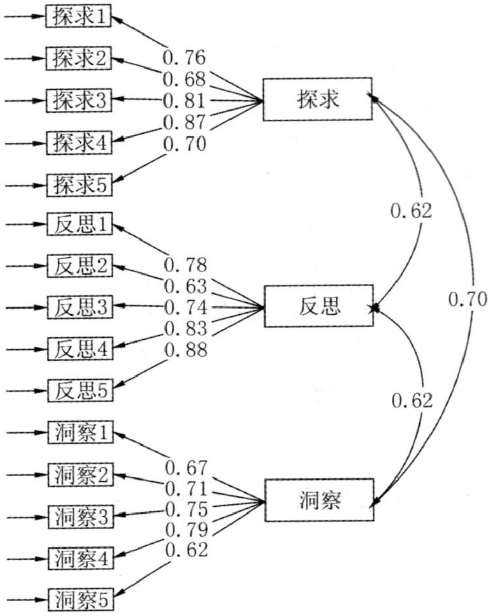

图 4.1　警觉性的验证性因素分析结果

表 4.2　警觉性的验证性因素分析结果指标

模型	χ^2	df	RMSEA	NNFI	IFI	TLI	CFI
M_0 独立模型	1976.242	105	0.269				
M_1 一阶三因素模型	94.075	87	0.018	0.952	0.996	0.995	0.996

2. 组织危机感测量模型检验

组织危机感量表的 a 系数为 0.86。验证性因素分析结果如表 4.3 所示。从结果指标看，NNFI、IFI、TLI 和 CFI 均在 0.90 以上，RMSEA 在 0.08 以下，χ^2/df 小于 2，因此从拟合指数看，一阶模型和二阶模型都能够很好地拟合。

表 4.3　组织危机感的各种可能模型比较

模型	χ^2	df	RMSEA	NNFI	IFI	TLI	CFI
M_0 独立模型	2496.750	190	0.222				
M_1 一阶四因素模型	228.208	164	0.040	0.909	0.972	0.968	0.972
M_2 二阶四因素模型	229.384	165	0.040	0.908	0.972	0.968	0.972

3. 信息搜索测量模型检验

信息搜索量表的 a 系数为 0.71。验证性因素分析结果如图 4.2 和表 4.4 所示。

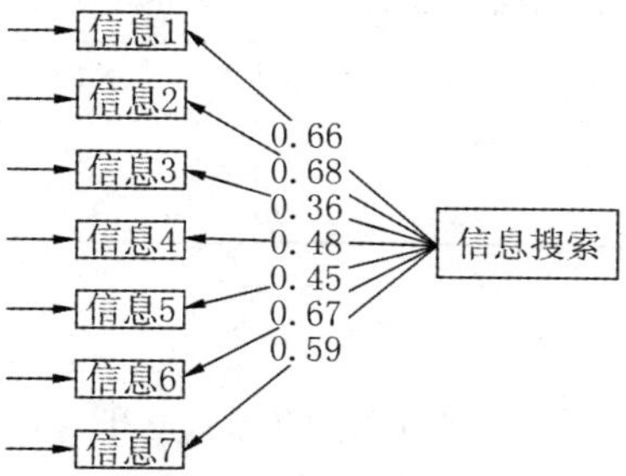

图 4.2　信息搜索的验证性因素分析结果

表 4.4　信息搜索的验证性因素分析结果指标

模型	χ^2	df	RMSEA	NNFI	IFI	TLI	CFI
M_0 独立模型	323.336	21	0.242				
M_1 一阶单因素模型	33.338	14	0.075	0.897	0.937	0.904	0.936

部分测量项目的因素荷重偏低。从结果指标看，NNFI、IFI、TLI 和 CFI 均在 0.90 以上，RMSEA 在 0.08 以下，χ^2/df 小于 2，因此从拟合指数看，一阶模型能够很好地拟合。

4. 危机源测量模型检验

危机源量表的 a 系数为 0.82。验证性因素分析结果如图 4.3 和表 4.5 所示。从结果指标看，NNFI、IFI、TLI 和 CFI 均在 0.90 以上，RMSEA 在 0.08 以

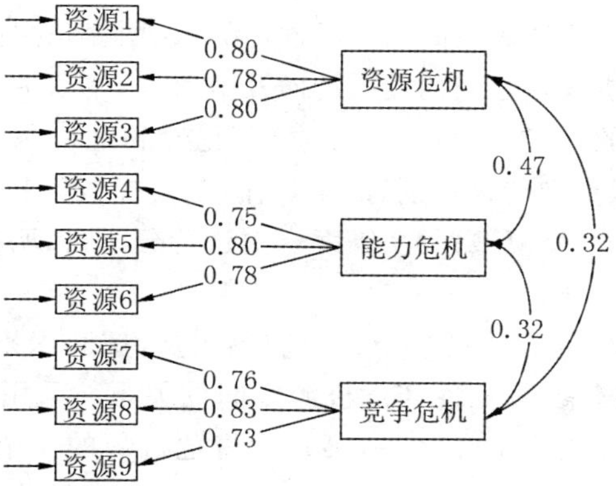

图 4.3　危机源的验证性因素分析结果

下，χ^2/df 小于 2，因此从拟合指数看，测量模型都能够很好地拟合。此外，各测量项目的因素负荷均在 0.73～0.80，表明结构效度良好。

表 4.5　危机源的验证性因素分析结果指标

模型	χ^2	df	RMSEA	NNFI	IFI	TLI	CFI
M_0 独立模型	904.335	36	0.313				
M_1 一阶三因素模型	30.791	24	0.034	0.996	0.992	0.988	0.992

三、相关分析结果

表 4.6 是组织危机感及其影响因素的描述统计和相关分析结果，包括威胁识别的四个一阶子维度和两个二阶维度、警觉性的三个维度和危机源的三个维度。结果显示：①资源危机、能力危机和竞争危机与损益度显著正相关，而警觉性及其三个子维度和信息搜索与损益度之间的相关不显著；②资源危机、能力危机、竞争危机和信息搜索与波动度之间显著正相关，而警觉性及其三个子维度与损益度之间的相关不显著；资源危机、能力危机、竞争危机与可控度之间显著负相关，信息搜索、警觉性及其三个子维度与可控度之间显著正相关；资源危机、能力危机、竞争危机与转化度之间显著负相关，警觉性及其三个子维度与可控度之间显著正相关。③资源危机、能力危机、竞争危机与威胁识别之间显著正相关，信息搜索、警觉性及其三个子维度与威胁识别之间相关不显著。④资源危机、能力危机、竞争危机与转机识别之间显著负相关，信息搜索、警觉性及其三个子维度与转机识别之间相关不显著。

信息搜索与警觉性的相关并不显著，但与警觉性的反思维度显著正相关。

四、逐步回归分析结果

相关分析仅能说明变量之间的关联性，无法说明变量之间的关系强度及其指向。为进一步分析变量之间的关系指向及显著性，本研究对各变量间进行了逐步回归分析。目的是：①分析信息搜索、警觉性和危机源对组织危机感的两个二阶维度（威胁识别和转机识别）的影响作用；②探析这些影响因素的作用机制，检验交互模型和中介模型；③从维度层次进行分析，以明确作用机制的内在机理。

根据组织危机感的二阶模型，组织危机感包含威胁识别和转机识别，分别分析了两者与信息搜索、警觉性和危机源之间的关系。采用 SPSS 中的多元逐步回归分析进行。在模型 1 和 3 中，第一步将危机源的三个维度资源危机、能力危机和竞争危机纳入回归分析，第二步将警觉性纳入回归分析，第三步将信

表 4.6 组织危机感及其影响因素的描述统计和相关分析结果

变量	均值	标准差	1	2	3	4	5	6	7	8	9	10	11	12	13
1.资源危机	4.54	0.83	1												
2.能力危机	4.67	0.80	0.39**	1											
3.竞争危机	4.49	0.79	0.26**	0.26**	1										
4.信息搜索	4.66	0.56	0.03	−0.02	0.02	1									
5.探求	4.54	0.67	−0.17**	−0.17**	−0.11	0.01	1								
6.反思	4.43	0.76	−0.17**	−0.15*	−0.09	0.15*	0.44**	1							
7.洞察	4.15	0.81	−0.14*	−0.16*	−0.01	0.13	0.43**	0.46**	1						
8.警觉性	4.37	0.59	−0.20**	−0.20**	−0.08	0.12	0.76**	0.80**	0.81**	1					
9.损益度	3.59	1.17	0.28**	0.28**	0.26**	0.05	−0.11	−0.01	−0.12	−0.10	1				
10.波动度	3.54	0.89	0.19**	0.18**	0.22**	0.17**	−0.04	0.09	−0.03	0.01	0.31**	1			
11.可控度	3.36	0.94	−0.32**	−0.34**	−0.20**	0.17**	0.28**	0.28**	0.37**	0.40**	−0.28**	−0.15*	1		
12.转化度	3.25	1.14	−0.30**	−0.35**	−0.23**	0.12	0.18**	0.15*	0.17**	0.21**	−0.25**	−0.21**	0.39**	1	
13.威胁识别	3.57	0.84	0.30**	0.29**	0.30**	0.12	−0.10	0.04	−0.10	−0.07	0.86**	0.75**	−0.28**	−0.29**	1
14.转机识别	3.31	0.87	−0.37**	−0.42**	−0.26**	0.18**	0.27**	0.25**	0.31**	0.35**	−0.32**	−0.22**	0.80**	0.87**	−0.34**

注:① * 表示在 0.05 水平上显著,** 表示在 0.01 水平上显著,双尾检验;②探求、反思、洞察为警觉性的三个维度;威胁识别和转机识别为组织危机感的两个二阶维度,损益度和波动度为威胁识别的两个子维度;可控度和转化度为转机识别的两个子维度。

息搜索纳入回归分析，第四步将信息搜索和警觉性的交互项纳入回归分析；在模型 2 和 4 中，第一步将危机源的三个维度资源危机、能力危机和竞争危机纳入回归分析，第二步将警觉性的三个维度纳入回归分析，第三步将信息搜索纳入回归分析，第四步将信息搜索和警觉性的交互项纳入回归分析。

多元逐步回归分析进行了多重共线性检验和 Durbin-Watson 检验。用 VIF 大小检查多重共线性，1～5 为可接受范围，越接近 1 说明多重共线性越低；Durbin-Watson（简称 Dw）检验考察解释变量与残差之间是否存在自相关，当 Dw 约为 2 时，说明残差之间独立，当 Dw 在 0～2，说明相邻两点残差正相关，当 Dw 在 2～4，说明相邻两点残差负相关。分析结果显示，VIF 值在 1～5，说明多重共线性不明显，Dw 均在 2 左右或略小于 2，基本判定不存在严重的自相关问题。

表 4.7　威胁识别的回归分析结果

变量	威胁识别							
	模型 1				模型 2			
	第一步	第二步	第三步	第四步	第一步	第二步	第三步	第四步
危机源								
资源危机	0.18**	0.18**	0.18**	0.18**	0.18**	0.18**	0.18**	0.18**
能力危机	0.17*	0.17*	0.17**	0.17**	0.17*	0.16*	0.16*	0.16*
竞争危机	0.21***	0.21**	0.21***	0.21***	0.21***	0.22***	0.22***	0.22***
直接效应								
警觉性		0.02	0.01	0.01				
一探求						−0.05	−0.04	−0.04
一反思						0.19**	0.17*	0.18**
一洞察						−0.11†	−0.13†	−0.12†
信息搜寻			0.12*	0.12*			0.11†	0.11†
交互效应								
信息搜寻×警觉性				0.04				0.06
F	15.67***	11.74***	10.32***	8.67***	15.67***	9.38***	8.61***	7.65***
R^2	0.16	0.16	0.18	0.18	0.16	0.19	0.20	0.21
调整后 R^2	0.15	0.15	0.16	0.16	0.15	0.17	0.18	0.18
ΔR^2		0.00	0.01*	0.00		0.03*	0.01†	0.00
Durbin-Watson		1.82				1.82		

注：*** 表示在 0.001 水平上显著，双尾检验；** 表示在 0.01 水平上显著，双尾检验；* 表示在 0.05 水平上显著，双尾检验；† 表示在 0.10 水平上显著，下文同，不再说明。

对威胁识别的回归分析结果参见表4.7。从模型1的分析结果看，在第一步回归分析中，资源危机($\beta=0.18$，$p<0.01$)、能力危机($\beta=0.17$，$p<0.05$)、竞争危机($\beta=0.21$，$p<0.001$)回归系数显著，说明三者对威胁识别有显著性正向影响，总共解释了16%的变异；在第二步回归分析中，警觉性的回归系数不显著，说明警觉性对威胁识别的影响不显著；在第三步回归分析中，信息搜索($\beta=0.12$，$p<0.05$)的回归系数显著，说明信息搜索对威胁识别有显著正向影响，引起R^2变化1%，尽管很小，但在0.05水平上显著；在第四步回归分析中，信息搜索和警觉性的交互项回归系数不显著，说明信息搜索和警觉性对威胁识别交互影响不显著。

从模型1的分析中发现，危机源和信息搜索对威胁识别存在稳定的回归效应。

从模型2的分析结果看，在第一步回归分析中，资源危机($\beta=0.18$，$p<0.01$)、能力危机($\beta=0.16$，$p<0.05$)、竞争危机($\beta=0.22$，$p<0.001$)回归系数显著，说明三者对威胁识别有显著性正向影响，总共解释了16%的变异；在第二步回归分析中，警觉性的探求维度的回归系数不显著，说明探求维度对威胁识别的影响不显著，反思维度的回归系数($\beta=0.19$，$p<0.01$)显著，说明反思维度对威胁识别有显著的影响，此外，洞察维度的回归系数($\beta=-0.11$，$p<0.1$)在0.10的水平上显著，但其回归系数是负的，说明洞察对威胁识别有负向影响，纳入警觉性三个维度后引起R^2变化3%，在0.05水平上显著；在第三步回归分析中，信息搜索($\beta=0.11$，$p<0.1$)的回归系数仅在0.1水平上显著，但导致警觉性的反思维度系数和显著性有所降低，洞察维度系数有所增加，引起R^2变化1%，在0.1水平上显著；在第四步回归分析中，信息搜索和警觉性的交互项回归系数不显著，说明信息搜索和警觉性对威胁识别交互影响不显著。

从模型2的分析中发现，危机源对威胁识别存在稳定的回归效应，警觉性的反思维度对威胁识别存在显著的回归效应，但在信息搜索纳入回归分析后系数有所减小，此外，信息搜索对威胁识别的作用仅在0.1水平上显著。值得注意的是，警觉性的洞察维度对威胁识别对存在一定负向作用。

对转机识别的回归分析结果参见表4.8。从模型3的分析结果看，在第一步回归分析中，资源危机($\beta=-0.22$，$p<0.001$)、能力危机($\beta=-0.30$，$p<0.001$)、竞争危机($\beta=-0.12$，$p<0.05$)回归系数显著，说明三者对转机识别有显著性正向影响，总共解释了23%的变异；在第二步回归分析中，警觉性的回归系数($\beta=0.26$，$p<0.001$)显著，说明警觉性对转机识别的影响显著，引起R^2变化6%，在0.001水平上显著；在第三步回归分析中，信息搜索($\beta=0.15$，$p<0.01$)的回归系数显著，说明信息搜索对转机识别有显著正向影响，导致警觉性

系数略有减小($\beta=0.24$，$p<0.001$)，引起 R^2 变化 2%，尽管很小，但在 0.01 水平上显著；在第四步回归分析中，信息搜索和警觉性的交互项回归系数不显著，说明信息搜索和警觉性对转机识别交互影响不显著。

从模型 3 的分析中发现，危机源、信息搜索和警觉性对转机识别存在稳定的回归效应。

表 4.8　转机识别的回归分析结果

变量	威胁识别							
	模型 1				模型 2			
	第一步	第二步	第三步	第四步	第一步	第二步	第三步	第四步
危机源								
危机源								
资源危机	−0.22***	−0.19***	−0.20***	−0.20***	−0.22***	−0.19**	−0.20***	−0.20***
能力危机	−0.30***	−0.26***	−0.26***	−0.26***	−0.30***	−0.26***	−0.25***	−0.25***
竞争危机	−0.12*	−0.12*	−0.13*	−0.13*	−0.12*	−0.13*	−0.13*	−0.13*
直接效应								
警觉性		0.26***	0.24***	0.23***				
一探求						0.08	0.09	0.09
一反思						0.05	0.03	0.03
一洞察						0.19**	0.17**	0.17**
信息搜寻			0.15**	0.15**			0.15**	0.15**
交互效应								
信息搜寻×警觉性				−0.00				−0.01
F	25.31***	25.85***	22.78***	18.91***	25.31***	17.47***	16.51***	14.39***
R^2	0.24	0.30	0.32	0.32	0.24	0.30	0.33	0.33
调整后 R^2	0.23	0.29	0.31	0.30	0.23	0.29	0.31	0.30
ΔR^2		0.06***	0.02**	0.00		0.07***	0.02**	0.00
Durbin-Watson		2.00				1.98		

从模型 4 的分析结果看，在第一步回归分析中，资源危机($\beta=-0.22$，$p<0.001$)、能力危机($\beta=-0.30$，$p<0.001$)、竞争危机($\beta=-0.12$，$p<0.05$)回归系数显著，说明三者对转机识别有显著性正向影响，总共解释了 23%的变异；在第二步回归分析中，警觉性的探求和反思维度的回归系数不显著，说明探求和反思维度对转机识别的影响不显著，洞察维度的回归系数($\beta=0.19$，$p<0.01$)显著，说明洞察维度对转机识别有显著的影响，纳入警觉性三个维度后引起 R^2 变化 7%，在 0.001 水平上显著；在第三步回归分析中，信息搜索($\beta=0.15$，$p<0.01$)的回归系数显著，导致警觉性的洞察维度系数有所降低，引起 R^2 变化 2%，在 0.01 水平上显著；在第四步回归分析中，信息搜索和警觉性的交互项回

归系数不显著，说明信息搜索和警觉性对转机识别交互影响不显著。

从模型4的分析中发现，危机源和信息搜索对威胁识别存在稳定的回归效应，警觉性的洞察维度对转机识别存在显著的回归效应，但在信息搜索纳入回归分析后系数有所减小。

表4.9 信息搜索的回归分析结果

变量	信息搜索	
	模型5	模型6
警觉性	0.12*	
—探求		−0.10
—反思		0.15*
—洞察		0.10
F	3.83*	2.82*
R^2	0.12	0.13
调整后 R^2	0.11	0.12
Durbin-Watson	2.07	2.19

对信息搜索进行回归分析结果如表4.9所示，分析发现，警觉性对信息搜索有显著性影响，但解释量较小。从维度分析结果看，仅有反思维度对信息搜索有显著性影响。

五、结构方程检验

由于研究样本量大小的关系，在进行结构方程检验时采用了测量项目打包(item parcels)策略。项目打包是指将两个或多个测量项目分数的加总或均值替代原有测量项目分数进入结构方程分析(Bandalos，2002)。将测量项目打包可以减少参数估计的数量，从而在样本量不足时仍然可进行结构方程建模，因而在教育学、心理学、市场营销和组织研究中广泛使用。在潜变量分析中，项目打包作为潜变指标一般比单一项目具有更高的信度，非正态分布数据经过项目打包后也可进行结构方程分析。Coffman和MacCallum(2005)就建议，组织研究应尽量通过项目打包的方法将路径分析转化为潜变量模型。路径分析假设不存在测量误差，而潜变量模型则没有这一假设要求，因而潜变量模型分析结果的可信性通常要优于路径分析的结果，因此应当尽可能使用潜变量模型。

经打包后的威胁识别、转机识别和警觉性都只包含了5个潜变指标。结构方程检验的分析结果如图4.4、图4.5和表4.10所示。从分析结果看，模型一和模型二的各参数几乎无差别，模型一略微优于模型二。从模型一的情况看，资源危机($\beta=0.15$，$p<0.05$)、能力危机($\beta=0.18$，$p<0.05$)、竞争危机($\beta=$

0.20，$p<0.01$)、信息搜寻($\beta=0.19$，$p<0.05$)对威胁识别有显著正向影响；资源危机($\beta=-0.28$，$p<0.01$)、能力危机($\beta=-0.37$，$p<0.001$)对转机识别有显著负向影响，信息搜索($\beta=0.26$，$p<0.05$)和警觉性($\beta=0.27$，$p<0.01$)对转机识别有显著正向影响；警觉性($\beta=0.15$，$p<0.1$)对信息搜索在0.1的显著水平上有正向影响。

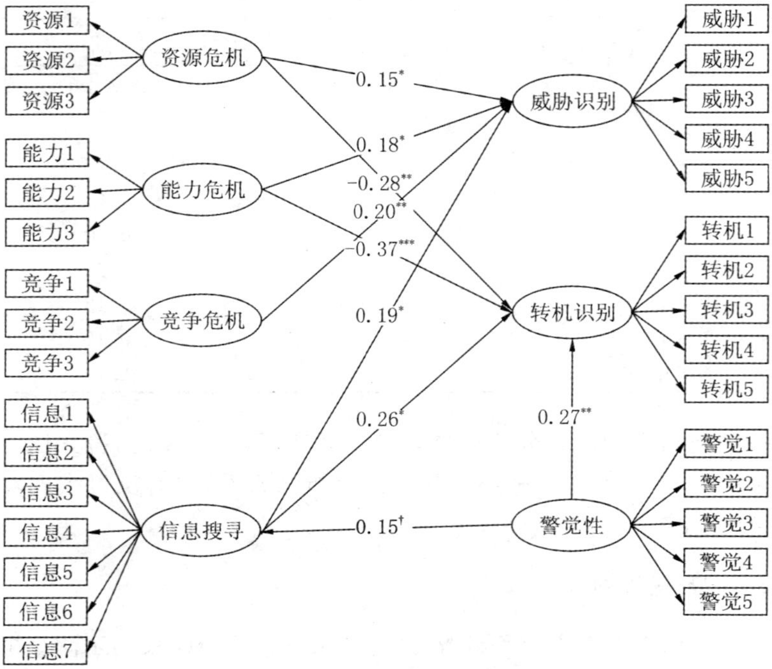

图4.4　组织危机感形成机制的结构方程模型一

表4.10　组织危机感形成机制结构方程模型检验结果

模型	χ^2	df	RMSEA	NNFI	IFI	TLI	CFI
M_0 独立模型	3604.17	465	0.166				
M_1 模型1	441.04	419	0.015	0.878	0.993	0.992	0.993
M_2 模型2	440.07	416	0.015	0.878	0.992	0.991	0.992

从模型二的情况看，资源危机($\beta=0.15$，$p<0.05$)、能力危机($\beta=0.18$，$p<0.05$)、竞争危机($\beta=0.20$，$p<0.01$)、信息搜寻($\beta=0.19$，$p<0.05$)对威胁识别有显著正向影响；资源危机($\beta=-0.29$，$p<0.01$)、能力危机($\beta=-0.37$，$p<0.001$)对转机识别有显著负向影响，信息搜索($\beta=0.27$，$p<0.05$)和警觉性($\beta=0.27$，$p<0.01$)对转机识别有显著正向影响。

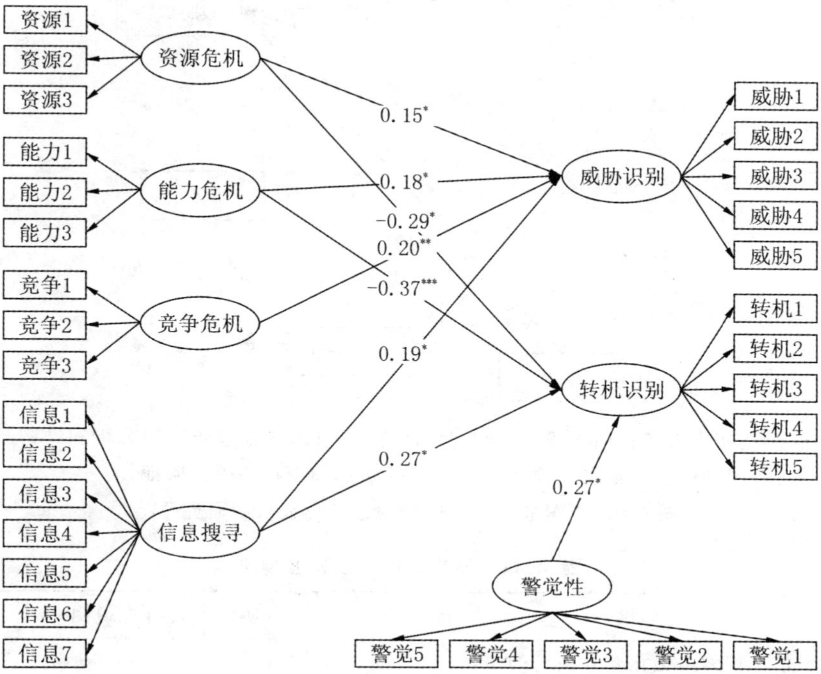

图 4.5 组织危机感形成机制的结构方程模型二

第五节 研究讨论与结论

主要研究结论和假设检验情况可参见图 4.6 和表 4.11。本研究有以下发现。

一、影响组织危机感的最主要因素是危机来源

组织危机感的主要影响因素是危机源，资源危机、能力危机和竞争危机显著地强化了威胁识别，显著地弱化了转机识别。从解释量看，资源危机、能力危机和竞争危机解释了大部分的变异，可见组织危机感的主要影响因素还是源自组织拥有的资源、能力及所在市场的竞争状态。

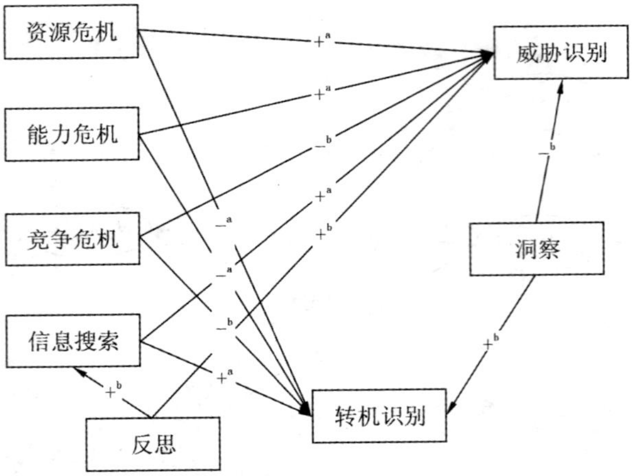

注：+指有显著正向作用，−指有显著负向作用；a 指在逐步回归分析和结构方程模型检验中都得到验证，b 指仅在逐步回归分析中得到验证。

图 4.6 组织危机感的影响因素及形成机制研究总结

表 4.11 研究二的假设检验情况

序号	假设	验证	实证发现补充说明
H2	信息搜索可强化企业高管的组织危机感	是	—
H2a	信息搜索可强化企业高管的威胁识别	是	—
H2b	信息搜索可强化企业高管的转机识别	是	—
H3	警觉性可强化企业高管的组织危机感	部分	整体上看，警觉性仅对转机识别有显著强化作用
H3a	警觉性可强化企业高管的威胁识别	否	作用比较复杂，各维度的作用方向及机制不同，反思维度对威胁识别有强化作用，其中部分通过信息搜索的中介起作用，而洞察维度则对威胁识别有弱化效应
H3b	警觉性可强化企业高管的转机识别	是	主要起作用的维度为反思维度和洞察维度
H4	警觉性提高了企业高管的信息搜索	部分	整体仅在 0.1 水平显著，但反思维度对信息搜索有显著影响

续表

序号	假设	验证	实证发现补充说明
H5	警觉性通过促进信息搜索间接强化组织危机感	部分	整体仅在 0.1 水平显著,信息搜索部分中介了反思维度对威胁识别的作用,完全中介了反思维度对转机识别的作用,洞察维度直接作用于组织危机感
H6	警觉性和信息搜索交互影响组织危机感	否	警觉性、信息搜索和组织危机感之间更可能是中介模型,而非交互模型

二、信息搜索显著强化了企业高管的组织危机感

信息搜索对组织危机感有显著性的强化作用,不仅可以强化威胁识别,还可强化转机识别,研究假设 2、假设 2a 和假设 2b 均得到验证。

与理论假设一致,信息搜索可帮助企业高管获取组织核心业务状态的更多信息:①一方面,这些信息有助于企业高管通过识别威胁的两个特征要素——损益度和波动度——对这些信息进行威胁—机会框定,形成有关组织潜在损益状态的更加准确的认知。由于本研究选取的义乌衬衫行业所面临的特定现实是,产品主要出口国外,但受国际金融危机冲击,国外市场出现萎缩,加之劳动力成本上升、招工困难、土地价格攀升等众多因素也使衬衫行业在抽样调查期间处于较为明显的不利发展态势,在这种环境下,获取越多的信息,企业高管越容易将所处环境标识为威胁。但信息搜索队威胁—机会框定的影响也可能是促使企业高管将所处环境标识为机会,特别是在组织或行业处于明显的有利态势时。②另一方面,获取的信息越多,也越可能找到应对威胁的方案,如找到控制损失、降低易感程度的方案。就衬衫行业而言,经访谈发现,一些企业通过搜集国内市场信息、寻找国内经销商、启动网络直销等方式开始开拓国内市场,通过诸如此类的信息搜索,企业可以在威胁情境下意识到将威胁转化为机会的可能,如通过启动网络直销等举措或许可以开拓一个新的市场,这已经用控制损失、降低易感程度的可控度特征维度的内涵来描述,需要转化度特征维度来描述。

三、不同警觉性维度影响组织危机感的方式不同

警觉性对组织危机感的作用比理论假设要复杂。从整体上看,警觉性仅对转机识别有强化作用,而对威胁识别的作用并不显著,假设 3 得到部分验证,假设 3a 未得到验证,假设 3b 得到验证。从维度的分析看,一方面,反思维度能强化威胁识别,除了直接强化威胁识别外,还部分通过信息搜索的中介,间接产生

强化作用;而另一方面,洞察维度能够直接弱化威胁识别。从维度分析的结果还可以发现,洞察维度对转机识别有显著的强化作用,而探求维度对转机识别的强化作用不显著,反思维度则完全通过促进信息搜索间接地强化转机识别。

四、警觉性对组织危机感的间接效应不十分显著

从结构方程模型分析看,警觉性对信息搜索的促进作用不显著(仅在 0.1 水平上显著),但从维度分析看,反思维度能显著促进信息搜索,假设 4 得到部分验证。

从整体上看,警觉性通过促进信息搜索对威胁识别和转机识别间接强化作用不显著,两者对组织危机感也不存在交互效应。从维度分析看,探求维度除直接强化威胁识别之外,还通过促进信息搜索间接地强化了威胁识别,因此探求维度对威胁识别存在部分中介作用,而洞察维度则直接影响威胁识别和转机识别,对威胁识别产生弱化作用,而对转机识别产生强化作用。

根据警觉性各维度的含义,探求是指心理图式反射刺激的能力,包括反射、倾听、区分、质疑和响应等要素(Li,2004),包含企业高管对情报和信息的探求、分析和挖掘。理论上,探求应该能促进企业高管的信息搜索,但实证研究并未发现两者之间有显著关联。探求本质是一种求证行为,如倾听反馈、吸取建议等(苗青,2006),理论上,探求应该也能够强化企业高管的威胁识别和转机识别,但实证研究未发现两者之间存在显著关联,既没有验证直接效应,也没有验证中介效应。

反思指丢弃、遗忘或破除特定图式的能力(Li,2004),包括善于打破以往的思维范式、通过"偶然觉察、舍弃常规和发散思维"等来重构现实、赋予既有资源新的价值和用途、实现灵感的偶然性与商业的必然性完美对接等(苗青,2006)。一方面,反思意味着对以往思考和行为模式的批判,可能唤起企业高管对既往决策失误、不适当行为等的负面记忆,强化了威胁识别;另一方面,对特定图式的丢弃或破除是一个求证的过程,增强了企业高管信息搜索的动机,从而促进了信息搜索,间接地强化了威胁识别和转机识别。因此,从理论上看,反思能够直接强化威胁识别,通过促进信息搜索间接强化威胁识别和转机识别。实证研究结果与理论假设一致。

洞察是指以有意义的方式预见未来事件的能力,包括对机会涌现的敏感及商业前景前瞻性的预测。一方面,具有洞察能力的企业高管即使在威胁的情境下也能对潜藏在威胁之中的机会保持敏感,寻找到控制威胁甚至将威胁转化为机会的可能方案,从而强化了转机识别。另一方面,具有洞察能力的企业高管可能对威胁情境持乐观态度,因此低估威胁的损益度及其概率,弱化了威胁识

别。此外，洞察是一种对信息隐含意义的预见，即一种信息加工机制，而非信息搜索的触发动力，因此洞察可能并不能促进信息搜索。

第六节 研究意义与展望

一、研究意义

以往研究认为个体、组织和群体、制度三个层次的因素会影响组织危机的认知。但以往往往通过案例等定性研究方法，很少采用定量方法分析。本研究通过大规模问卷调查研究，以定量分析方法探讨了组织危机感的影响前因，发现了组织危机感的一些影响因素，特别是探索性地分析了本研究构建的新维度——转机识别的影响因素。此外，尽管以往研究分析了很多影响组织危机感的变量，如个体水平的焦虑、自尊、控制点、移情等个体差异，并认为组织危机感是一个自我构建的过程，但对各影响因素的作用机制缺乏研究，对自我构建过程缺乏实证剖析，本研究则对此进行了尝试。最后，本研究通过整合和借鉴创业研究成果，提出了影响组织危机感的新的影响因素，发现了信息搜索及警觉性对组织危机感的影响。一方面扩展了组织危机感影响因素及形成机制的研究成果，另一方面，也丰富了人们对信息搜索和警觉性的认识，特别是警觉性对创业者的意义不仅仅是可促进机会识别，还能够促进他们对组织危机的认知。

二、主要局限及研究展望

本研究也存在一定的局限性。首先，样本行业在调查期间处于较为明朗的威胁情境下，若能够采集处于模糊情境的行业样本，可能更有利于揭示企业高管的组织危机感形成机制，特别是企业高管自身的认知和行为因素在组织危机感形成中的作用；其次，本研究采取单一行业样本，虽然有研究上的考虑（由于研究焦点是探析影响企业高管组织危机感形成的认知和行为因素，需要尽量控制由于行业环境和各地政策环境因素带来的变异，同一地区、单一产业可有效控制环境变异），但也不可避免地使得研究结论可能难以推论至其他行业；最后，企业高管的组织危机感形成过程是高层管理团队成员的交互结果，可能受到高管团队构成、交互模式等团队水平变量的影响，未来研究可纳入团队水平变量，构建多层模型，深化有关组织危机感机制的理解。

第五章　组织危机感对战略选择的影响及作用机制研究

第一节　研究目的

组织变革和转型的研究表明，危机是导致组织响应内外部环境变化、采取变革行动的催化剂（Gilbert，2005）。威胁带来的压力可促使组织克服组织惯性（Huff 和 Huff 等，1992），面临绩效下降威胁的组织具有更高的变革意愿（Lant 和 Milliken 等，2006），企业高管必须在将外部变化视为对绩效有负面影响，而后组织变革才有可能（Barr 和 Huff，1997）。但也有研究表明，威胁也可能导致威胁—僵化效应，可能会减少企业高管愿意考虑的备选方案以及试验性活动（Staw 和 Sandelands 等，1981；Ross 和 Staw，1993）等，因而妨碍组织的变革转型。此外，根据展望理论的观点和威胁僵化观点得出的组织战略选择也相互矛盾。

这些相互矛盾的结论可能与以往研究中将组织危机感作为威胁—机会的二分变量的概念结构有关，理论上和测量上都假定组织面临的不稳定状态要么是威胁，要么是机会。通过研究一和研究二已经论证了中国文化和转型变革背景中的企业高管不仅仅关注威胁与机会的区分，还特别关心机会与威胁之间的联系，对这种联系的辨认构成企业高管组织危机感的重要维度，而以往研究中对此并未给予很多关注。

本研究的主要目的是以案例研究、问卷调查和实验探究等多方法的综合运用，揭示组织危机感对战略选择的影响和作用机制，具体包括：①探讨组织危机感对组织战略选择的影响模式，检验组织危机感是否是驱动了组织转型策略的影响因素，并影响到组织转型策略的选择；②检验组织危机感对战略选择的框架效应和威胁僵化效应模式，分析组织危机感的转机识别维度在组织危机感对战略选择的效应模式中的作用；③分析组织危机感对战略选择的作用机制。

第二节 研究框架与假设提出

一、组织危机感的威胁识别维度与战略选择

探索策略需要企业对不确定性回报进行大量投入，通常伴随着更高水平的风险（Gupta、Smith 和 Shalley，2006）。而开发策略的风险则可控制在较低水平，弥补探索策略的弱点，成为探索策略风险的缓冲器（Gatignon 等，2002）。

威胁识别是企业高管的关于运营环境变化对组织意味着获益还是损失及其程度的管理性评估（Staw、Sandelands 和 Dutton，1981）。威胁识别对组织转型策略选择有何影响呢？根据展望理论，面对潜在损失的威胁情境时，组织倾向采取冒险行为（Kahneman 和 Tversky，1979）。威胁可能侵蚀组织的战略地位，企业高管需要增加创新能力方面的投入，以应对威胁情境下不可预测的后果。与机会框架相比，威胁框架下的企业高管更加强调战略行为的收益性，更倾向于采取冒险行为。而在机会框架下，企业高管更加强调战略行为的损益性，因此倾向风险回避，降低组织在风险性创业活动方面的投入，取而代之的是开发已有资源和能力应对外部环境变化。在机会框架下，若没有强烈的驱动动机，组织不太可能冒险打破既有惯例而偏离现有胜任领域。Voss 等（2008）通过对美国专业剧院的实证研究发现，高威胁显著降低了组织的开发行为（Voss 和 Sirdeshmukh 等，2008）。Gilbert（2005）通过对传统报纸媒体组织的研究也发现，在缺乏威胁知觉的情况下，组织不太可能采纳有可能威胁到现有客户对象的创新策略，取而代之的是聚焦于现有产品、技术和客户的渐进开发创新。而当面临威胁时，组织更愿意投入到探索创新活动中，将探索行为策略作为一种保护性姿态。因此，本研究作出如下假设。

假设 7a：高威胁识别水平促使组织采纳更活跃的探索策略（包括自主探索和协作探索）。

在威胁—僵化观点看来（Sitkin 和 Pablo，1992；Staw 等，1981），威胁意味着可能损失和对结果的失控，将导致组织风险规避行为，组织会将注意力集中于保护组织既有地位（Dutton 和 Jackson，1987）。组织将降低创新性创业活动的投入，转而尝试结果更可预测的活动以控制潜在损失。而机会情境强化了企业高管对组织获得成功结果和控制组织环境的预期，企业高管更可能鼓励风险性的创新和探索活动。因此，在威胁僵化视角看来，威胁识别可能导致组织表现出高水平的开发活动。根据威胁—僵化观点的逻辑，本研究作出如下假设。

假设7b：高威胁识别水平促使组织采纳更活跃的开发策略（包括自主开发和协作开发）。

然而，以往研究认为根据展望理论推论出的假设与基于威胁—僵化观点推导出的假设是矛盾的，因此不可能同时都成立。其基本逻辑假设基于两点：①展望理论认为，在得的框架下，决策者倾向保守，在失的框架下，决策者倾向冒险；而根据威胁—僵化观点，在面临威胁时，决策者倾向于在可控的领域采取行动，尽量控制潜在损失，因而倾向保守。这两种理论对决策结果的预测是相反的，不会同时成立，否则矛盾；②假定决策者认为保守策略和冒险策略是互相排斥的，决策者不会同时选择保守和冒险策略。

本研究认为：①尽管展望理论和威胁—僵化观点都是对人类风险行为进行解释，但解释所基于的核心概念有所差异。展望理论是基于风险概念，包含收益或损失（得或失）及其发生概率，而威胁—僵化则是基于威胁概念，不但包含了风险概念中的收益或损失（得或失）及其可能，还包含了负面、不可控等风险概念未纳入的内涵，情境的不可控和决策者控制结果的渴望是威胁—僵化观点非常强调的。在现实的战略选择中，决策者面对的环境既包含了风险性，也包含了风险性以外的诸如可控性、负面、转化度等特征，因而由于两种理论观点解释的侧重不同，它们可能是互补的而非互斥的[①]；②展望理论是基于个体水平的实验室研究提出的，采用了简单的决策任务情景。而战略选择是组织层面的，情境、任务、行为的复杂性要强得多，特别是组织往往采取组合策略来实现任务目标，现实的企业高管不大会选择单一的、极端的保守或冒险策略，而采用复合的、平衡的保守和冒险策略。因此，面对战略议题，企业高管可同时综合采用保守和冒险的行动策略。基于以上分析，本研究认为假设7a和假设7b可能同时成立，因此提出以下假设。

假设7：高威胁识别水平促使组织采纳更活跃的探索策略和开发策略组合。

二、组织危机感的转机识别维度与战略选择

关于威胁识别与组织的内部导向与外部导向的关系存在两种截然不同的结论。一种观点认为威胁情境导致组织倾向采用内部行为导向，企业高管倾向于将其注意力聚焦于可以实施控制的组织内部（Barker 和 Patterson，1996）。这一观点的支持证据主要来自威胁—机会与组织响应的研究（Dutton 和

① 实际上，这一观点已经得到了部分实证的支持，如Shimizu（2007）在《Academy of Management Journal》上的研究报告，Shimizu是将展望理论作为未来损失导致的风险行为的解释理论，将威胁僵化论作为现在损失导致的风险行为的解释理论，从时间维度解释两种理论同时在组织水平成立。

Jackson,1987)和威胁—僵化观点(Staw 等,1981;Ross 和 Staw,1993)。威胁情境中的风险更加显著,企业高管倾向风险回避的保守行为(Sitkin 和 Pablo,1992),外部响应需要组织持续投入没有回报保证的资源,可能促使组织与外部实体之间建立协议约束组织未来行为,一般更冒险且难以实施(Chattopadhyay 等,2001),内部导向的行为策略比外部响应策略更可控、风险更低(Dutton 和 Jackson,1987)。因而,当面对威胁时,组织决策者倾向采取针对组织内部环境的行为策略,通过大规模的组织内部变革应对威胁。相反,当面对机会时,意味着更高可控性、可能收益,决策者倾向于采取相对冒险的、外部导向的行为策略。威胁—僵化观点认为,威胁常常促使企业高管集中权威性,依赖以往决策惯例,并限制外部信息流通,甚至在一些情况下坚持将要失败的战略,出现承诺升级现象(Staw 等,1981)。企业高管知觉到低可控、负面的威胁情境后,为了抵消负面知觉,倾向于在高可控领域采取行为。威胁知觉强化了企业高管对内部效能的关心(Staw 等,1981),因而将注意力集中在组织内部,通过削减成本开支等控制损失。

组织转型研究和近期的有关新兴经济体的组织行为研究(Bruton 和 Ahlstrom 等,2003)也支持了这一观点,企业在面临难以控制的绩效下降时倾向于首先采用内部聚焦的策略,采取的战略变革策略基本也是渐进式的(Arogyaswamy 和 Iii 等,1995)。一些新兴市场的研究还发现,企业高管倾向聚焦于组织内部去克服环境的不确定性,无论这种不确定性是资本市场制度变化,还是由产品、技术和劳动市场导致的变化(Khanna 和 Palepu,2000)或者环境震动(Tan 和 See,2004)。基于这种内部聚焦导向,在可控性或者转化度较低的情境下,企业倾向避免联盟等网络构建或强化的行为策略。因为尽管联盟等网络构建行为能够带来好处,但也能制造问题,动荡的环境或者剧烈的环境变化使得信息确认和合约执行变得困难,可能激励合作伙伴的机会主义行为(Luo,2007),合作伙伴行为的机会主义和不可控性进一步加剧了企业面临的不确定性。此外,网络构建行为本身需要聚焦于组织外部,聚焦于组织内部不利于企业选择和实施网络构建策略(Marino 和 Strandholm 等,2002)。

第二种观点认为在威胁情境下,企业高管有更强的动机采取外部导向的行为策略,企业高管倾向于通过网络构建等外部行为管理关键资源的从属关系、获取额外信息来降低不确定性。威胁情境下的企业需要重构他们的网络联盟,否则将面临绩效衰减乃至威胁长期生存(Fisher 和 Lee 等,2004)。战略联盟可增强企业能力、获取资源、分散风险、提供新市场通路和提升声誉等(Varadarajan 和 Cunningham,1995),是有效应对威胁或者不确定性的响应策略(Hitt 和 Ahlstrom 等,2004),企业高管有强烈的动机和理由采取这些策略

(Eisenhardt 和 Schoonhoven,1996)。社会网络理论、资源依赖理论和信息加工理论支持了这种聚焦组织外部的行为倾向。

基于社会网络理论和资源依赖理论的观点认为,企业高管通过处理网络关系来获取和维持关键资源的流向(Pfeffer 和 Salancik,2003),降低环境威胁的策略是建立组织间联系,如联盟、合资以及资产持有等(Park 和 Chen 等,2002),获取必要的资源,增强自身的控制能力。如 Steensma 等(2000)发现,技术不确定性增强了中小企业的技术联盟构建行为。Peng 和 Heath(1996)也发现新兴市场中的企业在面临不断上升的不确定性时,倾向于通过与其他企业形成外部网络联系、获取关键资源等来克服环境威胁。

信息加工理论认为环境不确定性增加,企业高管有强烈的动机采取行动获取和分析更多信息(Daft 等,1988)。企业高管需要寻求额外信息来辅助他们对外部环境的理解和阐释以降低不确定性。实证支持了这一观点,如 Bergh 和 Lawless(1998)通过对财富 500 强企业样本的分析发现,企业在遭遇高不确定性时,管理者往往通过收购战略性业务单元来获取更多信息、改进信息质量,降低信息不对称等导致的模糊性。对于缺乏资源进行收购的小企业,Dollinger 和 Golden(1992)也发现企业采取构建战略联盟等策略收集额外信息。这些研究说明,在高不确定的威胁情境下,组织倾向于采用聚焦外部导向的网络构建行为策略。

可见,以往研究对威胁情境下企业高管是倾向聚焦内部还是聚焦外部存在截然不同的观点(Ketchen 和 Palmer,1999;Mone 等,1998),说明威胁识别与内部与外部行为导向存在重要的调节因素。本研究认为,转机识别可能是造成矛盾结果的重要因素,威胁的可控性和转化性可能有助于解释该矛盾。如,心理学中关于人们对危机的反应的研究发现,当危机不可控时,适应行为被认为是最好的应对策略(Taylor,1983)。适应行为需要调整自身,如改变内部过程应对威胁。而外部导向、前瞻性的反应在人们对控制结果的能力有自信的时候更为常见(Anderson,1977)。组织的危机反应类似,低可控度、低转化度的威胁情境会导致企业高管采取适应策略,将注意力集中于变革组织内部流程等更易于实施、操作和调整的方面,因为这种策略更为现实和有效。相反,在高可控度和高转化度的威胁情境下,决策者认为有能力和有可能掌控内外部环境的变化,更可能采取外部导向的行为策略,通过环境创设策略使组织内外环境向有利方向发展。

因此,本研究作出如下假设。

假设 8:转机识别调节了威胁识别与内、外导向策略间的关系:相同威胁识别水平下,高转机识别水平高的组织采取了更活跃的协作策略(包括协作探索和协作开发)。

三、关键控制变量：组织冗余

组织冗余可使组织的注意力从防止陷入困境（救火）转移到扩张性战略和具有风险性、创新性、高回报的创业活动上（Nohria 和 Gulati，1996）。实证研究发现，组织冗余能促进组织对突破性产品创新的投入，并帮助组织避免创新失败和损失，保护组织资源（O'Brien，2003）。组织冗余能促进一系列探索活动，如创新（Nohria 和 Gulati，1996）、风险承担（Singh，1986）和适应（Kraatz 和 Zajac，2001）。因此，高组织冗余水平促使组织采纳更活跃的探索行为，在研究中需要控制组织冗余对战略选择的直接效应。

以往研究认为，威胁识别与组织行为之间的关系可能受到其他变量的调节。组织资源（组织冗余）被认为是最为关键的调节变量（Voss 等，2008）。企业高管可将组织冗余用于企业危机时期的稳定和适应工具（Cyert 和 March，1992）作为“软垫”（cushion）任意配置应对威胁（Bourgeios，1981）。在面对威胁时，拥有充分组织冗余的企业在进行战略决策时可考虑通过将组织冗余投入核心业务中，促进或避免主要战略调整（Thompson，1967）。相反，缺乏组织冗余的企业拥有的决策选项较少（Chattopadhyay 等，2001）。

威胁情境促使管理者考虑以“探矿”（prospecting）模式运用组织冗余以发展出新的战略选项（Cyert 和 March，1963；Singh，1986）。持有组织冗余的组织感知到的扩张价值要远高于保存组织冗余的价值，当面对威胁时，组织会将开发策略（一种防卫机制）视为次优选项，而选择探索策略的动机更强。Audia 和 Greve（2006）提供了这方面的实证支持，他们通过威胁情境下组织战略投入决策的研究发现，与组织冗余高度相关的组织规模，调节了组织响应威胁所采取的风险承担行为，规模较大的企业更多采取冒险策略来应对绩效下降的威胁。而在缺乏资源的情况下，威胁知觉增强了企业高管对未来生存的担忧，倾向于降低潜在不确定性，降低风险性探索活动，聚焦于已知的、更加可预测的开发活动上，将加大在开发活动方面的投入，以此作为对威胁的响应（Chattopadhyay 等，2001）。即使企业高管主观上认为探索行为策略是最优战略，但战略所需资源的匮乏一定程度上限制了组织的探索活动，开发活动作为一个次优选项仍然会被采用。

实证研究也发现，组织冗余对战略行为不仅有直接效应，还存在缓冲效应（Cheng 和 Kesner，1997）。如 Chattopadhyay 等（2001）发现，冗余水平调节了威胁知觉与管理者采取的反应策略之间的关系，同时增强了内部聚焦和外部聚焦两种策略，威胁知觉能够放大组织冗余与探索行为策略的正向关系。Marino 等（2007）以亚洲金融危机背景下印度尼西亚的中小企业为研究样本研究发现，冗余水平对企业联盟意向有显著影响，冗余水平与不确定性(总体不确定性)对结盟意向有显著正向交互效应。联盟等网络构建行为为企业提供了获取关键资源的途径的同时，也可能会给企业带来较高的风险，一旦发现联盟被证明失误，冗余水平较高的企业可运用组织冗余修补这一失误，可鼓励企业承担这种行为的风险，加之资源水平高的企业联盟的吸引力更高(Human 和 Provan，2000)。因此在威胁情境下，冗余水平高的企业的网络构建策略更加活跃。基于以上论述，本研究认为需要控制组织冗余与威胁识别的交互效应。

第三节　案例研究：组织危机感与战略选择的关系初探

一、研究目的

本研究的主要目的是通过医药企业案例的分析，判断组织转型四因素模型是否对医药企业的转型有较好的解释效果，并初步探索组织危机与医药企业转型策略选择之间的关联性，为下一步的问卷研究奠定基础。

二、研究方法

案例研究方法是构建管理理论的重要实证方法之一。通过对典型案例现象的描述和分析，可以构建新理论，也可以对现存理论进行检验、发展和修正。根据研究目的不同可将案例研究分为探索性案例研究、描述性案例研究和解释性案例研究。描述性案例研究要求首先确定理论和问题框架，根据理论构思确定分析单元，进而采用模式匹配的思路，以分析单元形式描绘的案例作为相应理论模式的实践范式，并可进行相互比较。探索性研究是在研究问题和框架不明朗之前的尝试性研究，帮助研究者明确研究问题和假设。

本研究综合性地运用了描述性案例和探索性案例。描述性案例主要解决的是转型策略的表现形式及其演变等；而探索性案例主要分析组织危机感与医药企业转型策略选择的关联性。

好的案例研究应该能够满足三个重要条件：①明确界定分析单元。本研究关注的焦点是组织转型的四种行为策略要素，分析单元就是所选案例对象的组织转型关键行为事例。②选择适当的案例。根据 Yin(2003)提出的案例取样三条件——构思关联性、信息真实性及取样方便性——进行取样，选取了浙江华义医药有限公司和云南白药集团股份有限公司作为研究样本。③通过适当的资料收集方法收集到适当数据资料。本研究通过以下方法获取案例样本的信息：访谈样本企业的管理层、公司文件资料和公开资料、企业相关人员的访谈、媒体报道和行业研究资料。对获取的资料运用结构性分析方法进行考察分析，确认隐含在文件、事件或现象背后的模式，进行归纳整理，最终形成相关结论。

三、案例一：浙江华义医药有限公司

1.案例背景简介

浙江华义医药有限公司（以下简称华义医药）是一家高新技术制药企业，位于义乌市义南工业园区，员工总人数约为 255 人。主要研究和生产医药原料药及其高级中间体。目前生产的化学原料药主要有：克拉霉素、盐酸吡格列酮、盐酸环丙沙星、盐酸恩等，高级医药中间体有：氯化物、吡格烯等。2006 年被认定为国家火炬计划重点高新技术企业，成为义乌首家国家级高新技术企业。详细简介及企业发展关键事件参见附录。

2.华义医药的组织转型行为关键事件

情境 1：清盘危机。华义医药的前身是义乌合成氨厂，厂房位于现在的义乌宾王市场所在区域。随着义乌市经济的发展，特别是小商品市场的兴起，宾王市场区域逐步发展成为义乌重要的商贸区，已经不适合化工企业留在这一区域。加之义乌合成氨厂是一家国有企业，规模和效益也较差，在国有企业改制改革的浪潮下，义乌政府决定终止该厂，将厂房所在区域规划为小商品市场，即现在的宾王市场，企业面临着严峻的清盘危机。

关键行为事件 1：“为了保生存，当时的厂领导认为必须转型，只有转型才有生存的机会。领导班子经过评估，认为做医药是个机会。因为医药是个新兴朝阳行业，中国人口庞大，市场前景广阔。而且医药化工行业与原来的化工行业毕竟有一定的相似之处，原来的技术和工人通过一定培训后可以继续留下来。”[①]①厂领导班子联系了当时华东医药集团董事长李邦良先生，李邦良先生是义乌人。“通过努力，华东医药集团决定投资，将原来的义乌合成氨厂的设备卖掉，于 1995 年成立了义乌市华义精细化工有限公司，并迁至义乌郊区。”由于当时的设备、人才和投入等条件不成熟，当时没有直接取名为医药化工企业，但主要业务是医药中间体的生产。

情境 2：经验不足，渠道不畅，整体亏损。义乌市华义精细化工有限公司成立后，原有的技术工人和管理人员经过培训后转到新公司工作。尽管与合成氨厂同属化工行业，技术也存在一定的相似性，但操作和管理还是存在很大的差异性。“由于资金投入仅有 300 万元，购买设备和原材料等就花费大半，资金很

① 双引号内斜体表示该内容摘选自对该公司高管访谈。

少,条件比较艰苦。特别是销售渠道比较弱,市场推广力度和经验不足,销售情况不是很理想。加上当时企业的产品单一,只有一种主打产品,销售市场主要在国内,当时的市场环境很差,经常存在货款收不回来的情况,使得企业遭受了很大损失。尽管当时的销售额能达到2000多万元,但产品利润很薄,企业整体仍然亏损。"

关键行为事件2:当时公司领导班子决定采取一系列措施改变亏损状况。最初从企业内部管理和外部市场开拓入手,采取了一些举措:②培训技术员工,最初管理层认为通过技术和操作的培训可提高生产效率,降低成本;③强化市场推广力度,扩充营销队伍,增加了营销人员的数量。

情境3:持续亏损。上述举措未能如期实现企业扭亏为盈的战略目标,企业亏损持续到1997年。"当时公司的注册资本总共才300万,公司还有抵押贷款需要偿还,厂房也是租赁,需要支付租金",持续亏损可能导致企业难以为继,再次陷入清盘的危机,因此"公司管理层压力很大,有很强的危机感"。

关键行为事件3:1997年下半年,"公司从销售和经营渠道了解到一种产品在国际市场上比较畅销,国际需求比较大,而当时该产品只有荷兰的一家公司在生产,国内都没有",发现这个商机后,④公司领导迅速决定与浙江大学材化学院合作开发该产品。当时,"该产品的成本为每吨15万元左右,而售价可达到每吨50万元,利润比较丰厚,一年内就销售了7～8吨,正是这个产品的利润弥补了前期的亏损","使企业迈过了一个坎"。"原来的产品还是继续生产,⑤随着各项改进措施的实施,最终也实现了盈利,但利润很薄。"

情境4:实现盈利。新产品主要销往国际市场,相对而言,国际市场比较规范,一般不会拖欠货款。通过新产品的开发,使得企业得以维持下去,并实现一定盈利,此外,原有产品通过生产改进等举措也实现了扭亏为盈。

关键行为事件4:1998年,通过外贸公司了解到西班牙的埃斯特维公司正向全球采购新产品的后续产品PNH。掌握该信息后,⑥公司领导决定组织内部研发人员进行技术攻关。经过一个多月的研发,成功研制出小试样品寄给埃斯特维公司,经化验后确认质量符合要求,并按照90万每吨的价格订购了300千克。

情境5:产品质量问题。公司按小试样品进行生产,发货寄给埃斯特维公司,对方反馈产品存在问题,产品与原来小试样品有差异,杂质含量超标。经公司检验分析发现,杂质含量确实与小试样品有显著差异。按照埃斯特维公司的生产标准是杂质不能大于0.1,埃斯特维公司要求降低杂质。

关键行为事件5:⑦华义医药通过组织技术人员进行各种试验寻找杂质超标的原因,最终发现问题出在水解环节,氯化氢在小试中水解后的氯挥发掉了,而在大规模生产中则来不及挥发而存留了下来,导致杂质超标。通过华义研究人员的试验发现可通过硝酸解决这个问题，且生产周期更短，效率更高。华义医药迅速生产300千克后发送到埃斯特维公司，对方非常满意，认为事件反映出华义医药的供应服务反应很迅速，因此将华义医药作为其稳定供应商。借助于此，华义医药的销量迅速上升。

关键行为事件6：1999年下半年，华义医药决定与埃斯特维公司合资兴建新厂房，埃斯特维公司出资200万美元，占25%的股份。2000年9月7日正式成立中外合资浙江华义医药化工有限公司。2001年5月华义医药新厂开工。

⑧华义医药从埃斯特维公司引入了先进管理经验，大大提高了规范性水平。华义医药不仅每年邀请埃斯特维公司的技术和管理人员到华义公司指导、培训，每年还选派员工到埃斯特维公司参观学习。与此同时，华义医药业坚持⑨自主研发和⑩合作研发新产品，如浙江大学化学系和中科院化学研究所合作，使得产品越来越多，现在形成了二十几个产品。此外，还⑪加大了对生产工艺流程方面的投入力度，通过⑫与埃斯特维公司以及浙江大学化学系和中科院化学研究所等科研单位合作，创新优化生产工艺流程。

关键行为事件7："华义医药的产品仍然属于中低端市场，以目前的资金投入和管理和技术层次难以进入高端市场，而高端市场的利润更高。"⑬公司领导层决定进一步拓展与埃斯特维公司的合作，合资创立一个面向中高端市场的企业。新公司按照高端市场的标准和理念量身定做，于2006年在绍兴市袍江经济开发区成立，注册资金2300万美金，2009年7月份开工生产。

3.关键行为事件分析与归纳

本研究对华义医药发展过程中的组织转型关键行为事件进行了梳理，按照发生的时间先后顺序进行了编号。前文通过理论推演，已经提出了组织转型策略的四个因素：自主开发、自主探索、协作开发和协作探索。依据这四个要素的内涵，本研究对梳理出的13个关键行为进行了归纳，归纳结果如表5.1所示。从归纳结果看，组织转型策略的四个因素能够较好地概括这些关键行为。

本研究还对部分关键行为事件发生的危机背景进行了归纳，从组织危机与关键行为事件的内在联系看，组织危机激发了关键行为的发生。如在情境1中，企业面临着清盘的危险，原有的核心业务处于严重的亏损状态，显然已经没有了出路，领导班子不得不寻找挽救企业的新路子。在这种极端的威胁情境下，企业高管洞察到了医药制造行业的良好商业前景，向医药制造行业转型成为扭转危机的重要转机。这激发了他们寻找义乌老乡、华东医药集团的李邦良先生合作的动机及愿景，最终实现转型。再比如，在情境2和情境3的亏损状态下，企业具有强烈的动机进行自主开发和协作探索。情境5是一个特例，与其他情境相比，该情境下企业决策者可清晰地定义问题，可针对具体问题予以响应。

表 5.1　华义医药组织转型关键行为事件分析

因素	组织危机	关键行为事件	行为结果
自主开发	情境 2:整体亏损 情境 3:持续亏损 —	②技术培训,提高效率,降低成本 ③强化市场推广 ⑤实施各项工艺改进措施 ⑪加大对生产工艺流程方面的投入力度	未能实现扭亏为盈的目标 老产品实现微利 —
自主探索	情境 4:实现盈利 — 情境 5:质量问题	⑥自主研发 PNH ⑨自主研发新产品 ⑦组织技术人员试验	研制出小试样品 形成二十几个产品 解决质量问题
协作开发	— — —	⑧从埃斯特维公司引入管理经验 ⑫与埃斯特维公司以及科研单位合作优化生产工艺流程 ⑬合资创立新企业	提高了规范性水平 — 新企业成立
协作探索	情境 1:清盘危机 情境 3:持续亏损 — —	①与华东医药合作转型至医药行业 ④与浙江大学材化学院合作开发新产品 ⑩与浙大、中科院合作研发新产品 ⑬合资创立新企业	成立义乌市华义精细化工有限公司 实现扭亏为盈 形成二十几个产品 新企业成立

注:情境和关键行为事件前面的编号表示时间先后顺序。

通过案例中组织危机情境与关键行为事件之间的关联性分析发现,在亏损状态下(如情境 2 和情境 3),企业表现出从内部寻找问题原因和方案的倾向;而在极端的威胁情境下(如情境 1),由于已经大大超出了企业自身资源和能力所能处理的范围,企业倾向于寻找外部的帮助。该案例还表明,在实现盈利的情境下(如情境 4),企业表现出自主探索的倾向。这是因为:一方面,通过对华义医药的成长轨迹分析,企业高层将成功实现扭亏为盈归因于新产品开发方面的努力,强化了对探索创新的重视;另一方面,此时企业具有的资源更多,这些资源条件有利于企业自主探索。

四、案例二:云南白药集团股份有限公司

1. 案例背景简介

云南白药集团股份有限公司是云南省医药工贸结合的大型综合性企业,主要从事药品(以中成药为主)的生产经营及外购药品的批发零售。1999 年被云南省科委认定为高新技术企业,2002 年被云南省政府列为重点扶持的医药企业。2009 年 6 月,由国际权威品牌评审机构——世界品牌实验室发布的“中国 500 强最具价值品牌”表明,云南白药以 63.15 亿元的品牌价值位居本届《中国

500 最具价值品牌》第 128 位，比 2008 年的第 273 名提升了 145 位，品牌价值增幅达 125%。

2. 云南白药组织转型关键行为事件

情境 6：销售下滑，外部环境剧变，内部缺乏进取心态。1999 年，尽管云南白药仍在赢利，但销售额已经开始明显地下滑，仅 1999 年上半年的销售收入就比上年同期下降了 20%。与此同时，外部的环境已经在发生天翻地覆的变化，随着技术的发展和外国药品的涌入，有着类似止血功能和疗效的产品纷纷崛起，市场竞争愈加激烈，云南白药的影响力逐渐减弱。

但公司员工对业绩及环境变化并不敏感，缺乏进取心态。如，外派的销售人员大都通过"打打牌、看看电视"来熬时间，等待期满后召回昆明总部。"大家根本没有工作的主动性，更不要说去建功立业。如果一个公司的销售团队都不敢于去刺刀见红，不敢去攻城拔寨，一个公司的一线人员都是这种精神面貌，那么这个企业一定会出问题。"

关键行为事件 8：1999 年，公司总经理王明辉在对云南白药进行了彻底调研后，从企业内部启动了一系列变革举措：⑭1999 年 12 月组建了电子商务有限公司，以"内部创业机制"为纲领，公开竞聘、选拔营销精英，实行淘汰机制；⑮在全国建立了 15 个分公司，对医院、药店以及乡镇卫生院所等终端市场进行直接到位的营销服务；⑯启动公司内部管理系统和业务流程的再造，"销售局面改变之后，传导到生产系统，然后是公司整个内部系统。这其实是一个倒逼的过程。销售有了需求之后，生产跟不上怎么办？所以接下来一定要对内部进行改造。"同清华大学合作重新设计公司的考核体系，"让云南白药一扫之前的沉闷和缓慢节奏，开始变得充满生机和活力。"⑰2000 年 9 月，合并国家级博士后科研工作站、技术中心和研究所，成立云南白药集团天然药物研究院，实行"首席科学家制"，科研人员个人收益与其研究成果紧密挂钩，调动了科研人员的工作积极性和创造性。

关键行为事件 9：在对市场和内部生产和管理流程重组的基础上，云南白药公司开始启动内部产品创新。⑱2001 年，云南白药投资成立上海透皮技术研究有限公司，围绕保密配方与材料科学的结合进行产品创新，开始云南白药气雾剂、白药创可贴的研发与市场培育。

此外，⑲云南白药还开始启动日化系类的产品创新，如牙膏、皮肤护理产品、沐浴露、药妆以及云南白药急救包等。2004 年推出"云南白药牙膏"，仅一年之后，云南白药牙膏销售额达到 8000 万元，2007 年则突破了 6 亿元。

情境 7：核心业务面临强劲竞争。随着 1992 年强生公司"邦迪创可贴"全面进入中国市场，云南白药"散剂"的市场份额被严重压缩，在市场上愈加被动。

根据2004年《中国医药报》的市场调查,“邦迪创可贴”的购买率高达44.5%,为“云南白药气雾剂”的2.29倍,是“云南白药外用散剂”的20.19倍。

关键行为事件10:⑳2001年,云南白药与拜尔斯道夫公司合作,利用后者在皮肤护理、伤口护理、技术绷带和粘性贴等领域的领先技术,结合白药的独特功效,实现应对“邦迪创可贴”的竞争目的。该策略使云南白药创可贴迅速进入市场,2001—2003年分别实现销售回款3000万元、6500万元和5800万元。

㉑2004年,云南白药公司又分别与美国3M及部分日本、我国台湾地区的公司合作开发透皮材料新产品。

㉒2005年8月,云南白药与爱尔兰Alltracel制药公司合作开发新型止血产品,利用Alltracel制药公司在伤口护理、口腔护理和冠状疾病卫生等领域的技术优势。通过该合作,云南白药创可贴从单纯的药品转变为医疗器械,可㉓进入超市等零售渠道,与“邦迪”等同类创可贴产品展开全面竞争。

3.关键行为事件分析与归纳

本研究对云南白药1999—2005年的组织转型关键行为事件也进行了梳理,同样按照发生的时间先后顺序进行了编号。依据组织转型策略的自主开发、自主探索、协作开发和协作探索四个因素的内涵,对梳理出的11个关键行为进行了归纳,发现组织转型的四个因素也能够较好地概括这些关键行为。归纳结果如表5.2所示。

表5.2 云南白药1999—2005年组织转型关键行为事件分析

因素	组织危机	关键行为事件
自主开发	情境6:销售下滑,外部环境剧变,内部缺乏进取心态	⑭以“内部创业机制”为纲领,公开竞聘、选拔营销精英,实行淘汰机制 ⑮建立15个分公司,对医院、药店以及乡镇卫生院所等终端市场进行直接到位的营销服务 ⑯启动公司内部管理系统和业务流程的再造 ⑰合并国家级博士后科研工作站、技术中心和研究所成云南白药集团天然药物研究院,实行“首席科学家制”,科研人员个人收益与其研究成果紧密挂钩
自主探索	情境6:销售下滑,外部环境剧变,内部缺乏进取心态	⑱投资成立上海透皮技术研究有限公司,围绕保密配方与材料科学的结合进行产品创新 ⑲开始启动日化系类的产品创新,如牙膏、皮肤护理产品、沐浴露、药妆以及云南白药急救包等

续表

因素	组织危机	关键行为事件
协作	情境 6	⑯同清华大学合作重新设计公司的考核体系
开发	情境 7:业务面临强劲竞争	㉓进入超市等零售渠道
协作探索	情境 7:业务面临强劲竞争	⑳与拜尔斯道夫公司合作 ㉑分别与美国 3M 及部分日本、我国台湾公司合作开发透皮材料新产品 ㉒与爱尔兰 Alltracel 制药公司合作开发新型止血产品

注:情境和关键行为事件前面的编号表示时间先后顺序。

通过云南白药案例中的组织危机与关键行为事件之间的关联性分析还发现,组织转型是一个综合运用多种行为策略的过程。云南白药的组织转型过程被云南白药公司称为分三步走的"企业再造","这其实是一个倒逼的过程。销售有了需求之后,生产跟不上怎么办?所以接下来一定要对内部进行改造。"第一步是对外部营销系统的改造,"虽然手术动在营销上,但其实是为内部研发和生产系统的改造作准备的";接下来就是研发和生产系统的改革,"因为没有好的产品,你不可能去攻城拔寨";第三步就开始了整个公司内部管理系统和业务流程的再造。当这三步再造完成之后,"实际上云南白药已经成为一个全新的公司"。在内部行动取得一定效果的基础上,云南白药将行动逐步扩展到组织间,2001 年起开始,与拜尔斯道夫公司、美国 3M 及部分日本和我国台湾公司、爱尔兰 Alltracel 制药公司、超市等销售终端合作,形成探索和开发的合作联盟。

五、案例研究小结

通过以上两个案例分析可以初步认定组织危机与组织转型策略之间存在关联性。案例分析发现,组织危机某种程度上起到了触发作用,是组织转型的激发动力。一方面,组织危机刺激企业高管反思以往业务及业务模式,批判地审视既往的主导逻辑,有利于打破和跳出旧有框架,进行产品和业务模式的创新;另一方面,组织危机也刺激企业高管查找内部组织管理问题,吸引他们对内部效率的关注,促使他们采取改进生产工艺、优化流程和组织创新等提高效率、控制成本。

此外,还可初步认定组织危机在一定程度上影响了组织转型策略的选择。通过案例中组织危机与关键行为事件之间的关联性分析发现,在亏损、绩效不满意等状态下,企业倾向于首先从组织内部寻找应对方案;而在极端威胁情境下,若超出了企业自身资源和能力所能处理的范围,企业倾向于寻找外部的帮助。而在实现盈利的情境下,企业表现出自主探索的倾向。

第四节　问卷研究：组织危机感对战略选择的影响模式

一、研究目的与方法

案例研究难以论证组织危机感对战略选择的影响模式，得出的初步结论也存在主观偏差。问卷研究在案例研究的基础上，继续探讨组织危机感对战略选择的影响模式。

采用问卷方法收集组织危机感、组织转型策略和创业绩效等相关数据，通过验证性因素分析、内部一致性系数等方法和指标检验各变量的测量效度和信度，以相关分析、多元回归分析和结构方程建模技术分析组织危机感、组织转型策略和创业绩效之间的关系，验证研究假设和理论模型。

二、行业选择

行业选择综合考虑了本研究构思框架检验中的情境嵌入度、测量信度以及检验效度等问题。行业环境之间存在巨大差异，本研究构思框架的检验需要在尽量降低非观察异质性的同时，尽量增加各关键研究变量的异质性。选择单一行业企业样本能够有效降低非观察异质性问题，并可增加测量中的情境嵌入性，提升生态效度和测量信度。医药产业政策波动较为频繁（参见附录），在这种转型变革背景下，环境动态性、模糊性、不确定性导致一系列的威胁组织目标实现的因素出现，使企业高管不得不关注和考虑，容易产生较大的变异。在这种环境下的企业变革策略也有较大的异质性。选择该产业的企业有利于提高研究效度。

企业转型也是当前医药企业最关心和最为紧迫的问题之一。制药行业是高技术、高风险、高投入和高附加值的知识密集型和资本密集型的特殊产业，也是国家重点培育的高科技战略性产业之一。据统计，目前我国药企 90％为小型企业，大部分企业产品技术含量低，新药研究开发能力低，管理能力及经济效益低。普药所占市场份额超过 90％，国际专利药所占市场份额超过 70％，化学药品 95％都是仿制药。制造成本、流通成本、原材料成本和改造成本（GMP）不断上升，零售价格不断下调，而中间流通环节短期内难以改观，使得行业成本增长速度不断高于收入增长速度。越来越严格的质量和环保要求也促使医药企业优胜劣汰，疾病谱系的不断变化使得企业产品市场风险不断加大。市场主要消费群体转移使得医药企业需要不断调整产品及市场策略。研究医药企业的组织转型背景中的问题对医药企业的创业成长也有一定指导意义。

三、样本描述

本研究以医药行业的企业为研究对象，主要对浙江、湖北、江西、北京、上海和广东等4省2市的医药企业进行了抽样调查。总共发放了200份成套问卷，剔除未收回、问卷填写不全以及大面积答项相同（如大面积问项填写同一个选项）的问卷，总共收回有效问卷122份，有效问卷回收率为61%。具体样本情况见表5.3所示。

表5.3　企业样本情况统计分析

分类	子类	数量	百分比
企业历史	①5年以下	36	29.5%
	②5～10年	47	38.5%
	③10～15年	39	32%
员工规模	②50～100人	37	30.3%
	③101～500人	85	69.7%
资产规模	②100万～1000万	14	11.5%
	③1001万～1亿	61	50.0%
	④1亿～10亿	47	38.5%
企业性质	①民营	77	63.1%
	②国有	16	13.1%
	④合资	29	23.8%

四、测量对象及工具

组织危机感量表采用研究一所编制的组织危机感量表，总共包含20个测量项目，分别分布在四个因素，使用李克特六点量表进行测量。危机情境下的战略选择主要由企业高管完成和主导：一方面，战略决策任务属于企业高管的责任范围；另一方面，在威胁情境或危机情境下，中低层管理者一般倾向于避免卷入决策任务。Nutt(1984)对78个决策过程的研究就发现，下属愿意卷入机会引发的决策，而不愿意参与威胁或危机引起的决策。威胁情境下，组织决策者会倾向于更严格的管控、更少的决策参与者以及更集权的决策模式（Staw等，1981；Dutton，1986；Chattopadhyay等，2001）。因此，本部分主要由企业高管人员填写。

组织转型策略量表中，自主开发和自主探索选自He和Wang(2004)所编制的10个测量项目，分别包含5个测量项目。协作开发改编自Steensma等(2000)和Zahra(2005)编制的量表，共有5个测量项目。协作探索根据Zahra(2005)和创新网络、协作创新的相关文献编制，共包含6个测量项目。组织转型策略量表使用李克特六点量表进行测量。

组织冗余采用主观评价方法测量，量表采用 Chattopadhyay 等(2001)编制的单维组织冗余测量工具，包含 3 个测量项目，使用李克特六点量表进行测量。

创业绩效借鉴 Chandler 和 Hanks(1993)的思路，均采用主观量表测量，包含成长绩效、财务绩效和适应绩效三个维度。财务绩效测量项目来源于 Ciavarella 等(2004)和赵晓东(2006)编制的量表；成长绩效测量项目来源于 Haber 和 Reichel(2005)；适应绩效的测量项目改编于 Reilly(1993)的研究。每个维度包含 3 个测量项目，使用李克特六点量表进行测量。

五、测量模型分析

1. 数据聚合的可行性检验

在进行数据分析之前需要检验数据加总的可行性。通过算术平均值的方法将一组个体数据聚合为组织水平的评判指标和评判标准主要有组内相关系数(Intra-class Correlation Coefficient，ICC)和组内评分者一致性(Withingroup Interrater Reliability，R_{wg})。

表 5.4　数据聚合适度性检验结果

变量	ICC(1)	ICC(2)
组织危机感	0.27**	0.70
组织转型	0.25**	0.75
组织冗余	0.23**	0.78
创业绩效	0.21**	0.81

本研究采用 Bliese 和 Chan 等(2007)提出的方法，通过计算 ICC(1)和 ICC(1)两个系数检验数据聚合的适度性。ICC 检验各项目和各群体总体的一致性，ICC(1)评价分组效应可以解释的总变异的程度，表明分组是否有效，一般小于 0.30 时可以接受；ICC(2)表示各组内均数变化的一致性程度，一般大于 0.60 时可以接受。

从检验结果(表 5.4)中可以看出各变量问卷测量的 ICC(1)一般都在 0.25 左右，且方差检验达到了显著水平，ICC(2)一般都在 0.70 左右，组间变异较小，分组效应显著，集合水平的变量适于进行加总计算。

2. 共同方法偏差检验

尽管在测量中问卷各部分尽量由不同人员填写，以最大程度避免数据的同源偏差，但由于相关变量都采用主观量表策略，可能仍然难以将共同方法偏差控制在可接受的范围之内。由于共同方法偏差对变量关系产生重要影响，降低假设检验的可信度，为此，在进行变量关系分析之前，本研究采用 Harman 单因素检验方法对测量数据进行了共同方法检验。

采用的是主成分分析，运用陡阶抽取因素，使用 Varimax 方法对因素参照轴进行旋转，在对包含 53 个测量项目、122 个样本的探索性因子分析后发现，KMO＝0.78，Bartllett 球体检验 Sig.＝0.00，总共析出了 12 个因子，总共解释了 70.49％的总方差。其中，解释变异最高的因子仅仅解释了 7.68％的总体变异，解释变异最低的因子解释了 3.69％的总体变异，说明共同方法偏差并不显著。

3. 组织危机感的信度和效度分析

尽管组织危机感量表中的部分测量项目摘选自成熟量表，但本研究认为，在中国文化背景下，组织危机感的概念维度与西方文化背景存在一定差异，并在研究一和研究二中的领带行业和衬衫行业这两个服饰行业中检验了其结构。但这一概念结构在医药行业可能不稳定，为此本研究对组织危机感再次进行了验证性因子分析。

在因子分析之前，对量表的总体信度和各维度信度进行了分析。量表的总体 a 系数为 0.61，a 系数较低的原因是转机识别维度（包含可控度和转化度两个子维度）是反向计分，将该维度进行计分转化后的总体 a 系数为 0.91，表明整体信度良好。威胁识别维度的 a 系数为 0.89，其中损益度子维度 a 系数为 0.83，波动度子维度 a 系数为 0.91；反向计分转化前，转机识别维度的 a 系数为 0.86，其中可控度子维度的 a 系数为 0.87，转化度子维度的 a 系数为 0.83。从量表的总体信度和各维度及子维度的信度分析情况看，组织危机感测量信度较高。

遵循研究一和研究二的思路，比较组织危机感的虚无模型、一阶模型和二阶模型。运用 AMOS 18.0 拟合计算后的结果参见表 6.5 所示。除了 NNFI 为达到 0.90 以上以外，IFI、TLI 和 CFI 均为 0.90 以上，RMSEA 在 0.08 以下，χ^2/df 小于 2，因此从拟合指数看，一阶模型和二阶模型都可接受。此外，各测量项目的因素负荷均在 0.5～0.9，表明构思的结构效度良好。

表 5.5　组织危机感的各种可能模型比较

模型	χ^2	df	RMSEA	NNFI	IFI	TLI	CFI
M_0 独立模型	1435.316	190	0.233				
M_1 一阶四因素模型	228.165	164	0.057	0.841	0.950	0.940	0.948
M_2 二阶四因素模型	231.847	165	0.058	0.838	0.947	0.938	0.946

4. 组织转型策略的信度和效度分析

由于组织转型策略量表基本选编自成熟量表，并存在理论和实证基础，可直接采用验证性因素分析检验。量表整体 a 系数为 0.87，其中自主探索的 a 系数为 0.89，自主开发的 a 系数为 0.89，协作开发的 a 系数为 0.89，协作探索的 a 系数为 0.87。无论是整体信度还是各个因素的信度都在 0.80 以上，说明测量信度良好。

运用 AMOS 18.0 对组织转型策略的结构效度进行检验。比较了虚无模型和一阶四因素模型，相关拟合指标参见表 5.6。从拟合指标情况看，除了 NNFI 未能满足大于 0.90 的条件外，IFI、TLI 和 CFI 均为 0.90 以上，RMSEA 在 0.08 以下，χ^2/df 小于 2，因此从拟合指数看，一阶四因素模型可接受。此外，除了一个测量项目因素负荷为 0.46，其余各测量项目的因素负荷均在 0.55～0.86，表明构思的结构效度良好。

表 5.6　组织转型策略的验证因素分析拟合指标

模型	χ^2	df	RMSEA	NNFI	IFI	TLI	CFI
M_0 独立模型	1309.248	210	0.208				
M_1 一阶四因素模型	252.983	183	0.056	0.807	0.938	0.927	0.936

5. 组织冗余的信度和效度检验

本研究的组织冗余测量为单维度构思，测量 a 系数为 0.78，处在可接受范围之内。从探索性因子因素分析的结果看，KMO 值为 0.71，处在可接受范围之内；Bartllett 球体检验 Sig. =0.00，小于 0.01，拒绝了相关系数矩阵为单位矩阵的原假设。采用了主成分分析法，按照特征根大于 1 进行因素抽取并按照方差最大法进行转轴，因素分析结果得到 1 个因素，总共解释了 69.76%的变异。三个测量项目的因子荷重分别为 0.84，0.84 和 0.83。

6. 创业绩效的信度和效度检验

创业绩效 9 个测量项目的 a 系数为 0.79，成长绩效的 a 系数为 0.74，财务绩效的 a 系数为 0.69，适应绩效的 a 系数为 0.79，只有财务绩效的 a 系数稍小于 0.70，综合地判断，本研究认为创业绩效的测量信度处在可接受范围以内。

同样运用结构方程模型对创业绩效的三因素模型进行检验。比较了虚无模型和一阶三因素模型，相关拟合指标参见表 5.7。从拟合指标情况看，除了 IFI 未能满足大于 0.90 的条件外，NNFI、TLI 和 CFI 均为 0.90 以上，RMSEA 约为 0.08，χ^2/df 小于 2，因此从拟合指数看，一阶三因素模型可接受。此外，各测量项目的因素负荷均在 0.62～0.86，表明构思的结构效度良好。

表 5.7　创业绩效的验证性因素分析拟合指标

模型	χ^2	df	RMSEA	NNFI	IFI	TLI	CFI
M_0 独立模型	532.443	36	0.338				
M_1 一阶三因素模型	42.929	24	0.081	0.919	0.879	0.963	0.962

六、相关分析

为了揭示各变量之间的内在关系，对组织危机感、组织冗余、组织转型策略和创业绩效等变量进行了相关分析。本研究将以下变量纳入到相关分析中：①公司历史；②员工规模；③资产规模；④组织危机感的两个因素（威胁识别和转机识别）以及四个子因素（损益度、波动度、可控度和转化度）；⑤组织冗余；⑥组织转型策略及其四个因素（自主开发、协作开发、自主探索和协作探索）；⑦创业绩效及其三个因素——成长绩效、财务绩效和适应绩效。相关分析结果参见表 5.8。

从分析结果看（仅报告显著相关的结果）：①自主探索与公司历史显著负相关，与一般认为的公司历史越长，企业自主创新越活跃的印象不符，说明医药制造行业内年轻企业的自主创新更加活跃。此外，资产规模与自主探索显著正相关，这与以往的研究结果一致。损益度、波动度、可控度与自主探索显著正相关，威胁识别和组织冗余与自主探索显著正相关；②损益度、波动度与自主开发显著正相关，可控度与自主开发显著负相关，威胁识别与自主开发显著正相关，转机识别与自主开发显著负相关，组织冗余与自主开发显著正相关；③损益度、波动度与协作开发显著正相关，威胁识别与协作开发显著正相关；④损益度、波动度与协作探索显著正相关，威胁识别与协作探索显著正相关，组织冗余与协作探索显著正相关。⑤员工规模、可控度、转化度、转机识别、自主探索、自主开发、协作探索与成长绩效显著正相关；⑥损益度、波动度、威胁识别与成长绩效显著负相关，可控度、转化度、转机识别与财务绩效显著正相关；⑦可控度、转化度、转机识别、组织冗余、自主探索、自主开发、协作探索与适应绩效显著正相关；⑧可控度、转化度、转机识别、组织冗余、自主探索、自主开发、协作探索与创业绩效显著正相关，威胁识别与创业绩效显著负相关。

七、组织危机感对组织转型策略选择的影响机制

为分析变量之间的关系指向及显著性，本研究对各变量间进行了逐步回归分析。目的是：①分析组织危机感的两个二阶维度（威胁识别和转机识别）对组织转型策略选择的影响作用；②检验威胁识别和转机识别的交互效应；③检验组织危机感和组织冗余的交互效应。

分别对组织转型策略的四个维度进行了回归分析。采用 SPSS 中的多元逐步回归分析进行。第一步将控制控制变量公司历史、员工规模和资产规模纳入回归分析，第二步将威胁识别、转机识别和组织冗余纳入回归分析，第三步将交互项纳入回归分析。

表 5.8 组织危机感效能机制各变量描述统计分析和相关分析结果

变量	均值	标准差	1	2	3	4	5	6	7	8	9	10	11	12	13	14	15	16	17
1.公司历史	2.02	0.79	1																
2.员工规模	2.70	0.46	0.23*	1															
3.资产规模	3.27	0.66	0.10	0.08	1														
4.损益度	3.63	1.05	−0.08	−0.08	−0.08	1													
5.波动度	3.59	1.12	−0.08	0.04	0.01	0.48**	1												
6.可控度	3.75	0.99	0.16	0.16	0.07	−0.42**	−0.45**	1											
7.转化度	4.00	0.98	0.09	0.02	−0.06	−0.32**	−0.31**	0.42**	1										
8.威胁识别	3.61	0.94	−0.09	−0.02	−0.04	0.85**	0.87**	−0.51**	−0.36**	1									
9.转机识别	3.88	0.83	0.15	0.10	0.01	−0.44**	−0.45**	0.85**	0.84**	−0.52**	1								
10.组织冗余	3.05	0.66	0.05	0.12	0.31**	−0.03	−0.06	0.09	−0.07	−0.05	0.01	1							
11.自主探索	3.36	0.99	−0.29**	0.07	0.20*	0.29**	0.28**	−0.09	−0.15	0.33**	−0.14	0.34**	1						
12.自主开发	3.73	1.05	0.03	0.07	0.08	0.42**	0.41**	−0.24**	−0.15	0.48**	−0.23**	0.25**	0.23*	1					
13.协作开发	3.27	0.96	0.17	0.05	0.01	0.35**	0.45**	−0.10	−0.11	0.47**	−0.12	−0.05	0.14	0.19*	1				
14.协作探索	3.29	0.87	0.06	0.05	0.05	0.30**	0.25**	−0.14	−0.04	0.32**	−0.11	0.28**	0.24**	0.34**	0.18*	1			
15.成长绩效	3.80	0.67	−0.04	0.19*	−0.02	−0.06	−0.07	0.22*	0.18*	−0.08	0.24**	0.18	0.22*	0.19*	0.13	0.29**	1		
16.财务绩效	3.75	0.64	0.11	0.09	0.08	−0.28**	−0.23*	0.34**	0.38**	−0.29**	0.42**	0.16	0.11	−0.01	0.04	0.07	0.22*	1	
17.适应绩效	4.16	0.82	0.04	0.11	0.06	−0.08	−0.10	0.31**	0.19*	−0.10	0.29**	0.32**	0.28**	0.26**	0.13	0.42**	0.40**	0.39**	1
18.创业绩效	3.90	0.54	0.05	0.17	0.06	−0.18	−0.17	0.38**	0.32**	−0.20*	0.42**	0.30**	0.28**	0.21*	0.14	0.36**	0.71**	0.69**	0.84**

注：* 表示在 0.05 水平上显著，** 表示在 0.01 水平上显著，双尾检验。

对自主探索和自主开发的回归分析结果参见表 5.9。从分析结果看，在第一步回归分析中，公司历史（$\beta=-0.34, p<0.001$）、资产规模（$\beta=0.23, p<0.01$）回归系数显著，说明两者对自主探索有显著影响，总共解释了 15% 的变异；在第二步回归分析中，威胁识别（$\beta=0.37, p<0.001$）、组织冗余（$\beta=0.32, p<0.001$）回归系数显著，说明两者对自主探索有显著正影响，引起 R^2 变化 19%；在第三步回归分析中，威胁识别×组织冗余（$\beta=0.26, p<0.001$）的回归系数显著，交互效应显著，引起 R^2 变化 7%。从分析中发现，威胁识别、组织冗余以及两者的交互显著促进了自主探索。

表 5.9 自主探索和自主开发策略的回归分析结果

变量	自主探索			自主开发		
	第一步	第二步	第三步	第一步	第二步	第三步
控制变量						
公司历史	−0.34***	−0.32***	−0.30***	0.01	0.05	0.048
员工规模	0.12	0.09	0.06	0.07	0.04	0.024
资产规模	0.23**	0.14	0.13	0.07	0.01	0.011
影响变量						
威胁识别		0.37***	0.42***		0.51***	0.51***
转机识别		0.08	0.14		0.01	0.06
组织冗余		0.32***	0.35***		0.26**	0.27**
交互效应						
威胁识别×转机识别			0.12			0.15
威胁识别×组织冗余			0.26***			0.13
F	7.06***	10.10***	9.81***	0.43	8.57***	7.17***
R^2	0.15	0.35	0.41	0.01	0.31	0.34
调整后 R^2	0.13	0.31	0.37	0.00	0.27	0.29
ΔR^2		0.19***	0.07**		0.29***	0.03†
Durbin-Watson		2.16			2.19	

从分析对自主开发的回归分析结果看，在第一步回归分析中，控制变量回归系数都不显著，说明公司历史、员工规模、资产规模对自主开发没有显著影响；在第二步回归分析中，威胁识别（$\beta=0.51, p<0.001$）、组织冗余（$\beta=0.26, p<0.001$）回归系数显著，说明两者对自主开发有显著正影响，引起 R^2 变化 27%；在第三步回归分析中，两个交互项的回归系数不显著，说明交互效应不显著。从分析中发现，威胁识别、组织冗余显著促进了自主开发。

对协作探索和协作开发的回归分析结果参见表 5.10。从分析结果看，在第一步回归分析中，公司历史（$\beta=0.16, p<0.1$）回归系数在 0.1 水平上显著，总

共解释了3%的变异；在第二步回归分析中，公司历史($\beta=0.20, p<0.05$)回归系数在0.1水平上显著，威胁识别($\beta=0.55, p<0.001$)回归系数显著，引起R^2变化25%；在第三步回归分析中，转机识别($\beta=0.22, p<0.05$)、组织冗余($\beta=0.30, p<0.01$)、威胁识别×转机识别($\beta=0.38, p<0.001$)的回归系数显著，威胁识别和转机识别的交互效应显著，引起R^2变化12%。从分析中发现，威胁识别、转机识别、组织冗余以及威胁识别和转机识别的交互项著促进了协作开发。

表5.10 协作探索和协作开发策略的回归分析结果

变量	自主探索			自主开发		
	第一步	第二步	第三步	第一步	第二步	第三步
控制变量						
公司历史	0.16†	0.20*	0.15†	0.05	0.07	0.05
员工规模	0.01	0.00	−0.01	0.03	0.00	−0.01
资产规模	−0.01	0.02	0.04	0.04	−0.04	−0.29
影响变量						
威胁识别		0.55***	0.48**		0.37***	0.35**
转机识别		0.13	0.22*		0.07	0.12
组织冗余		−0.04	0.30**		0.31**	0.30**
交互效应						
威胁识别×转机识别			0.38***			0.21**
威胁识别×组织冗余			0.06			0.07
F	1.10	7.36***	9.25***	0.25	4.72***	4.29***
R^2	0.03	0.28	0.40	0.01	0.20	0.23
调整后R^2	0.02	0.24	0.35	0.00	0.16	0.18
ΔR^2		0.25***	0.12***		0.19***	0.04†
Durbin-Watson		1.90			2.13	

从分析对协作探索的回归分析结果看，在第一步回归分析中，控制变量回归系数都不显著，说明公司历史、员工规模、资产规模对自主开发没有显著影响；在第二步回归分析中，威胁识别($\beta=0.37, p<0.001$)、组织冗余($\beta=0.31, p<0.01$)回归系数显著，说明两者对协作探索有显著正影响，引起R^2变化19%；在第三步回归分析中，威胁识别和转机识别的交互项($\beta=0.21, p<0.01$)的回归系数显著，说明交互效应显著。从分析中发现，威胁识别、组织冗余和威胁识别与转机识别的交互显著促进了协作探索。

八、组织危机感和组织转型策略的效能机制

为分析组织危机感的效能机制，本研究对各变量间进行了逐步回归分析。

目的是：①分析组织危机感的两个二阶维度（威胁识别和转机识别）对创业绩效的影响作用；②检验组织转型策略选择在组织危机感与创业绩效之间的中介效应；③分析组织危机感、组织冗余及组织转型对创业绩效的三个维度的影响。

对创业绩效及其三个维度的回归分析采用SPSS中的多元逐步回归分析。第一步将控制控制变量公司历史、员工规模和资产规模纳入回归分析，第二步将威胁识别、转机识别和组织冗余纳入回归分析，第三步将交互项纳入回归分析，第四步将组织转型纳入回归分析。

对创业绩效的回归分析结果参见表5.11。从分析结果看，在第一步回归分析中，员工规模（$\beta=0.16, p<0.1$）回归系数在0.1水平上显著，总共解释了3%的变异；在第二步回归分析中，转机识别（$\beta=0.43, p<0.001$）和组织冗余（$\beta=0.33, p<0.001$）回归系数显著，引起R^2变化25%；在第三步回归分析中，威胁识别×转机识别（$\beta=0.19, p<0.05$）和威胁识别×组织冗余（$\beta=0.19, p<0.05$）的回归系数显著，交互效应显著，引起R^2变化5%；第四步回归分析中，威胁识别回归系数从不显著变为显著（$\beta=-0.47, p<0.001$），组织冗余回归系数从显著变为不显著，威胁识别×转机识别和威胁识别×组织冗余回归系数也从显著变为不显著，自主探索（$\beta=0.28, p<0.001$）、自主开发（$\beta=0.29, p<0.001$）、协作开发（$\beta=0.28, p<0.001$）、协作探索（$\beta=0.34, p<0.001$）的回归系数显著，引起R^2变化12%，总共解释了56%的变异。

表5.11 创业绩效的回归分析结果

变量	创业绩效			
	第一步	第二步	第三步	第四步
公司历史	0.08	−0.05	−0.05	−0.04
员工规模	0.16†	0.10	0.08	0.06
资产规模	0.04	−0.05	−0.04	−0.09
威胁识别		0.03	0.04	−0.47***
转机识别		0.43***	0.49***	0.33***
组织冗余		0.33***	0.32***	0.06
威胁识别×转机识别			0.19*	−0.06
威胁识别×组织冗余			0.19*	0.04
自主探索				0.28***
自主开发				0.29***
协作开发				0.28***
协作探索				0.34***
F	1.21	7.33***	6.92***	11.34***
R^2	0.03	0.28	0.33	0.56
调整后R^2	0.01	0.24	0.28	0.51
ΔR^2		0.25***	0.05*	0.12***
Durbin-Watson	2.20			

从分析中发现，自主探索、自主开发、协作探索、协作开发对创业绩效有显著积极作用，威胁识别对创业绩效有直接负面影响，转机识别对创业绩效有直接积极影响，两者部分通过组织转型影响创业绩效，组织冗余、威胁识别×转机识别、威胁识别×组织冗余完全通过组织转型策略的选择影响创业绩效。

对成长绩效的回归分析结果参见表5.12。从分析结果看，在第一步回归分析中，员工规模（$\beta=0.21, p<0.05$）回归系数显著，总共解释了4%的变异；在第二步回归分析中，转机识别（$\beta=0.27, p<0.01$）和组织冗余（$\beta=0.19, p<0.05$）回归系数显著，引起R^2变化9%；在第三步回归分析中，威胁识别×转机识别（$\beta=0.16, p<0.1$）的回归系数在0.1水平上显著，引起R^2变化3%；第四步回归分析中，威胁识别回归系数从不显著变为显著（$\beta=-0.32, p<0.05$），组织冗余回归系数从显著变为不显著，威胁识别×转机识别回归系数也变为不显著，自主探索（$\beta=0.18, p<0.1$）的回归系数仅在0.1水平上显著，自主开发（$\beta=0.22, p<0.05$）、协作开发（$\beta=0.22, p<0.05$）、协作探索（$\beta=0.26, p<0.01$）的回归系数显著，引起R^2变化13%，总共解释了29%的变异。

表5.12　成长绩效的回归分析结果

变量	成长绩效			
	第一步	第二步	第三步	第四步
公司历史	−0.08	−0.11	−0.11	−0.12
员工规模	0.21^{*}	0.17	$0.15^{\dagger}$	0.14
资产规模	−0.03	−0.08	−0.08	−0.11
威胁识别		0.06	0.07	-0.32^{*}
转机识别		0.27^{**}	0.32^{**}	0.20^{*}
组织冗余		0.19^{*}	0.20^{*}	0.00
威胁识别×转机识别			$0.16^{\dagger}$	−0.03
威胁识别×组织冗余			0.14	0.04
自主探索				$0.18^{\dagger}$
自主开发				0.22^{*}
协作开发				0.22^{*}
协作探索				0.26^{**}
F	1.70	2.81^{**}	2.72^{**}	3.72^{***}
R^2	0.04	0.13	0.16	0.29
调整后R^2	0.02	0.08	0.10	0.21
ΔR^2		0.09^{*}	0.03	0.13^{***}
Durbin-Watson		1.70		

从分析中发现自主开发、协作探索、协作开发对成长绩效有显著积极作用，威胁识别对成长绩效有直接负面影响，转机识别对成长绩效有直接积极影响，两者部分通过组织转型影响成长绩效，组织冗余、威胁识别×转机识别、威胁识

别×组织冗余完全通过组织转型策略的选择影响成长绩效。

对财务绩效的回归分析结果参见表5.13。从分析结果看，在第一步回归分析中，控制变量回归系数都不显著，总共解释了2%的变异；在第二步回归分析中，转机识别($\beta=0.37, p<0.001$)回归系数显著，引起R^2变化19%；在第三步回归分析中，威胁识别×转机识别和威胁识别×组织冗余的的回归系数都不显著；第四步回归分析中，威胁识别回归系数从不显著变为显著($\beta=-0.42, p<0.01$)，自主探索($\beta=0.23, p<0.05$)和协作开发($\beta=0.22, p<0.05$)的回归系数显著，引起R^2变化8%，总共解释了29%的变异。

表5.13 财务绩效的回归分析结果

变量	财务绩效			
	第一步	第二步	第三步	第四步
公司历史	0.08	0.03	0.02	0.05
员工规模	0.06	0.02	0.02	0.01
资产规模	0.07	0.03	0.03	−0.01
威胁识别		−0.09	−0.10	−0.42**
转机识别		0.37***	0.38***	0.28**
组织冗余		0.14	0.14	0.00
威胁识别×转机识别			0.04	−0.12
威胁识别×组织冗余			0.02	−0.08
自主探索				0.23*
自主开发				0.15
协作开发				0.22*
协作探索				0.11
F	0.81	5.20***	3.87***	3.78***
R^2	0.02	0.21	0.22	0.29
调整后R^2	0.00	0.17	0.16	0.22
ΔR^2		0.19***	0.00	0.08*
Durbin-Watson	2.32			

从分析中发现，自主探索和协作开发对财务绩效有显著积极作用，威胁识别对成长绩效有直接负面影响，转机识别对财务绩效有直接积极影响，两者部分通过组织转型影响财务绩效，组织冗余、威胁识别×转机识别、威胁识别×组织冗余完全通过组织转型策略的选择影响财务绩效。

对适应绩效的回归分析结果参见表5.14。从分析结果看，在第一步回归分析中，控制变量回归系数都不显著，总共解释了1%的变异；在第二步回归分析中，转机识别($\beta=0.33, p<0.001$)和组织冗余($\beta=0.33, p<0.001$)的回归系数显著，引起R^2变化18%；在第三步回归分析中，威胁识别×转机识别($\beta=0.21, p<0.05$)和威胁识别×组织冗余($\beta=0.23, p<0.01$)的的回归系数都显著，引

起 R^2 变化 7%；第四步回归分析中，威胁识别回归系数从不显著变为显著（$\beta=-0.34, p<0.01$），组织冗余的回归系数从显著变为不显著，自主探索（$\beta=0.21, p<0.05$）、自主开发（$\beta=0.26, p<0.01$）、协作开发（$\beta=0.30, p<0.001$）、协作探索（$\beta=0.37, p<0.001$）的回归系数显著，引起 R^2 变化 20%，总共解释了 40%的变异。

表 5.14　适应绩效的回归分析结果

变量	适应绩效			
	第一步	第二步	第三步	第四步
公司历史	0.02	−0.02	−0.02	−0.02
员工规模	0.10	0.04	0.02	0.00
资产规模	0.05	−0.05	−0.05	−0.08
威胁识别	0.08	0.10	−0.34**	
转机识别	0.33***	0.40***	0.27**	
组织冗余	0.33***	0.35***	0.10	
威胁识别×转机识别			0.21*	−0.00
威胁识别×组织冗余			0.23**	0.11
自主探索				0.21*
自主开发				0.26**
协作开发				0.20*
协作探索				0.37***
F	0.56	4.59***	5.11***	7.81***
R^2	0.01	0.19	0.27	0.46
调整后 R^2	0.00	0.15	0.21	0.40
ΔR^2		0.18***	0.07**	0.20***
Durbin-Watson	2.29			

从分析中发现，自主探索、自主开发、协作探索和协作开发对适应绩效都有显著积极作用，威胁识别对适应绩效有直接负面影响，转机识别对财务绩效有直接积极影响，两者部分通过组织转型影响适应绩效，组织冗余、威胁识别×转机识别、威胁识别×组织冗余完全通过组织转型策略的选择影响适应绩效。

九、全模型检验

类似于研究二中的结构方程检验方法，在进行结构方程检验时也采用了测量项目打包策略。经过打包后的威胁识别和转机识别都只包含了 5 个潜变指标。本研究涉及交互效应的结构方程检验，借鉴了 Marsh、Wen 和 Hau（2004，2006）的配对乘积指标方法，结合配对乘积指标方法和项目打包策略进行交互效应检验。首先计算威胁识别的均值，然后将其均值、组织冗余3个测量项目和转机识别的5个潜变指标中心化，接着计算中心化后的威胁识别均值与中心化后的组织冗余测量项目、转机识别潜变指标的乘积，作为交互项威胁识别×组织冗余和交互项威胁识别×转机识别的潜变指标。

结构方程检验的拟合指标结果如表5.15所示，RMSEA小于0.06，ILI、TFI、CFI均大于0.9，说明模型拟合良好。回归系数估计结果如图5.1和表5.16所示。

表5.15 组织危机感效能机制结构方程模型检验指标

模型	χ^2	df	RMSEA	IFI	TLI	CFI
M0 独立模型	4817.78	1275	0.152			
M1 全模型	1512.24	1197	0.047	0.913	0.905	0.911

表5.16 组织危机感效能机制全模型系数估计及显著性

因变量		自变量	回归系数估计	S. E.	C. R.	*p*
自主探索	←	威胁识别	0.341	0.069	4.925	***
自主探索	←	组织冗余	0.545	0.135	4.039	***
自主探索	←	威胁×冗余	0.483	0.142	3.402	***
自主开发	←	组织冗余	0.508	0.158	3.209	0.001
自主开发	←	威胁识别	0.466	0.086	5.417	***
协作探索	←	威胁识别	0.216	0.069	3.113	0.002
协作探索	←	组织冗余	0.465	0.141	3.307	***
协作探索	←	威胁×转机	0.150	0.069	2.181	0.029
协作开发	←	威胁识别	0.306	0.071	4.323	***
协作开发	←	威胁×转机	0.298	0.071	4.183	***
成长绩效	←	威胁识别	−0.190	0.078	−2.439	0.015
成长绩效	←	转机识别	0.214	0.096	2.237	0.025
成长绩效	←	自主探索	0.193	0.079	2.439	0.015
成长绩效	←	自主开发	0.150	0.067	2.230	0.026
成长绩效	←	协作开发	0.126	0.073	1.713	0.087
成长绩效	←	协作探索	0.188	0.077	2.449	0.014
财务绩效	←	自主探索	0.225	0.091	2.475	0.013
财务绩效	←	协作开发	0.184	0.088	2.093	0.036
财务绩效	←	威胁识别	−0.177	0.084	−2.100	0.036
财务绩效	←	转机识别	0.419	0.119	3.506	***
适应绩效	←	威胁识别	−0.330	0.089	−3.695	***
适应绩效	←	转机识别	0.339	0.108	3.149	0.002
适应绩效	←	自主探索	0.306	0.091	3.380	***
适应绩效	←	自主开发	0.250	0.076	3.281	0.001
适应绩效	←	协作开发	0.197	0.082	2.408	0.016
适应绩效	←	协作探索	0.411	0.095	4.311	***

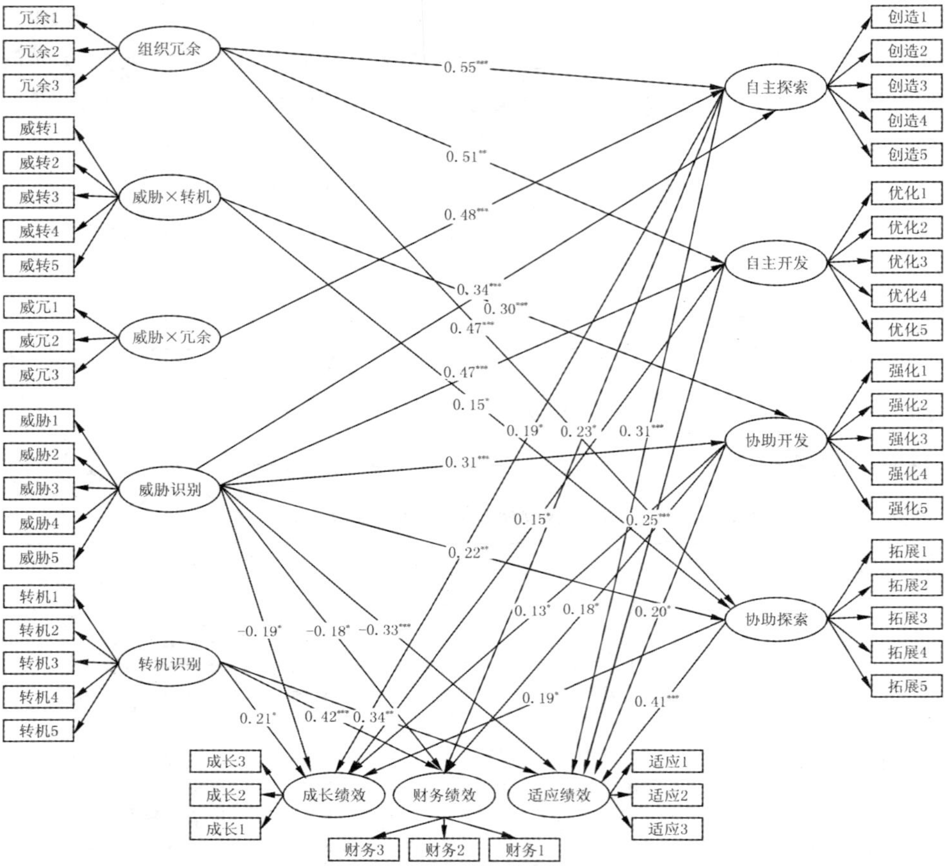

图 5.1 组织危机感效能机制全模型检验

威胁识别($\beta=0.34, p<0.001$)、组织冗余($\beta=0.55, p<0.001$)及两者的交互项($\beta=0.48, p<0.001$)对自主探索的回归系数显著；威胁识别($\beta=0.47, p<0.001$)、组织冗余($\beta=0.51, p<0.01$)对自主开发的回归系数显著；威胁识别($\beta=0.22, p<0.01$)、组织冗余($\beta=0.47, p<0.001$)及威胁识别×转机识别的交互项($\beta=0.15, p<0.05$)对协作探索的回归系数显著；威胁识别($\beta=0.31, p<0.001$)和威胁识别×转机识别的交互项($\beta=0.30, p<0.001$)对协作开发的回归系数显著。

威胁识别($\beta=-0.19, p<0.05$)、转机识别($\beta=0.21, p<0.05$)、自主探索($\beta=0.19, p<0.05$)、自主开发($\beta=0.15, p<0.05$)、协作探索($\beta=0.19, p<0.05$)对成长绩效的回归系数显著；威胁识别($\beta=-0.18, p<0.05$)、转机识别($\beta=0.42, p<0.001$)、自主探索($\beta=0.23, p<0.05$)、协作开发($\beta=0.18, p<$

0.05)对财务绩效的回归系数显著;威胁识别($\beta=-0.33$,$p<0.001$)、转机识别($\beta=0.34$,$p<0.01$)、自主探索($\beta=0.31$,$p<0.001$)、自主开发($\beta=0.25$,$p<0.01$)、协作开发($\beta=0.20$,$p<0.05$)、协作探索($\beta=0.41$,$p<0.001$)对适应绩效的回归系数显著。

十、问卷研究小结

问卷研究主要回答了三个问题:①组织危机感对战略选择有没有影响?②组织危机感以何种模式影响战略选择?③组织危机感对战略选择有什么影响?

研究假设的验证情况参见表5.17。假设7和假设8均得到了支持。可以对上述问题作简要回答如下:①组织危机感对战略选择有重要影响,能够促使组织采纳组织转型策略组合,不仅促进组织采纳了更活跃的开发策略,还促进组织采纳了更活跃的探索策略;②组织危机感的威胁识别和转机识别两个维度以交互的模式影响了战略选择,交互促进了组织采纳更活跃的协作策略。

表5.17 问卷研究研究假设验证情况总结

假设编号	假设	验证
假设7	高威胁识别水平促使组织采纳更活跃的组织转型策略组合。	支持
假设7a	高威胁识别水平促使组织采纳更活跃的探索策略,包括自主探索和协作探索。	支持
假设7b	高威胁识别水平促使组织采纳更活跃的开发策略,包括自主开发和协作开发。	支持
假设8	转机识别调节了威胁识别与内、外导向策略的关系:相同威胁识别水平下,高转机识别水平高的组织采取了更活跃的协作策略,包括协作探索和协作开发。	支持

第五节 实验研究:组织危机感对战略选择的效应模式和机制

一、研究目的

问卷研究分析了企业高管的组织危机感对战略选择的影响模式。但存在一些局限和不足:一方面,虽然运用方法设计和理论设计尽量排除了干扰变量以保证研究效度,但仍然可能由于忽视了重要的干扰因素而减弱结论的可信性;另一方面,问卷研究难以揭示组织危机感影响战略行为的内在机制。为了进一步清晰地揭示组织危机感对战略选择的效应模式及其作用机制,本研究通过实验方法进行了研究。

此外,从行为决策与选择的角度,正如前文所论述的,以往情境框架效应研究存在以下局限:①假定威胁和机会之间是绝对的二分;②仅分析了确定情境信息对模糊情境解释的影响;③采用的情境与决策情景不存在任务关联。本研究将在扩展组织危机感概念结构的基础上,探讨高度任务关联的确定和不确定情境的情境框架效应,试图回答以下问题:①在控制干扰变量情况下,组织危机感对战略选择有没有影响?②组织危机感对战略选择有何效应模式?③组织危机感对战略选择的作用机制是怎样的?

二、研究框架与假设

按照组织危机的情境观点,组织危机对企业高管而言是一种决策情境。问卷研究已证明,企业高管在威胁组织目标实现的情境下采取的行为策略(即组织转型策略选择)受到了情境认知(即组织危机感)的影响。本研究将基于情境与行为选择的相关理论分析这种影响效应模式和机制。

Highhouse 等(1996)认为情境信息可起到两种功能:①作为解释框架,将导致同化效应;②作为参考框架,将导致对比效应。两种功能都存在理论支持:解释框架效应受到社会认知研究的支持,而参考框架则受到社会判断研究的支持。

以往研究认为,情境信息到底起何种功能受一系列因素的影响,已经探明的有:①情境—靶子类似性,指刺激所属类型的接近性。当情境和靶子问题属于相同类型时,情境将被视作参照框架,导致对比效应;而当情境与靶子问题分属不同类型时,情境将被视作解释框架,导致同化效应。相对于对象属于不同类型,对象属于同一类型时更可能导致比较过程(Kahneman 和 Miller,1986)。Stapel 和 Koomen(1998)和 Stapel、Koomen 和 Van der Pligt(1997)等证实了情境—靶子相似性在对比效应产生中的重要性。②独特性(Distinctness),被作为比较标准的情境需要具备独特性,不能提供不同知觉的刺激不会被作为个人的比较标准。独特信息包含清晰的目标边界,而抽象的信息则不太容易被用作清晰和特定的锚定点。③尺度关联性(dimensional relevance)。情境刺激对后续情景刺激的影响条件是前一个情境刺激影响了后一个情境刺激判断的尺度,比如有关大小、颜色和重量的情境刺激将影响靶子刺激中大小、颜色和重量的判断。Stapel 和 Winkielman(1998)认为情境作为参考框架导致对比效应的三个必要条件是情境—靶子类似性、独特性和尺度关联性,三者缺一不可,否则将不太可能作为决策的参考框架。

本研究认为决策者对危机的威胁—机会之间的转化度理解也是决定情境是被作为解释框架还是参考框架的重要影响因素。延续前面的研究，本研究将转化度称作转机识别（考虑到可控度难以在实验中有效模拟，因此未纳入研究）。根据研究一，转机识别包含两层意思：一是威胁和机会的复合性，即同时包含着威胁和机会的程度，两者并非互斥的；二是威胁向机会转化的“转机”程度和机会向威胁转化的“转危”程度。转机识别反映企业高管对威胁—机会之间矛盾对立与统一关系的认识，这种矛盾统一关系的认识反映了威胁和机会本身的不稳定性，说明情境的目标边界存在一定的模糊性。根据社会判断研究的观点，不稳定、不清晰的信息难以作为决策线索进行参照比较，使得情境难以作为参照框架，更可能作为解释框架影响决策判断，引起同化效应。而低转化（不可转）的威胁和机会判断反映了情境的独特性，存在清晰的目标边界，因此可以作为决策者的参考框架，从而引起对比效应。因此，本研究作出如下假设。

假设 9：组织危机感中的转机识别维度影响了威胁识别维度对战略选择的影响效应模式；

假设 9a：高转机识别条件下，威胁识别导致同化效应；

假设 9b：低转机识别条件下，威胁识别导致对比效应。

当威胁情境导致对比效应时，决策者将倾向于将靶子情景判定为机会，从而采纳冒险方案；当威胁情境导致同化效应时，决策者将倾向将靶子情景判定为威胁，从而采纳保守方案；当机会情境导致对比效应时，决策者将倾向将靶子情景判定为威胁，从而采纳保守方案；当机会情境导致同化效应时，决策者将倾向将靶子情景判定为机会，从而采纳冒险方案。基于此，本研究推理出如下假设。

假设 10a：高转机识别和高威胁识别的决策者倾向保守；

假设 10b：低转机识别和高威胁识别的决策者倾向冒险；

假设 10c：高转机识别和高机会评价的决策者倾向冒险；

假设 10d：低转机识别和高机会评价的决策者倾向保守。

假设 9 和假设 10 可用图 5.2 概括。

根据以往研究，决策者并不是完全根据决策任务情景提供的损益度及其概率信息来进行决策的，而是寻找决策的社会线索，依据社会线索对信息形成理解后作出选择。据此，决策者对决策选项信息的理解直接影响了决策结果，对情境中的组织危机感则是通过影响决策者决策选项信息的理解间接地影响决策结果，决策者对决策选项信息的理解在情境框架效应中起到中介作用。因此，本研究作出如下假设。

假设 11：组织危机感通过影响决策者对决策选项的评价间接影响战略选择。

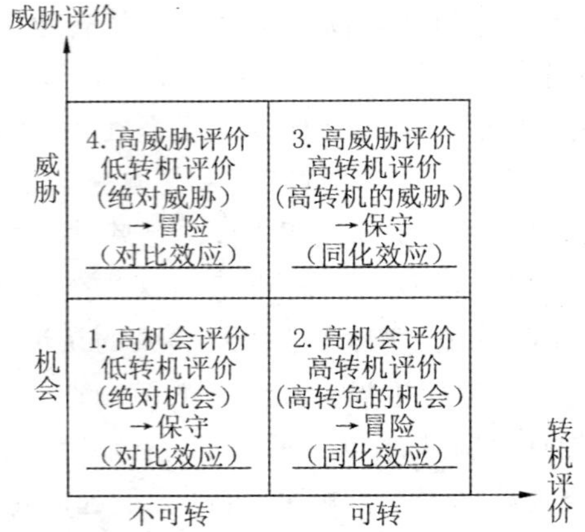

图 5.2　实验研究的研究框架图

三、方法与样本

关于决策过程的研究一般采用情景案例加问卷调查的研究方法(张文慧、张志学和刘雪峰,2005),有关框架效应的研究也是如此,目前为止,有关情境框架效应的研究全部是通过这种方法进行的。本研究延续了这一方法,通过设计情境案例配合问卷调查检验理论假设。

实验样本为某高校 MBA 学员。采用学生样本可有效控制背景、经历、年龄等变量干扰,更好地检验研究假设(张文慧、张志学和刘雪峰,2005),许多战略选择的实验研究也是采用学生样本。参加实验的有效人数为 119 名,平均年龄 27.83 岁,平均工龄 5.22 年,其中男性 68 名(57.14%),女性 50 名(42.86%)。中层以上管理者 96 名(80.67%),其中 51 名为男性(53.13%),45 名为女性(46.88%)。

四、实验设计与刺激材料

实验设计参照 Stapel 和 Koomen(1998)发表在 *Organizational Behavior and Human Decision Processes* 杂志上的情境框架效应研究报告。按照组间设计,将被试分成 3 组:机会组(n=30)、威胁组(n=30)和危机组(n=59)。设计了 2 种确定情境(机会情境和威胁情境)刺激材料,并在此基础上增加了 1 种危机情境刺激材料,危机情境的机会和威胁转化度很高。情境刺激材料由 Highhouse 等(1996)设计的原始情境改编。通过刺激材料控制决策者的危机感水平。靶子情景根据措辞框架效应的相关研究改编,为控制语义框架的影响,按照损失框架和收益框架两种框架对备选选项进行了描述。3 种情境刺激材料和靶子情景材料列举如下。

机会情境:假设你是一家医药企业的负责人。你们在参与A地区大型药品招标的竞标,预期你们竞标成功的可能性很高。A地区在某药物市场中具有举足轻重的战略地位,竞标成功意味着你们将成为A地区该药物的唯一供应商,这将保证你们未来几年对这一重要市场的持续占有,并大大巩固你们在该药物细分行业内的地位。

威胁情境:假设你是一家医药企业的负责人。你们在参与A地区大型药品招标的竞标,预期你们竞标失败的可能性很高。A地区在某药物市场中具有举足轻重的战略地位,竞标失败意味着你们会失去成为A地区该药物的唯一供应商地位,未来几年你们将会完全失去这一重要市场,并严重危及你们在该药物细分行业内的地位。

危机情境:假设你是一家医药企业的负责人。你在参与A地区大型药品招标的竞标,你们大概很有可能竞标成功,也很有可能竞标失败,最终的结果很难预料。A地区在某药物市场中具有举足轻重的战略地位,如果竞标成功,意味着你们将成为A地区该药物的唯一供应商,这将保证你们未来几年对这一重要市场的持续占有,并大大巩固你们在该药物细分行业内的地位;如果竞标失败,意味着你们失去成为A地区该药物的唯一供应商地位,未来几年你们将会完全失去这一重要市场,并将严重危及你们在该药物细分行业内的地位。

靶子情景:在竞标结果出来之前,你需要对有关引进新药的方案立即进行决断。

方案a:引进新药,新药有一半的可能获得市场成功,从而开辟新业务,获取相当于原有业务利润2倍的利益(若原有业务年利润为1000万,则新药市场成功后公司年利润将增加2000万);新药有一半的可能导致市场失败,并会拖累原有业务,导致相当于原有业务利润2倍的损失(若原有业务年利润为1000万,则新药市场失败后公司年损失将达到2000万);

方案b:不引进新药,获得原有业务利润。

五、实验程序与测量工具

实验以纸笔材料进行,首页用空白面覆盖,每页包含一个处理,在班级课程开始后发给被试,主试宣读指导语,确认被试掌握实验程序和要求后,要求独立作答,完成后回收。每组先阅读情境信息,然后完成靶子情景的决策任务。具体操作流程如图5.3所示。

威胁识别和机会评价量表摘选自Highhouse和Yüce(1996)、Jackson和Dunton(1988),各包括3个测量问项。其中,机会评价是对靶子情景所提供的方案a的评价,量表采用8点量表。转机识别也采用3个测量问项,根据其含义设计,包括"您认为上述情境的威胁和机会的双重性"、"您认为将威胁—机会之

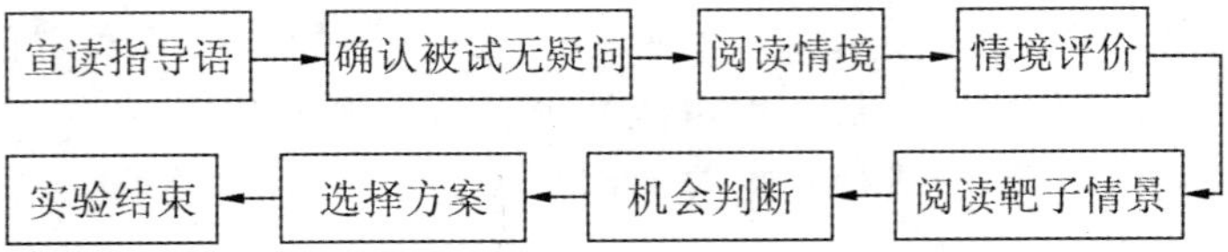

图 5.3　实验程序图

间的转化度”、“您认为威胁或机会的绝对性(反向计分)”。战略选择指在风险项与确定项之间的抉择。“0”代表选择“确定项”,“1”代表选择“风险项”,直接来自被试的选择结果。在进行数据分析前,将反向计分进行了转化。

六、操作检验

首先检查了机会情境、威胁情境和危机情境三种操作的有效性。威胁识别的 a 系数为 0.95,转机识别的 a 系数为 0.91,机会评价的 a 系数为 0.72。方差分析表明:机会情境的威胁识别均值(2.49)显著小于威胁情境的威胁识别均值(6.08),$f(1,58)=592.44$,$p<0.001$;危机情境(高转机情境)的转机识别均值(5.50)显著大于威胁情境和机会情境(低转机情境)的转机识别均值(2.49),$f(1,117)=1140.81$,$p<0.001$。说明三种情境操作有效。

七、实验结果

1. 组织危机感对战略选择的效应模式分析

按照被试对危机情境的威胁识别结果,将危机情境组被试分成了低威胁组(n=24)和高威胁组(n=35),与机会情境组和威胁情境组进行方差分析,分析结果如表 5.18 所示。

分析结果显示:①机会情境组和②低威胁组对情境的威胁识别显著低于③高威胁组和④威胁情境组;①机会情境组和④威胁情境组对情境的转机识别显著低于③高威胁组和②低威胁组;①机会情境组和③高威胁组对靶子情景中风险方案 A 的机会评价显著低于②低威胁组和④威胁情境组。

表 5.18　危机评价的方差分析结果

情境		威胁识别		转机识别		靶子机会评价	
①机会情境组		2.98	(0.49)	3.04	(0.49)	3.31	(0.58)
④威胁情境组		6.57	(0.63)	2.96	(0.47)	4.22	(0.94)
危机情境	②低威胁组	2.69	(0.97)	6.06	(0.49)	4.39	(0.45)
	③高威胁组	6.25	(1.27)	5.59	(0.40)	3.43	(0.56)
组间比较		①,②<③,④		①,④<②,③		①,③<②,④	

注:括号内数字为标准差。

图 5.4 清楚地表述了上述结果：①在机会情境下，被试对情境的威胁识别较低（威胁识别均值＝2.98），他们倾向将靶子情景中的风险方案视为威胁（机会评价均值＝3.31），而在威胁情境下，被试对情境的威胁识别较低（威胁识别均值＝6.57），他们倾向将风险方案视为机会（机会评价均值＝4.22），说明两种情境成为决策者的参照框架，用以判断靶子情景，导致了对比效应；②在危机情境下，将危机情境视为机会（威胁识别均值＝2.69）的被试倾向将风险方案也视为机会（机会评价均值＝4.39），将危机情境视为威胁（威胁识别均值＝6.25）的被试倾向将风险方案视为威胁（机会评价均值＝3.43），说明此时情境被用作解释框架，用来理解靶子情景，导致了同化效应。假设 9、假设 9a 和假设 9b 得到支持。

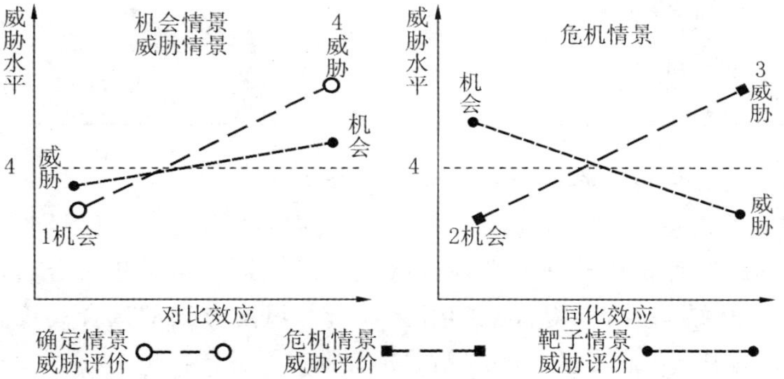

图 5.4　对比效应和同化效应图

三种情境刺激下被试的战略选择比较分析结果参见表 5.19。卡方检验表明，三种情境下的战略选择存在显著差异：在机会情境下，被试选择确定方案的比例更高（76.7%），说明被试倾向于保守；在威胁情境下，被试选择风险方案的比例更高（56.7%），说明被试倾向于冒险；在危机情境下，被试选择确定方案的比例更高（61.0%），说明被试倾向于保守。假设 10b 和假设 10d 得到支持。

表 5.19　不同情境下被试战略选择百分比、频次与卡方检验

方案	机会情境	威胁情境	危机情境	频次和
方案 A（风险方案）	23.3% (7)	56.7% (17)	39.0% (23)	39.5% (47)
方案 B（确定方案）	76.7% (23)	43.3% (13)	61.0% (36)	60.5% (72)
频次和	30	30	59	119
χ^2	χ^2＝6.99，自由度＝2，p＝0.030			

危机情境下的低威胁组和高威胁组的战略选择比较分析结果如表5.20所示。卡方检验表明,低威胁组和高威胁组的战略选择存在显著差异:低威胁组被试选择风险方案的比例(70.8%)高于选择确定方案比例(29.2%),表现出冒险倾向;高威胁组被试选择风险方案的比例(17.1%)低于选择确定方案比例(82.9%),表现出保守倾向。假设10a和假设10c得到支持。

表5.20 组织危机感与被试选择

方案	低威胁组	高威胁组	频次和
方案A(风险方案)	70.8% (17)	17.1% (6)	39.0% (23)
方案B(确定方案)	29.2% (7)	82.9% (29)	61.0% (36)
频次和	24	35	59
χ^2	χ^2=17.25,自由度=1,p=0.000		

2.组织危机感对战略选择的效应机制分析

为了检验情境框架效应机制,先对情境的威胁识别、转机识别和靶子情景风险方案的机会评价以及战略选择进行了描述统计分析和相关分析,分析结果见表5.21。从结果看,风险方案的机会评价与风险方案的选择高度相关,由于实验控制的原因,其他变量之间的相关不显著。

表5.21 危机评价与战略选择描述统计分析和相关分析结果

变量	均值	标准差	1	2	3	4
1.威胁识别	4.79	1.99	1			
2.转机识别	4.48	1.57	0.00	1		
3.机会评价	3.79	0.80	−0.04	−0.01	1	
4.战略选择	0.40	0.49	−0.15	−0.01	0.78**	1

接着对实验中情境评价与战略选择等各变量间进行了逐步回归分析。目的是:①检验情境评价对靶子情景风险选项机会评价的影响效应;②检验情境评价对靶子情景战略选择的效应机制,即情境是否是通过靶子情景风险选项机会评价的中介间接地影响战略选择。

首先对靶子情景风险选项机会评价进行了回归分析。采用SPSS中的多元逐步回归分析进行。第一步将情境威胁识别纳入回归分析,第二步将威胁识别、转机识别纳入回归分析,第三步将威胁识别×转机识别交互项纳入回归分析。

对风险方案机会评价的回归分析结果参见表5.22。从分析结果看,在第一步回归分析中,威胁识别的回归系数不显著,回归方程不显著;在第二步回归分析中，威胁识别和转机识别的回归系数都不显著，回归方程不显著；在第三步回归分析中，威胁识别和转机识别的回归系数都不显著，威胁识别×转机识别($\beta=-0.65, p<0.001$)的回归系数显著，威胁识别和转机识别的交互效应显著，引起 R^2 变化 42%。

表 5.22　风险方案机会评价的逐步分析结果

变量	风险方案的机会评价		
	第一步	第二步	第三步
威胁识别	−0.04	−0.04	0.05
转机识别		−0.01	0.02
威胁识别×转机识别			−0.65***
F	0.19	0.10	27.70***
R^2	0.00	0.00	0.42
调整后 R^2	0.00	0.00	0.40
ΔR^2		0.00	0.42***
Durbin-Watson		1.95	

接着对战略选择进行了回归分析。由于战略选择是二分变量(选择风险项方案 A=1，选择确定项方案 B=0)，因此采用 Logistic 回归分析。采用 SPSS 中的逐步 Logistic 回归分析进行。第一步将情境威胁识别和转机识别纳入回归分析，第二步将威胁识别×转机识别交互项纳入回归分析，第三步将风险项机会评价纳入回归分析。

对战略选择的回归分析结果参见表 5.23，报告了 Chi-square、−2 Log likelihood、Cox & Snell R^2 和 Nagelkerke R^2。Chi-square 是 Hosmer-Lemeshow 检验结果，零假设为方程对数据拟合良好，显著性大于 0.05 说明不足以拒绝零假设；−2 Log likelihood 越大，说明拟合度越不理想；Cox & Snell R^2 和 Nagelkerke R^2 的值越大说明拟合越理想。

表 5.23　战略选择的逐步 Logistic 回归分析结果

变量	战略选择		
	第一步	第二步	第三步
常数项	0.37	−9.86***	−18.93***
威胁识别	−0.16	2.00***	−0.20
转机识别	−0.01	2.30***	0.15
威胁识别×转机识别		−0.50***	−0.06
风险项机会评价			5.02***
Chi-square	17.14*	12.66	2.14
−2 Log likelihood	156.97	116.26	54.25
Cox & Snell R^2	0.02	0.31	0.60
Nagelkerke R^2	0.03	0.41	0.80

从分析结果看，在第一步回归分析中，威胁识别和转机识别的回归系数不显著，Chi-square 显著性小于 0.05，说明回归方程不显著；在第二步回归分析中，威胁识别（$\beta=2.00$，$p<0.001$）、转机识别（$\beta=2.30$，$p<0.001$）和威胁识别×转机识别（$\beta=-0.50$，$p<0.001$）的回归系数都显著，Chi-square、−2 Log likelihood、Cox & Snell R^2 和 Nagelkerke R^2 等拟合指标说明回归方程显著；在第三步回归分析中，威胁识别、转机识别和威胁识别×转机识别的回归系数由显著变为不显著，风险项机会评价（$\beta=5.02$，$p<0.001$）的回归系数显著，Chi-square、−2 Log likelihood、Cox & Snell R^2 和 Nagelkerke R^2 等拟合指标说明回归方程显著。说明被试对风险项的机会评价是情境与战略选择之间的完全中介。假设 11 得到验证。

八、实验研究小结

本研究将在扩展组织危机感概念结构的基础上，探讨高度任务关联的确定和不确定情境的情境框架效应，回答了以下问题：①组织危机感对战略选择有没有影响？②组织危机感对战略选择存在什么样的效应模式？③组织危机感对战略选择的效应机制是怎样的？

研究假设验证情况可参见表 5.24 和图 5.5。对上述三个问题作简要回答如下：①组织危机感对战略选择有重要影响；②组织危机感对战略选择存在两种效应模式：对比效应或同化效应，起到哪种效应取决于组织危机感的转机识别水平；③组织危机感通过影响决策者对决策选项的理解来影响战略选择。

表 5.24　实验研究研究假设验证情况总结

假设	验证
假设 9：转机识别影响了情境框架效应；	支持
假设 9a：高转机情境导致同化效应；	支持
假设 9b：低转机情境导致对比效应。	支持
假设 10a：高转机的威胁情境导致决策者倾向保守；	支持
假设 10b：低转机的威胁情境导致决策者倾向冒险；	支持
假设 10c：高转机的机会情境导致决策者倾向冒险；	支持
假设 10d：低转机的机会情境导致决策者倾向保守。	支持
假设 11：情境通过影响决策者的决策选项评价间接影响战略选择。	支持

第六节 研究讨论与结论

一、组织危机感对战略选择的影响模式

(1)组织危机感能促使组织采取全面的转型策略组合。展望理论认为威胁情境下组织倾向采取冒险的行为策略,威胁—僵化观点认为威胁情境下组织倾向采取保守的行为策略。问卷研究则揭示出,在企业高管感知到高威胁时,他们一般采取了保守和冒险的行为策略组合。说明在他们的行为逻辑中,保守行为策略和冒险行为策略并非截然对立、只能选择其一的。组织转型是复杂的行为过程,展望理论和威胁—僵化观点互为补充地解释和预测了组织转型策略选择机制。

(2)组织危机感的两个维度——转机识别和威胁识别——以交互模式促进了组织的协作开发和协作探索活动。相同威胁识别水平下,转机识别更高的企业高管更倾向采用外部导向的行为策略。对这一研究结果,存在三种可能解释:一种解释是,低可控度、低转化度的威胁会导致企业高管采取适应策略,将注意力集中于变革组织内部流程等更易于实施、操作和调整,因为这种策略更为现实和有效。相反,在高可控度和高转化度的威胁情境下,决策者认为有能力和有可能影响外部环境的变化,更可能采取外部导向的行为策略,通过环境创设使形势向有利的方向发展。

另一种可能的解释是,以往研究认为的内部行动导向比外部行动导向的风险更低的假设并不成立,实践中的企业高管在进行战略选择时可能并不认为内部行动导向的风险更低。比如对制药行业的研发而言,自主探索失败的可能性要远高于协作探索,因此采用单一的自主探索策略比采用协作探索策略的风险要高得多。内部行动导向比外部行动导向的风险更低的假设很可能是研究者的主观结论,不能真实反映管理实践者对内部行动导向和外部行动导向的实际风险评价和比较结果。

第三种可能解释是,外部行动导向是应对威胁的一种重要方式。如,战略联盟可增强企业能力、获取资源、分散风险、提供新市场通路和提升声誉等(Varadarajan 和 Cunningham,1995),是有效应对威胁或者不确定性的响应策略之一(Hitt 和 Ahlstrom 等,2004),企业高管有强烈的动机和理由采取这些策略(Eisenhardt 和 Schoonhoven,1996)。

总之,本研究说明组织危机感对组织转型策略选择有显著性影响,既存在

直接影响，也存在交互影响。但组织危机感对组织转型策略选择的效应模式已经难以用同化效应或者对比效应来解释，问卷研究也未能揭示这种影响的内在机制。实验研究则在控制干扰变量的基础上对此作了进一步的深入分析。

(3)组织危机感的威胁识别维度和组织冗余交互促进了自主探索行为。说明组织冗余的作用对探索行为尤为关键，高威胁识别情况下，组织所拥有的资源越多，企业高管越倾向采用自主探索的行为策略。这与以往部分研究观点基本一致，如 Cyert 和 March(1992)认为，企业高管可将组织冗余用于企业危机时期的稳定和适应，作为“软垫”(cushion)任意配置应对威胁，促使管理者考虑以探索模式运用组织冗余发展出新的战略选项。

但也有不一致的研究结论，如 Tan 和 See(2004)对亚洲金融危机背景下新加坡企业样本的分析发现，冗余水平较高的企业更可能采取防御性的威胁应对策略，本研究与这一研究结论相反。可能的解释是由威胁的程度不同导致的，本研究所取样本面临的威胁并没有亚洲金融危机背景下新加坡企业所面临的威胁那么极端，非极端威胁与极端威胁条件下的组织冗余和威胁识别的交互项与自主探索的关系不同。

威胁识别和组织冗余交互促进了自主探索行为说明组织冗余和威胁识别交互促进了内部导向行动策略的选择。但有一些相关的研究，如 Marino 等(2007)发现组织冗余与不确定性(总体不确定性)对结盟意向有显著正向交互效应，Chattopadhyay 等(2001)发现组织冗余增强了管理者威胁知觉与采取的内部聚焦和外部聚焦反应策略之间的关系。本研究则未证实组织冗余对威胁知觉与外部聚焦的放大效应。

Tan 和 Peng(2003)通过转型期中国背景下的企业样本实证发现，组织冗余能够提升高不确定性环境下的组织绩效，本研究研究再次证实了这一点。此外，本研究还发现，组织冗余并不直接作用于创业绩效，而是通过促进组织转型行为，间接地影响创业绩效。

二、组织危机感对战略选择的效应模式和效应机制

研究结果表明：(4)低转机识别水平将导致对比效应：高机会评价使决策者倾向于将风险选项视为威胁，高威胁识别使决策者倾向于将风险选项视为机会；(5)高转机识别水平导致同化效应：高机会评价的决策者倾向于将风险选项视为机会，高威胁识别的决策者倾向将风险选项视为威胁。

结论(4)和结论(5)证明组织危机感的转机识别维度是威胁识别对战略选择的效应模式的重要决定因素之一。除了情境—靶子类似性、独特性、尺度关联性等条件之外，决策者的组织危机感结构本身也会影响情境框架效应模式。

此外，本研究还发现：(6)高机会识别、低转机识别的决策者倾向于保守；高威胁识别、低转机识别的决策者倾向于冒险；(7)高威胁识别、高转机识别的决策者倾向保守；高机会识别、高转机识别的决策者则倾向于冒险。

最后，研究发现，(8)决策者对决策选项的理解是战略选择结果的直接原因，而决策者组织危机感通过影响决策者决策选项的理解间接地作用于战略选择。

三、展望理论与威胁僵化观点的分析

结论(6)与展望理论的结论一致：在得的框架下，人们倾向于保守；在失的框架下，人们倾向于冒险；解释机制也是类似的，都是通过影响决策者决策参照点影响决策结果。结论(7)则与威胁—僵化观点一致：在面对威胁时，企业高管倾向保守，如图 5.5 所示。但两者的解释机制不同：威胁—僵化观点认为人们面对不可控的威胁时为增强控制感而倾向在可控的领域采取行为，从而表现得比较保守，是决策者不可控感和控制感需求与威胁的作用结果，所解释的情境是难以可控的威胁识别；而本研究中，决策者的威胁识别结果则是作为决策选项信息的解释框架，通过影响决策者的信息加工和社会线索影响决策结果，所解释的是存在转化度的威胁识别。

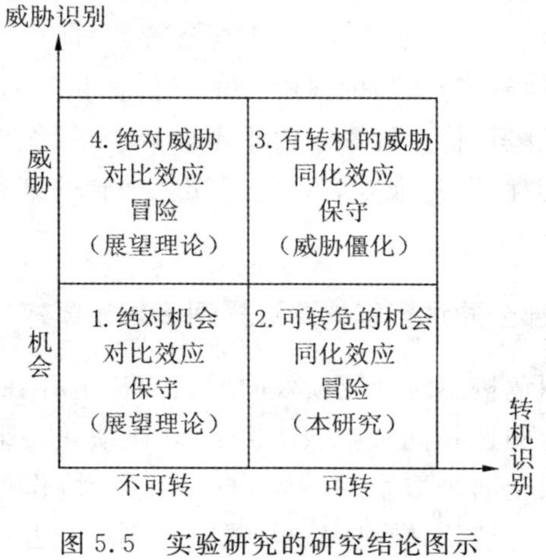

图 5.5　实验研究的研究结论图示

结论(7)与展望理论相反。根据框架效应产生边界条件的研究观点，框架效应依赖于决策的社会线索，当缺乏强社会线索或强社会线索相互抵消导致情境模糊，弱社会线索成为主导时发生框架效应。决策中人们优先受到强社会线索的影响，强线索避免弱线索成为决策的主导，使得一般语义框架效应不会出现，而依照强社会线索进行决策。情境作为一种任务高度关联的信息，可能成为决策者用于决策判断的强社会线索，由情境形成的认知评价成为决策的主导而导致一般语义框架效应未出现。

四、决策者对行为选项的风险性评估

在运用展望理论的观点来解释现实管理行为时，需要考察决策者对行为选项的风险评价。本实验研究认为，在高威胁识别和高转机识别情况下，企业高管倾向于保守，而以往研究一般认为外部导向的行动策略具有更高的不可控性和不确定性，因而风险更高。按照实验研究的结论，在现实实践中，高威胁识别和高转机识别情况下组织应该表现内部行动导向的倾向，而问卷研究则清晰地表明，组织实际上表现出了外部行动导向的倾向。这一矛盾结果对以往的有关内部行动导向比外部行动导向的风险更低的假设提出了挑战。

正如前文所论述的，有关内部行动导向比外部行动导向的风险更低的假设很可能是研究者主观强加的结果。基于这种假设来解释和预测现实管理行为将出现偏差。实践中，企业高管很可能并不认为内部行动导向的风险更低。此外，人们对行为决策选项的风险评价具有很高的权变性，受到一系列社会线索的影响。如，人们不仅会横向比较各行为选项的风险高低，还会从时间维度进行纵向对比，比较决策选项与过往行为在风险性方面的差异，进而形成对备择行为选项的风险评价。此外，管理者还可能会通过与同行、同事或竞争者的行为进行比较来评价备择行为选项的风险。由于信息和个人的差异，不同社会线索在不同决策者的风险评估中的影响权重不同，决定了企业高管对备择行为选项的风险知觉的权变性，因此难以对企业高管感知到的某种行为策略的风险高低一概而论。

五、组织危机感部分通过影响战略选择间接影响绩效

研究论证了组织危机感对创业绩效的间接效应的存在，发现组织危机感通过影响组织转型行为的选择间接地提升组织创业绩效。组织危机感的威胁识别维度通过促使组织全面采取自主探索、自主开发、协作探索和协作开发的行动组合间接地提升创业绩效，转机识别与威胁识别还交互强化了组织的创设性行为(协作探索和协作开发)，间接地提升创业绩效。

研究还发现，威胁识别对创业绩效有直接的负影响，转机识别则对创业绩效有直接的正影响。解释是：尽管组织危机感是企业高管的知觉，除了反映本人的主观理解之外，某种程度也反映了组织危机的客观态势，而威胁一般会妨碍组织目标的实现，从而对创业绩效有负面影响，转机则一般会有利于组织目标的实线，从而对创业绩效有正向影响。

创业绩效变异中哪些是源于客观的组织危机的变异、哪些是源于企业高管对组织危机的不同理解导致的，这是很有趣的问题，直接效应和间接效应是对创业绩效的这两种变异来源的初步离析，直接效应主要反映由于客观形势不同导致的创业绩效变异，而间接效应则主要反映了由于企业高管的情境理解不同和战略选择差异导致的创业绩效差异，是组织对组织危机的适应性行为（自主开发和自主探索）和创设性行为（协作开发和协作探索）导致的结果。

第七节 研究意义与展望

一、研究意义

本研究的主要意义有：①在延续以往有关组织危机感对战略选择的影响研究基础上进行了适度的扩展，通过运用拓展后的组织危机感概念结构，发现并论证了新维度（转机识别）对组织转型的影响效应。②以往组织危机研究往往较多关注组织危机的负面影响，很多研究将组织危机视为一种客观威胁进行分析。本研究则通过基于认知视角的组织危机研究发现，尽管组织危机对组织存在潜在负面影响，但也存在一定的积极效应，如激发和促进了组织转型行为，使组织更好地转型。这些研究结果有助于人们更全面地看待组织危机（威胁）。此外，本研究还大致分离了组织危机对创业绩效的客观效应和主观效应，前者是一种负面影响，后者则是一种正面影响，对组织危机的消极影响和积极影响进行了初步度量。③通过实验方法控制干扰变量，清晰地揭示了组织危机感对战略选择的效应模式和效应机制，多方法交叉论证了组织危机感对组织转型策略选择的影响。④在整合的分析框架内比较分析了展望理论和威胁僵化理论。

二、主要不足及研究展望

本研究也存在一些不足。问卷研究假定了企业战略行为反映了高层管理者们的决策与选择，企业采取何种战略行为取决于高层管理者的决策选择。从问卷研究的样本看，样本多数为中小企业，一般高管团队成员较少，战略决策权集中，企业战略行为强烈地受到企业高管的影响。尽管如此，也难以完全满足上述前提假定，容易受到质疑。首先，实践中组织决策是高管团队讨论和互动作出的，团队特征和互动过程也是影响战略选择的重要变量，问卷研究对此均未进行控制变量；其次，组织行为受到利益相关者的影响，问卷研究也未考虑利益相关者等影响因素。这些影响了问卷研究结论的外部效度。后续研究可纳入团队和组织水平的影响因素，进行更深入和全面的分析。此外，由于时间限制，问卷研究采取了回溯数据，可能存在一定的偏差，未来需要运用跟踪研究方法进行检验。

实验研究采取情境案例方法，限制了研究结果的生态效度和外部效度，难以对结果作过分推广。此外，采用了学生样本，容易受到样本代表性的质疑，影响研究结论的外部效度。但以往研究表明，人们在决策过程中的心理机制是相同的，而采用学生样本控制了背景、经历、年龄等干扰变量，可更好地检验研究假设（张文慧等，2005），许多战略决策的研究也是采用了学生样本，降低了对外部效度的疑虑。

未来研究可将一些关键决策变量纳入分析，如情景聚焦、控制源等。此外，以往研究认为危机决策受到时间压力（王大伟和胡瑜，2008；王大伟，2009；胡伟国和胡瑜，2009）和情绪、知觉等因素（金杨华，2004；梅胜军，2009；杨继平和郑建君，2009）的影响，未来可就此进行进一步的研究。

第六章 研究总论

第一节 本研究的主要结论

一、组织危机感的二阶四因素特征模型

本研究通过文献研究、访谈内容分析、大样本数据的探索性因素分析和验证性因素分析等研究方法和技术，最终确定了组织危机感的二阶四因素模型。

四个一阶因素是：

（1）损益度，指对转型中不确定性变化导致核心业务受损（受益）程度的认知评价，是企业高管基于损益性特征对不确定性变化导致的可能后果的评估。损害与受益是连续体的两端，损益度不仅仅是对可能损害的评价，还可以是对组织有利的影响结果的评价，如为利好因素带来的利润增加等。

（2）波动度，指对转型中组织受到内外部要素不确定性变化影响的难易程度和频繁程度，是企业高管基于主观概率对不确定性变化导致的后果的概率估计。

（3）可控度，指对转型中不确定性变化进行规避与把握的程度，包括对损益度大小的控制和对波动度大小的控制，是企业高管对把握机会或规避威胁的操作可行性及操作效果的评估。可控度不仅仅是对威胁的可控程度，也可以是对机会的可控程度。可控度高意味着对威胁的可控度较高，以及把握不确定性变化产生的机会的可行性较高。以往研究通常将可控视为机会的特征，将不可控视为威胁的特征，并认为可控性是二分变量。本研究认为是否可控并不是区别机会与威胁的必要特征，企业高管的组织危机感概念中包含“不可控的机会”和“可控的威胁”。

（4）转化度，指转型中不确定性变化同时蕴含潜在有利和潜在不利的复合程度，以及有利和不利影响互相演变转化的可能性及其条件可达性，是企业高

管对不确定性变化所具有的威胁和机会双重性、对立统一特性的评价。不确定性变化具有威胁和机会的双重性，同时带来机会和威胁。机会也会带来挑战，威胁也可能转化为机会。两者具有相互转化、矛盾统一的特征。转化性是对这种特征的刻画，而转化度就是基于转化性特征的评价。

两个二阶因素分别代表组织危机感的两个主要特征：威胁识别和转机识别。相对于一阶模型，二阶模型更加简洁，信度和效度都符合统计检验标准，理论含义也十分清晰。

威胁识别是企业高管基于损益性和波动性两个关键特征的认知框架，对转型中不确定性变化带来的威胁—机会的效价估计，包含两个一阶因素：损益度和波动度。转机识别是企业高管基于可控性和转化性两个关键特征的认知框架，对转型中不确定性变化带来的机会—威胁的关系理解。它主要包含两个一阶因素：可控度和转化度。

损益性和波动性是对不确定性变化带来的威胁—机会的效价认知框架，可控性和转化性则是对不确定性变化带来的机会—威胁的关系认知框架，两者共同构成了企业高管对组织危机进行认知评估的认知图式，认知起到信息过滤器的作用，帮助企业高管获取关键特征信息，对组织所处的状态进行基于关键效价特征和关系特征的、组块化的认知评价，迅速形成理解。

二、组织危机感的影响因素和作用机制

本研究基于认知视角，通过大样本问卷研究后发现：除了反映组织不确定性变化本身的危机源之外，影响企业高管组织危机感的因素还包括企业高管自身的信息搜索和警觉性。说明企业高管自身的主观能动（信息搜索）和认知特性（警觉性）也是决定组织危机感的重要影响因素，组织危机感并非完全是组织危机状态的客观反映。

（一）信息搜索可促进企业高管对组织所处的危机状态形成清晰的评价。信息搜索可帮助企业高管获取有关组织所处危机状态的更多信息：一方面，更多信息有助于企业高管对威胁的两个特征因素——损益性和波动性——进行信息加工，形成威胁—机会的效价判断，对组织危机导致的损益状态及其可能性有更加准确的评价。企业高管的信息搜索可能是出于寻求印证既有评价结果的目的，出现信息搜索的偏好，即偏向相信能够印证既有评价结果的信息，而怀疑不能印证既有评价结果的信息，这种偏好导致“自强化”效应，评价结果出现“极化”现象。

另一方面，获取的信息越多，企业高管也越可能找到应对威胁的方案，如找到控制损失、降低波动度程度的具体办法和途径。通过信息搜索和分析，企业

高管还可以识别出将威胁转化为机会的可能、机会中潜在的威胁以及机会和威胁的复合格局，对威胁—机会的转化度形成清晰评价。

（二）警觉性对组织危机感的作用相对于理论推导的假设更为复杂。从变量层面看，警觉性仅对转机识别有强化作用，而对威胁识别的作用并不显著。从维度层面看，警觉性的反思维度和洞察维度对威胁识别的作用效果则相反：反思维度能强化威胁识别，除了直接强化威胁识别，还部分通过信息搜索的中介，间接地强化威胁识别；洞察维度则直接弱化了威胁识别。此外，反思维度通过促进信息搜索完全间接地强化转机识别，洞察维度则直接强化转机识别。最后，未发现探求维度对威胁识别和转机识别有显著影响。

（三）警觉性对信息搜索的促进作用不显著，通过信息搜索的中介强化威胁识别和转机识别的作用也不十分显著。维度水平的分析则揭示出，信息搜索在反思维度对威胁识别的影响中存在部分中介作用，在反思维度对转机识别的影响中不存在中介作用。洞察维度直接影响威胁识别和转机识别，因此信息搜索在洞察维度对威胁识别和转机识别的影响中都不存在中介作用。此外，研究未证实警觉性和信息搜索对组织危机感的交互效应。

（四）尽管研究结果显示了信息搜索和警觉性是影响组织危机感的重要影响因素，但组织危机感的最主要影响因素还是危机源。资源危机、能力危机和竞争危机显著提高了组织危机感的威胁识别维度，显著降低了组织危机感的转机识别维度。危机源变异解释了大部分的组织危机感变异，说明组织危机感在受到企业高管的信息搜索、警觉性等行为因素和认知因素的影响外，主要反映了客观组织危机状态。即组织危机感既反映了部分客观现实状态，也反映了部分主观评价的偏差，是主观和客观的混合体。

三、组织危机感对战略选择的影响模式

（一）组织危机感是组织转型行为的促进因素。案例分析发现，组织危机在某种程度上起到了触发功能，是组织转型行为的激发因素。组织危机感激发企业高管反思以往业务及业务模式，批判地审视既往的主导逻辑，有利于打破和跳出旧有框架，进行产品和业务模式的创新；另一方面，组织危机感也刺激企业高管查找内部组织管理问题，吸引他们对内部效率的关注，促使他们采取改进生产工艺、优化流程和组织创新等提高效率、控制成本。

（二）组织危机感以特定的影响模式影响了组织转型策略的选择。①组织危机感的威胁识别维度促使组织采取了转型策略组合（内部行为与外部行为的组合、探索行为策略与开发行为策略的组合等）。说明在感知到高威胁时，企业高管通常采取了保守和冒险策略的组合。②组织危机感的两个维度——转机

识别和威胁识别——交互促进了组织的协作开发和协作探索活动。即在威胁情境下,转机识别更高的企业高管更倾向于采用外部导向策略。③转机识别水平决定了威胁识别与战略选择之间的关系模式:高机会识别、低转机识别的决策者倾向于保守,高威胁识别、低转识别的决策者倾向于冒险;高机会识别、高转机识别的决策者倾向于冒险,高威胁识别、低转机识别的决策者倾向于保守。④威胁识别和组织冗余交互促进了自主探索行为。在高威胁识别情况下,组织所拥有的资源越多,企业高管越倾向采用自主探索策略。

四、组织危机感对战略选择的作用机制

组织危机感通过影响决策者对决策选项的理解来间接地影响战略选择结果。转机识别对企业高管的议题理解有重要影响作用。当转机识别水平较低时,威胁识别将作为决策者的参照框架,出现对比效应:高机会评价的决策者倾向于将风险选项视为威胁,进而倾向于选择保守;高威胁识别的决策者倾向将风险选项视为机会,进而倾向选择冒险。当转机识别水平较高时,威胁识别将作为决策者的解释框架,出现同化效应:高机会评价的决策者倾向将风险选项视为机会,进而倾向选择冒险;高威胁识别的决策者倾向将风险选项视为威胁,进而倾向选择保守。

五、组织危机感对创业绩效的影响机制

组织危机感通过影响组织转型策略,间接地提升创业绩效。组织转型策略是应对组织危机和进行转型的有效策略,是组织危机感影响创业绩效的关键中介变量。组织危机感部分通过影响组织转型策略间接地提升创业绩效。威胁识别通过促使组织全面采取自主探索、自主开发、协作探索和协作开发的策略组合,间接地提升创业绩效。而转机识别则通过与威胁识别的交互强化组织的创设性行为(协作探索和协作开发),进而间接地提升创业绩效。

研究还发现,组织危机感的威胁识别维度对创业绩效有直接的负影响,转机识别维度则对创业绩效有直接的正影响。正如前文所论述的,组织危机感部分地反映了组织危机的客观状态,组织危机的客观状态的变异是导致创业绩效变异的重要来源。组织危机感对创业绩效的直接效应和间接效应在一定程度上反映了创业绩效变异源的两种来源:直接效应主要反映由于组织危机客观状态的不同导致的创业绩效的差异,间接效应则主要反映了由于企业高管的组织危机感的不同及其导致的组织转型策略的差异产生的创业绩效差异,是组织的适应性行为(自主开发和自主探索)和创设性行为(协作开发和协作探索)导致的结果。

第二节 本研究理论模型的修正

通过实证研究结论，本研究对理论模型进行了修正和细化，修正后的理论模型如图 6.1 所示。总共包含四个方面的内容：①组织危机感的结构模型；②组织危机感的形成机制；③组织危机感对战略选择的影响模式、效应模式和作用机制。

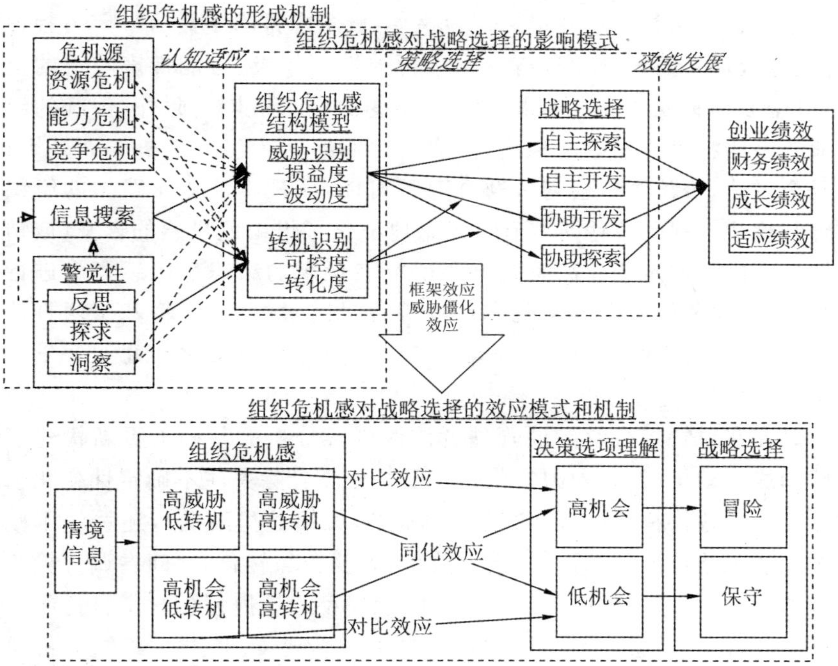

注：虚线代表维度水平分析结果。

图 6.1 本研究理论框架修订模型

第三节 本研究的主要理论进展

一、扎根中国背景，拓展了组织危机感的概念结构

有关威胁、机会和危机的研究一般基于“特征分析模型”，认为人们依据事件、趋势或变化的特征来识别组织内外部不确定性变化，遵循一定的认知模式，

形成"类型化"或"标签",如"威胁"和"机会"等。本研究遵循"特征分析模型"的研究传统,提出企业高管对组织不确定性变化的感知也是一种基于组块化、关键效价特征及关系特征、快速感知且有图式参照的"专家式"的认知过程。与以往研究有所不同的是,本研究发现,企业高管不仅仅基于关键特征,还注重关键特征之间的内在联系(即关系特征),并且对这种联系的判断对战略选择有重要影响。

以往有关组织危机感的概念多是基于威胁—机会的特征分类,通常将威胁定义为难以控制、消极和可能导致损失的情景,将机会定义为容易控制、积极和可能带来收益的情景。这种定义较为狭窄,概念中排除了具有一定可控性的消极、可能导致损失的情景和具有一定不可控性的积极、可能带来收益的机会情景,难以全面刻画现实商业实践中复杂多变的组织情境。此外,传统的组织危机感概念一般将机会和威胁视为连续体的两端,认为组织危机要么是个机会,要么是个威胁,否认了机会与威胁并存的可能,而现实商业实践中的组织往往是机遇与挑战并存。这些研究有意无意地窄化了组织危机感的含义(或情境的复杂性),并内在假定企业高管是基于研究者设定的组织危机感概念进行决策的。最后,组织危机感受到文化和行业等背景因素的影响,将基于西方社会文化和商业背景提出的组织危机感概念应用于中国社会文化和商业背景中也可能是不合适的。

本研究在对特定行业高层管理者访谈内容分析的基础上重新构建了组织危机感的概念结构,发现中国文化背景中企业高管除关注不确定性变化引发的威胁—机会的效价特征(威胁与机会的水平,如损益与波动),还关注了威胁与机会之间的关系特征(威胁与机会的关系,如复合与转化)。问卷调查检验了该概念构思,验证了组织危机感的二阶四因素模型。该模型包含了以往组织危机感的大部分含义,并融入了中国文化背景下的新要素,拓展了组织危机感的内涵,并使之中国化,以适用于中国文化背景下特定行业的研究。

二、基于认知视角,探讨了组织危机感的形成机制

以往研究较多探讨组织危机感对组织行为的影响,缺乏对组织危机感本身的形成过程的深入分析(Anderson 等,2007),且较多采用定性分析方法,缺乏定量分析。此外,以往一些研究组织危机对组织行为的影响中往往采取主观测量的方法,但结论却是基于组织危机而非组织危机感,默认主观测量方法获取的数据真实反映了客观的组织危机水平。本研究则证实,组织危机感是客观情境与企业高管相互作用的结果,融入了企业高管自身的理解,企业高管的认知和行为因素也是组织危机感的重要影响变量。

在回顾创业理论的机会评价研究文献基础上，本研究从认知的视角，运用定量方法初步探讨了组织危机感的认知和行为的影响因素和形成机制，发现企业高管的信息搜索和警觉性影响了他们对组织危机的认知。信息搜索能够提高企业高管的转机识别和威胁识别水平，警觉性不仅能够直接促进企业高管的转机识别，部分维度还通过促进信息搜索间接地促进了转机识别。

创业理论中有关警觉性的研究表明，警觉性是创业者识别机会的关键，而本研究则论证了警觉性对识别威胁以及威胁与机会之间的关系也有重要作用。本研究的相关结论与创业理论一起构成了有关警觉性的更为全面的知识图景，深化了对警觉性的理解。

三、基于决策选择理论，揭示了组织危机感对战略选择的影响

本研究在拓展组织危机感概念结构的基础上，检验了组织危机感对组织转型战略选择的影响。揭示了组织危机感对战略选择的影响模式，论证了本研究所提出的组织危机感新维度——转机识别——对战略选择有重要的影响作用，转机识别维度与威胁识别维度以交互模式促进了组织转型的网络构建行为（协作开发和协作探索），这一发现是以往机会—威胁的传统组织危机感概念下的研究所忽视的。

通过实验研究，进一步清晰地证实了转机识别在组织危机感对战略选择的效应模式上起到关键作用，转机识别决定着威胁识别是被用作解释框架还是参照框架，进而决定了威胁识别是起到同化效应还是对比效应。除了以往研究所提出的情境—靶子类似性、独特性和尺度关联性之外，转机特征也是影响情境框架效应模式的重要变量。实验研究进一步清晰地说明了组织危机感对战略选择的作用机制，证实了组织危机感通过影响决策者对战略选项的理解进而影响了战略选择。此外，还分析了组织危机感的绩效机制，检验了组织转型策略的效能。

Wang（2000，2003）提出了“适应—选择—发展”（adaption-selection-development）的组织变革和适应三阶段模型，本研究则从战略选择的微观视角为 ASD 模型提供了实证支持。

在战略选择的视角下：①适应阶段（a）是企业高管对组织处境信息的认知框定过程，警觉性和搜寻信息是框定的关键，不仅影响企业高管是否能清晰地识别出处境中的机会和威胁，还影响了对机会和威胁的可控度和转化度的评价与理解，进而影响到后续的行为选择。②选择阶段（s）是企业高管对应对不确定性变化的组织行为策略的选择，选择结果受到适应阶段形成的组织危机感的影响。威胁识别是作为策略选项的解释框架还是对比框架，其关键是转机识别

水平：低转机、高威胁的组织危机感将导致对比效应，企业高管倾向于冒险；低转机、高机会的组织危机感将导致对比效应，企业高管倾向于保守；高转机、高威胁的组织危机感将导致同化效应，企业高管倾向于保守；高转机、高机会的组织危机感将导致对比效应，企业高管倾向于冒险。就组织转型而言，高转机、高威胁组织危机感将导致组织选择更活跃的网络构建行为，如通过协作开发和协作探索创设环境。③发展阶段(d)是组织收益和成长的阶段(即组织转型中的修复阶段)，组织与环境的匹配度将发生变化，选择阶段的行为策略决定了组织是获得发展和发展的程度(组织成功)还是衰退和衰退的程度(组织失败)。

在战略选择视角下，适应阶段是组织的认知适应阶段(cognition adaption)，选择阶段是行为的策略选择阶段(stratigies selection)，发展阶段是组织的效能发展阶段(efficiency development)阶段，如图6.1所示。企业高管(组织)在认知和行为上的异化导致了企业发展的阶段演进。“认知适应—策略选择—效能发展”是“适应—选择—发展”模型的微观决策机制，深化了ASD模型的内涵。

第四节　本研究的一些现实启示

一、组织危机感也是企业高管重要胜任力

在不确定性的环境中，决策者对环境的认知和理解会对战略行为产生重要影响，本研究再次证实了这一点。任何一种战略行为都是基于特定组织处境的，为了在持续变革的时代生存和发展，组织需要充分识别机会和威胁，并将其反映在战略决策中。这对企业高管的危机环境识别和分析能力提出了新的挑战。

在风险不断上升、可预测性不断降低和产业边界不断变化的动态商业环境中，对复杂和矛盾状态保持一种警惕和敏感，尽量获取信息无疑对企业高管形成清晰的判断十分重要。此外，企业高管需要整体分析的思维方式、注意复杂背景的内在结构，思考调和矛盾，并发展可选方案。不仅应关注情境所预示的威胁和机会属性，还应关注威胁和机会之间的内在矛盾和统一特性，以一种全景式的组织危机感框架加工、过滤所获取的信息尤为关键。仅仅强调识别威胁—机会，与同时强调识别威胁(机会)和识别转机将导致不同的行为选择，进而影响着组织的生存与发展。

警觉性是企业高管需要具备的内在素质，信息搜索是企业高管需要培养的

行为习惯，而全景式的组织危机感则是企业高管需要正确配置的“眼镜”，三者帮助企业高管（或创业者）形成基于特定情境的战略倾向，影响着战略决策效能，使企业能够适时地调整组织战略，因而成为企业高管的重要胜任要素。

二、威胁可能是冷冻剂，也可能是解冻剂

威胁可能导致组织的僵化反应，这种僵化反应还能自我强化，进一步增强组织惯性，使企业不仅难以适应环境发展，还会越来越偏离正确方向。此时的威胁对组织而言发挥了冷冻剂的作用。按照勒温提出的组织变革三阶段模型，组织变革包含了“解冻—变革—再冻结”三个阶段，此时的组织不仅不能够启动组织变革，而且因为更强的惯性而更难以启动变革。

而另一方面，威胁也可能导致组织资源惯性和行为惯性的变化，推动组织投入创新，实施探索和创业战略，开创新的市场，获取新的知识，向转型升级的方向发展。此时的威胁发挥了解冻剂的作用，按照三阶段模型“解冻—变革—再冻结”理论，威胁识别催化了组织的变革与转型，通过破除资源惯性和行为惯性，推动了组织的转型升级。

而威胁到底起到冷冻剂还是解冻剂的作用，则取决于企业高管对威胁与机会之间关系的理解。从宏观层面说，危机对企业的转型升级而言到底是“倒逼机制”还是“倒退机制”，取决于我国的企业家群体对危机形势的理解和判断，以及由此引发的转型行为策略选择。

三、机会和威胁识别是创业者的两只眼睛

创业好比火中取栗，既有机遇也会遭遇威胁。创业者应该形成基于机会和威胁的双元创业模式。在这个模式中，机会识别和威胁识别好比创业者的两只不可或缺的眼睛。两只眼睛的偏废影响着创业的发展路径。

机会识别对创业者而言的重要性已经不言而喻，在此不再论述。创业者若仅仅关注对机会的识别而忽视对威胁的识别，风险管理系统就会出问题，导致创业的风险过高，乃至翻船落水。若仅仅关注威胁而无视机会，则可能错过发展机遇，陷入与时代和环境发展脱节的更加被动的境地。本研究得出的启示是，创业者不应为威胁所困，威胁并不一定意味着损失或失败，也可能带来益处，提供组织转型的动力，这完全取决于创业者怎么理解和怎么应对威胁。正如古语所云，“事在人为”，创业者可以发挥能动性、选择适当的创业策略，平衡机会与效率，在自我更新的同时也应主动创造条件，努力将挑战转化为机遇，在变幻莫测的市场环境波动中稳定向前航行。

此外，企业高管还需要综合分析和比较两只眼睛，形成判断，关注威胁与机

会之间的关系，以一种整体和辩证统一的观点看待威胁和机会。组织总是同时面对机遇和挑战，面对不确定性和危机，企业高管应冷静分析，不过分夸大机会，也不过分夸大威胁，不仅要意识到情境中的机会，还要认识到情境中的威胁。不仅要认识到情境中的机会或威胁程度，还要评估机会转化为威胁或威胁转变为机会的条件及其可能，思考控制威胁和把握机会的策略。兼顾情境中的机会和威胁，使得组织不至于失去难得的发展机遇的同时，也防范各种威胁造成的损害。创业者应不至于在面临威胁时过于悲观，也不至于在面临机会时过于大意，选择和保持适度的冒险行为与保守行为，实施一种双元行为策略，在探索策略与开发策略之间、内部导向与外部导向之间保持平衡，从而实现基业长青。

第五节　研究局限与展望

一、本研究的局限

尽管本研究取得了一定的理论进展，主要结论也有一定的实践价值，但是仍然存在诸多不足。首先，出于研究需要，本研究主要集中于制药、领带和衬衫等制造行业，以尽量降低非观测异质性导致的研究结果偏差，但也因此使得研究的结论可能存在行业的特定性，相关结论难以轻易地推论至其他行业；其次，问卷调查时也存在一定的局限，一方面部分样本采用了方便采样的方法，降低了样本的随机性，另一方面，样本主要集中在中小企业，且由于取样的难度以及研究成本等考虑，选取的样本分布在几个特定地域中。在实验研究中，采用了学生样本以及纸笔形式的实验，尽管控制了实验环境，但仍然不可避免地存在一定的局限性。

二、未来研究展望

本研究在提出新的组织危机感构思时，部分依据了中西文化差异性进行推论，尽管具有一定的文献基础，组织危机感新构思也得到了后续实证研究的支持，但本研究并未进行跨文化比较研究证实：①中国文化背景下与西方文化背景下的的企业高管组织危机感结构是否存在差异；②是否是中西文化差异导致了企业高管的组织危机感的差异。未来研究可进行跨文化比较研究来分析相关推论。

以往组织危机感的影响因素及形成机制的定量研究很少，本研究属于探索性的尝试。因此主要探讨了相关个体水平的变量，而未探讨更复杂的团队水平乃至组织水平的变量。现实实践中，企业高管对企业处境的认知很可能受到正式或非正式的会议等团队互动讨论的影响。因此，探讨诸如沟通模式、交互记忆系统、共享心理模型、领导风格等团队水平变量对组织危机感及其框定的影响是很有意义的，未来可在个体水平影响因素的研究基础上，逐步拓展至团队水平影响因素的研究，乃至构建多水平的理论模型。

组织转型的实证研究非常少，本研究使用的组织转型策略四因素模型仍然需要在多行业进行实证检验。本研究重点探讨了组织转型中的情境决定因素，而对其他影响因素缺乏关注，未来可继续纳入更多变量，分析组织转型策略的其他关键前因。

未来研究可继续探讨情境框架效应的边界条件，可纳入个体水平的关键变量，如控制点、情景聚焦等，以及纳入诸如组织资源、社会网络等组织水平变量进行分析，还可以细化组织资源分类，研究不同类型的组织资源与组织危机感对战略选择的影响。

最后，未来可对本研究的相关结论进行多个行业的比较研究，以修正本研究结论。

参考文献

[1] Adler P S, Goldoftas B & Levine D I. Flexibility versus efficiency? A case study of model changeovers in the Toyota production system. *Organization Science*, 1999, 10(1): 43-68.

[2] Agarwal R & Helfat C E. Strategic renewal of organizations. *Organization Science*, 2009, 20(2): 281-293.

[3] Ajzen I. Attitudes, traits, and actions: Dispositional prediction of behavior in personality and social psychology. *Advances in experimental social psychology*, 1987, 20: 1-63.

[4] Allinson C W, Chell E & Hayes J. Intuition and entrepreneurial behaviour. *European Journal of Work and Organizational Psychology*, 2000, 9(1): 31-43.

[5] Alvarez S A & Barney J B. How do entrepreneurs organize firms under conditions of uncertainty? *Journal of Management*, 2005, 31(5): 776-793.

[6] Alvarez S A & Barney J B. Discovery and creation: alternative theories of entrepreneurial action. *Strategic Entrepreneurship Journal*, 2007, 1(2): 11-26.

[7] Alvarez S A & Busenitz L W. The entrepreneurship of resource-based theory. *Journal of Management*, 2001, 27(6): 755-775.

[8] Ambos T C, M Kel K & Birkinshaw J, *et al*. When does university research get commercialized? Creating ambidexterity in research institutions. *Journal of Management Studies*, 2008, 45(8): 1424-1447.

[9] Anderson C R & Paine F T. Managerial perceptions and strategic behavior. *The Academy of Management Journal*, 1975, 18(4): 811-823.

[10] Anderson M H & Nichols M L. Information gathering and changes in threat and opportunity perceptions. *Journal of Management Studies*, 2007, 44(3): 367-387.

[11] Anderson M H, Nichols M L & Zealand H N. Information gathering and changes in threat and opportunity perceptions. *Journal of Management Studies*, 2007, 44(3): 367-387.

[12] Arogyaswamy K, III, V L B & Yasai-Ardekani, M. Firm turnarounds: An integrative two-stage model. *Journal of Management Studies*, 1995, 32(4): 493-525.

[13] Ashmos D P, Duchon D & McDaniel R R. Participation in strategic decision making: The role of organizational predisposition and issue interpretation. *Decision Sciences*, 1998, 29(1): 25-52.

[14] Audia P G & Greve H R. Less likely to fail: Low performance, firm size, and factory expansion in the shipbuilding industry. *Management Science*, 2006, 52(1): 83-94.

[15] Bachmann C. Sustainable performance increase and strategic turnaround management: Current corporate restructuring experiences in the Romanian market. *Business Strategy Series*, 2009, 10(6): 331-338.

[16] Bandalos D L. The effects of item parceling on goodness-of-fit and parameter estimate bias in structural equation modeling. *Structural Equation Modeling*, 2002, 9(1): 78-102.

[17] Barker V L & Patterson P W. Top management team tenure and top manager causal attributions at declining firms attempting turnarounds. *Group & Organization Management*, 1996, 21(3): 304-336.

[18] Baron R A. Opportunity recognition as pattern recognition. *Academy of Management Perspective*, 2006, 20(1): 104-119.

[19] Barr P S & Glynn M A. Cultural variations in strategic issue interpretation: Relating cultural uncertainty avoidance to controllability in discriminating threat and opportunity. *Strategic Management Journal*, 2004, 25(1): 59-67.

[20] Barr P S & Huff A S. Seeing isn't Believing: Understanding Diversity in the Timing of Strategic Response. *Journal of Management Studies*, 1997, 34(3): 337-370.

[21] Barringer B R & Bluedorn A C. The relationship between corporate

entrepreneurship and strategic management. *Strategic Management Journal*, 1999, 20(5): 421-444.

[22] Beck N, Brüderl J & Woywode M. Momentum or deceleration? Theoretical and methodological reflections on the analysis of organizational change. *Academy of Management Journal*, 2008, 51(3): 413-435.

[23] Benner M J & Tushman M L. Exploitation, exploration, and process management: The productivity dilemma revisited. *The Academy of Management Review*, 2003, 28(2): 238-256.

[24] Bergh D D & Lawless M W. Portfolio restructuring and limits to hierarchical governance: The effects of environmental uncertainty and diversification strategy. *Organization Science*, 1998, 9(1): 87-102.

[25] Billings R S, Milburn T W & Schaalman M L. A model of crisis perception: A theoretical and empirical analysis. *Administrative Science Quarterly*, 1980, 25(2): 300-316.

[26] Bird B. Implementing entrepreneurial ideas: The case for intention. *Academy of Management Review*, 1988, 13(3): 442-453.

[27] Bliese P D, Chan D & Ployhart R E. Multilevel methods: Future directions in measurement, longitudinal analyses and nonnormal outcomes. *Organizational Research Methods*, 2007, 10(4): 551-563.

[28] Boin A, Kofman-Bos C & Overdijk, W. Crisis simulations: Exploring tomorrow's vulnerabilities and threats. *Simulation & Gaming*, 2004, 35(3): 378-393.

[29] Borodzicz E & Van Haperen K. Individual and group learning in crisis simulations. *Journal of Contingencies and Crisis Management*, 2002, 10(3): 139-147.

[30] Bos W & Tarnai C. Content analysis in empirical social research. *International Journal of Educational Research*, 1999, 31(8): 659-671.

[31] Bourgeois L J. On the measurement of organizational slack. *Academy of Management Review*, 1981, 6(1): 29-39.

[32] Bowman E H. Risk seeking by troubled firms. *Sloan Management Review*, 1982, 23(4): 33-42.

[33] Bowman E H. Content analysis of annual reports for corporate strategy and risk. *Interfaces*, 1984, 14(1): 61-71.

[34] Boyne G & Meier K J. Environmental change, human resources and organizational turnaround. *Journal of Management Studies*, 2009, 46(5): 835-863.

[35] Brecher M & James P. Patterns of crisis management. *Journal of Conflict Resolution*, 1988, 32(3): 426-456.

[36] Bromiley P. Testing a causal model of corporate risk taking and performance. *Academy of Management Journal*, 1991, 34(1): 37-59.

[37] Bromiley P. A prospect theory model of resource allocation. *Decision Analysis*, 2009, 6(3): 124-138.

[38] Brown S L & Eisenhardt K M. Product development: Past research, present findings and future. *Academy of Management Review*, 1995, 20(2): 343-378.

[39] Bruton G D & Rubanik Y. Resources of the firm, Russian high-technology startups, and firm growth. *Journal of Business Venturing*, 2002, 17(6): 553-576.

[40] Bruton G D, Ahlstrom D & Wan J. Turnaround in East Asian firms: Evidence from ethnic overseas Chinese communities. *Strategic Management Journal*, 2003, 24(6): 519-540.

[41] Burnett J J. A strategic approach to managing crises. *Public Relations Review*, 1998, 24(4): 475-488.

[42] Busenitz L W, West III G P & Shepherd D, *et al*. Entrepreneurship research in emergence: Past trends and future directions. *Journal of Management*, 2003, 29(3): 285-308.

[43] Campbell D T. Blind variation and selective retentions in creative thought as in other knowledge processes. *Psychological Review*, 1960, 67(6): 380-400.

[44] Canato A. Institutionalizing change in organizations: Structures, routines and symbols. *Academy of Management Proceedings*, 2007: 1-6.

[45] Cater J & Schwab A. Turnaround strategies in established small family firms. *Family Business Review*, 2008, 21(1): 31-50.

[46] Cegarra-Navarro J G. Linking exploration with exploitation through relationship memory. *Journal of Small Business Management*, 2007, 45(3): 333-353.

[47] Chandler A. Strategy and structure. Cambridge: M.I.T. Press, 1962.
[48] Chandler G N & Hanks S H. Market attractiveness, resource-based capabilities, venture strategies and venture performance. *Journal of Business Venturing*, 1994, 9(4): 331-349.
[49] Chattopadhyay P, Glick W H & Huber G P. Organizational actions in response to threats and opportunities. *Academy of Management Journal*, 2001, 44(5): 937-955.
[50] Chen Y, Friedman R & Yu E, *et al*. Supervisor-subordinate Guanxi: Developing a three-dimensional model and scale. *Management and Organization Review*, 2009, 5(3): 375-399.
[51] Cheng J L C & Kesner I F. Organizational slack and response to environmental shifts: The impact of resource allocation patterns. *Journal of Management*, 1997, 23(1): 1-18.
[52] Chesbrough H & Crowther A K. Beyond high tech: early adopters of open innovation in other industries. *R&D Management*, 2006, 36(3): 229-236.
[53] Choi Y R & Shepherd D A. Entrepreneurs' decisions to exploit opportunities. *Journal of Management*, 2004, 30(3): 377-395.
[54] Churchill Jr G A. A paradigm for developing better measures of marketing constructs. *Journal of marketing research*, 1979, 16(1): 64-73.
[55] Ciavarella M A. The adoption of high-involvement practices and processes in emergent and developing firms: A descriptive and prescriptive approach. *Human Resource Management*, 2004, 42(4): 337-356.
[56] Clark T. The concept of a marketing crisis. *Journal of the Academy of Marketing Science*, 1988, 16(2): 43-48.
[57] Coffman D L & MacCallum R C. Using parcels to convert path analysis models into latent variable models. *Multivariate Behavioral Research*, 2005, 40(2): 235-259.
[58] Cohen M D, March J G & Olsen J P. A garbage can model of organizational choice. *Administrative Science Quarterly*, 1972, 17(1): 1-25.
[59] Companys Y E & McMullen J S. Strategic entrepreneurs at work: The

nature, discovery, and exploitation of entrepreneurial opportunities. *Small Business Economics*, 2007, 28(4): 301-322.

[60] Cook Jr V J. Marketing strategy and differential advantage. *The Journal of Marketing*, 1983, 47(2): 68-75.

[61] Courtney H. Decision-driven scenarios for assessing four levels of uncertainty. *Strategy & Leadership*, 2003, 31(1): 14-22.

[62] Courtney H & Kirkland J. Strategy under uncertainty. *Harvard Business Review*, 1997, 75(6): 67-79.

[63] Cyert R M & March J G. *A behavioral theory of the firm*. Oxford. Wiley-Blackwell, 1992.

[64] Daft R L & Weick K E. Toward a model of organizations as interpretation systems. *Academy of Management Review*, 1984, 9(2): 284-295.

[65] Daft R L, Sormunen J & Parks D. Chief executive scanning, environmental characteristics and company performance: An empirical study. *Strategic Management Journal*, 1988, 9(2): 123-139.

[66] Danneels E. The process of technological competence leveraging. *Strategic Management Journal*, 2007, 28(5): 511-533.

[67] Das T K & Teng B S. A resource-based theory of strategic alliances. *Journal of Management*, 2000, 26(1): 31-61.

[68] Davidsson P, Steffens P & Fitzsimmons J. Growing profitable or growing from profits: Putting the horse in front of the cart? *Journal of Business Venturing*, 2009, 24(4): 388-406.

[69] Denison D R, Dutton J E & Kahn J A, *et al*. Organizational context and the interpretation of strategic issues: A note on ceos' interpretations of foreign investment. *Journal of Management Studies*, 1996, 33(4): 453-474.

[70] Dhliwayo S & Van Vuuren J J. The strategic entrepreneurial thinking imperative. *Acta Commercii*, 2007, 7(1): 123-134.

[71] DiMaggio P J & Powell W W. The iron cage revisited: Institutional isomorphism and collective rationality in organizational fields. *American Sociological Review*, 1983, 48(2): 147-160.

[72] Dixon S, Meyer K E & Day M, *et al*. Stages of organizational transformation in transition economies: A dynamic capabilities approach.

Journal of Management Studies, 2010, 47(3): 416-436.

[73] Doty D H, Glick W H & Huber G P. Fit, equifinality and organizational effectiveness: A test of two configurational theories. *Academy of Management Journal*, 1993, 36(6): 1196-1250.

[74] Douglas M & Wildavsky A. *Risk and culture: An essay on the selection of environmental and technological dangers*. Berkeley: University of California Press, 1983.

[75] Dutton J E. The processing of crisis and non-crisis strategic issues. *Journal of Management Studies*, 1986, 23(5): 501-517.

[76] Dutton J E & Jackson S E. Categorizing strategic issues: Links to organizational action. *The Academy of Management Review*, 1987, 12 (1): 76-90.

[77] Eckhardt J T & Shane S A. Opportunities and entrepreneurship. *Journal of Management*, 2003, 29(3): 333-349.

[78] Eisenhardt K M & Schoonhoven C B. Resource-based view of strategic alliance formation: Strategic and social effects in entrepreneurial firms. *Organization Science*, 1996, 7(2): 136-150.

[79] Eisenhardt K M & Zbaracki M J. Strategic decision making. *Strategic Management Journal*, 1992, 13(2): 17-37.

[80] Eisenhardt K M, Brown S L & Neck H M. *Competing on the entrepreneurial edge*. Thousand Oaks: Sage Publications, 2000.

[81] Elbanna S. Strategic decision-making: Process perspectives. *International Journal of Management Reviews*, 2006, 8(1): 1-20.

[82] Farh J L, Hoffman R C & Hegarty W H. Assesing environmental scanning at the subunit level: A mulititraut-multimethod analysis. *Decision Sciences*, 2007, 15(2): 197-220.

[83] Fiegenbaum A & Thomas H. Attitudes toward risk and the risk-return paradox: Prospect theory explanations. *Academy of Management Journal*, 1988, 31(1): 85-106.

[84] Fiet J O. The informational basis of entrepreneurial discovery. *Small Business Economics*, 1996, 8(6): 419-430.

[85] Fiet J O. A prescriptive analysis of search and discovery. *Journal of Management Studies*, 2007, 44(4): 592-611.

[86] Fiet J O, Piskounov A & Patel P C. Still searching (systematically) 1

for entrepreneurial discoveries. *Small Business Economics*, 2005, 25(5): 489-504.

[87] Fisher G, Lee J & Johns L. An exploratory study of company turnaround in Australia and Singapore following the Asia crisis. *Asia Pacific Journal of Management*, 2004, 21(1): 149-170.

[88] Fornell C & Larcker D F. Structural equation models with unobservable variables and measurement error: Algebra and statistics. *Journal of Marketing Research*, 1981, 18(3): 382-388.

[89] Francis J D & Desai A B. Situational and organizational determinants of turnaround. *Management Decision*, 2005, 43(9): 1203-1224.

[90] Fredrickson J W. The comprehensiveness of strategic decision processes: Extension, observations, future directions. *Academy of Management Journal*, 1984, 27(3): 445-466.

[91] Frisch D & Baron J. Ambiguity and rationality. *Journal of Behavioral Decision Making*, 2006, 1(3): 149-157.

[92] Gaglio C M & Katz J A. The psychological basis of opportunity identification: Entrepreneurial alertness. *Small Business Economics*, 2001, 16(2): 95-111.

[93] Gaglio C M & Winter S. Entrepreneurial alertness and opportunity identification: Where are we now? *Understanding the Entrepreneurial Mind*, 2009, 24(5): 305-325.

[94] Gartner W B, Shaver K G & Liao J J. Opportunities as attributions: Categorizing strategic issues from an attributional perspective. *Strategic Entrepreneurship Journal*, 2008, 2(4): 301-315.

[95] Gatignon H, Tushman M L & Smith W, *et al*. A structural approach to assessing innovation: Construct development of innovation locus, type and characteristics. *Management Science*, 2002, 48(9): 1103-1122.

[96] Gephart Jr R P. The textual approach: Risk and blame in disaster sensemaking. *The Academy of Management Journal*, 1993, 36(6): 1465-1514.

[97] Gephart Jr R P, Steier L & Lawrence T. Cultural rationalities in crisis sensemaking: A study of a public inquiry into a major industrial accident. *Organization & Environment*, 1990, 4(1): 27-48.

[98] Geroski P, Machin S & Van Reenen J. The profitability of innovating

firms. *RAND Journal of Economics*, 1993, 24(2): 198-211.

[99] Gibson C B & Birkinshaw J. The antecedents, consequences and mediating role of organizational ambidexterity. *Academy of Management Journal*, 2004, 47(2): 209-226.

[100]Gilbert C. Unbundling the structure of inertia: Resource versus routine rigidity. *Academy of Management Journal*, 2005, 48(5): 741-763.

[101] Gioia D A & Sims H P. Cognition-behavior connections: Attribution and verbal behavior in leader-subordinate interactions. *Organizational Behavior and Human Decision Processes*, 1986, 37(2): 197-229.

[102] Golden P A & Dollinger M. Cooperative alliances and competitive strategies in small manufacturing firms. *Entrepreneurship: Theory and Practice*, 1993, 17(4): 43-56.

[103] Greenwood R & Hinings C R. Understanding radical organizational change: Bringing together the old and the new institutionalism. *Academy of Management Review*, 1996, 21(4): 1022-1054.

[104] Greve H R. Performance, aspirations and risky organizational change. *Administrative Science Quarterly*, 1998, 43(1): 58-86.

[105] Gupta A K, Smith K & Shalley C E. The Interplay between Exploration and Exploitaion. *The Academy of Management Journal*, 2006, 49(4): 693-706.

[106] Haber S & Reichel A. Identifying performance measures of small ventures-the case of the tourism industry. *Journal of Small Business Management*, 2005, 43(3): 257-287.

[107] Hai Y T & See L F. Moderating effects of tolerance for ambiguity and risk-taking propensity on the role conflict-perceived performance relationship: Evidence from Singaporean entrepreneurs. *Journal of Business Venturing*, 1997, 12(1): 67-81.

[108] Hall D T & Mansfield R. Organizational and individual response to external stress. *Administrative Science Quarterly*, 1971, 16 (4): 533-547.

[109] Hambrick D C & Mason P A. Upper echelons: The organization as a reflection of its top managers. *Academy of Management Review*, 1984, 9(2): 193-206.

[110] Hardesty D M & Bearden W O. The use of expert judges in scale

development Implications for improving face validity of measures of unobservable constructs. *Journal of Business Research*, 2004, 57(2): 98-107.

[111] He Z L & Wong P K. Exploration vs. exploitation: An empirical test of the ambidexterity hypothesis. *Organization Science*, 2004, 15(4): 481-494.

[112] Hermann C F. *International crises: Insights from behavioral research*. New York:Free Press, 1972.

[113] Herr P M. Consequences of priming: Judgment and behavior. *Journal of Personality and Social Psychology*, 1986, 51(6): 1106-1115.

[114] Highhouse S & Yüce P. Perspectives, perceptions and risk-taking behavior. *Organizational Behavior and Human Decision Processes*, 1996, 65(2): 159-167.

[115] Highhouse S, Mohammed S & Hoffman J R. Temporal discounting of strategic issues: Bold forecasts for opportunities and threats. *Basic and Applied Social Psychology*, 2002, 24(1): 43-56.

[116] Highhouse S, Paese P W & Leatherberry T. Contrast effects on strategic-issue framing. *Organizational Behavior and Human Decision Processes*. 1996, 65(2): 95-105.

[117] Hinings C R, Hickson D J & Pennings J M., *et al*. Structural conditions of intraorganizational power. *Administrative Science Quarterly*, 1974, 19(1): 22-44.

[118] Hinkin T R. A review of scale development practices in the study of organizations. *Journal of Management*, 1995, 21(5): 967-988.

[119] Hisrich R, Langan-Fox J & Grant S. Entrepreneurship research and practice: A call to action for psychology. *American Psychologist*, 2007, 62(6): 575-589.

[120] Hitt M A, Ahlstrom D & Dacin M T, *et al*. The institutional effects on strategic alliance partner selection in transition economies: China vs. Russia. *Organization Science*, 2004, 15(2): 173-185.

[121] Hitt M A, Ireland R D & Hoskisson R E. *Strategic management: Competitiveness and globalization*. Cincinnati: South-Western College Publishing, 2001.

[122] Hitt M & Ireland R D. *The intersection of entrepreneurship and*

strategic management research. SextonLandström. Handbook of Entrepreneurship. Oxford: Blackwell Publishers, 2000.

[123] Holmqvist M. A dynamic model of intra-and interorganizational learning. *Organization Studies*, 2003, 24(1): 95-123.

[124] Hou Y, Zhu Y & Peng K. Thinking style and disease cognitions among Chinese people. *Journal of Psychology in Chinese Societies*, 2003, 4 (2): 161-180.

[125] Huff J O, Huff A S & Thomas H. Strategic renewal and the interaction of cumulative stress and inertia. *Strategic Management Journal*, 1992(3): 55-75.

[126] Human S E & Provan K G. Legitimacy building in the evolution of small-firm multilateral networks: A comparative study of success and demise. *Administrative Science Quarterly*, 2000, 45(2): 327-365.

[127] Hwang P & Lichtenthal J D. Anatomy of organizational crises. *Journal of Contingencies and Crisis Management*, 2000, 8(3): 129-140.

[128] Ireland D R & Webb J W. Strategic entrepreneurship: Creating competitive advantage through streams of innovation. *Business Horizons*, 2007, 50(1): 49-59.

[129] Ireland R D & Miller C. Decision-making and firm success. *Academy of Management Executive*, 2004, 18(4): 8-12.

[130] Ireland R D, Hitt M A & Camp S M, *et al*. Integrating entrepreneurship and strategic management actions to create firm wealth. *Academy of Management Executive*, 2001, 15(1): 49-63.

[131] Ireland R D, Hitt M A & Sirmon D G. A model of strategic entrepreneurship: The construct and its dimensions. *Journal of Management*, 2003, 29(6): 963-989.

[132] Jackson S B & Hatfield R C. A note on the relation between frames, perceptions and taxpayer behavior. *Contemporary Accounting Research*, 2005, 22(1): 145-164.

[133] Jackson S E & Dutton J E. Discerning threats and opportunities. *Administrative Science Quarterly*, 1988, 33(3): 370-387.

[134] Jansen J P, Van Den Bosch A J & Volberda H W. Exploratory innovation, exploitative innovation and performance: Effects of organizational antecedents and environmental moderators. *Management*

Science, 2006, 52(11): 1661-1674.

[135] Jegers M. Prospect theory and the risk-return relation: Some Belgian evidence. *Academy of Management Journal*, 1991, 34(1): 215-225.

[136] Judge W & Douglas T. Organizational change capacity: the systematic development of a scale. *Journal of Organizational Change Management*, 2009, 22(6): 635-649.

[137] Kahneman D & Miller D T. Norm theory: Comparing reality to its alternatives. *Psychological Review*, 1986, 93(2): 136-153.

[138] Kahneman D & Tversky A. Prospect theory: An analysis of decision under risk. *Econometrica: Journal of the Econometric Society*, 1979, 47(2): 263-291.

[139] Kahneman D & Tversky A. Choices, values and frames. *American psychologist*, 1984, 39(4): 341-350.

[140] Kaplan S & Garrick B J. On the quantitative definition of risk. *Risk Analysis*, 1981, 1(1): 11-27.

[141] Keh H T, Foo M D & Lim B C. Opportunity evaluation under risky conditions: The cognitive processes of entrepreneurs. *Entrepreneurship: Theory and Practice*, 2002, 27(2): 125-149.

[142] Ketchen D J & Palmer T B. Strategic responses to poor organizational performance: A test of competing perspectives. *Journal of Management*, 1999, 25(5): 683-706.

[143] Ketchen D J, Ireland R D & Snow C C. Strategic entrepreneurship, collaborative innovation and wealth creation. *Strategic Entrepreneurship Journal*, 2007, 1(3-4): 371-385.

[144] Kirzner I M. *Perception, opportunity, and profit: Studies in the theory of entrepreneurship*. Chicago: University of Chicago Press Chicago, IL, 1979.

[145] Ko S & Butler J E. Creativity: A key link to entrepreneurial behavior. *Business Horizons*, 2007, 50(5): 365-372.

[146] Kolbe R H & Burnett M S. Content-analysis research: An examination of applications with directives for improving research reliability and objectivity. *Journal of Consumer Research*, 1991, 18(2): 243-250.

[147] Kotter J & Sathe V. Problems of human resource management in rapidly growing companies. *California Management Review*, 1978, 21

(2): 29-36.
[148] Kraatz M S & Zajac E J. How organizational resources affect strategic change and performance in turbulent environments: Theory and evidence. *Organization Science*, 2001, 12(5): 632-657.
[149] Kravitz D A & Balzer W K. Context effects in performance appraisal: A methodological critique and empirical study. *Journal of Applied Psychology*, 1992, 77(1): 24-31.
[150] Krueger N F & Carsrud A L. Entrepreneurial intentions: Applying the theory of planned behaviour. *Entrepreneurship & Regional Development*, 1993, 5(4): 315-330.
[151] Kühberger A, Schulte-Mecklenbeck M & Perner J. Framing decisions: Hypothetical and real. *Organizational Behavior and Human Decision Processes*, 2002, 89(2): 1162-1175.
[152] Kuratko D F & Audretsch D B. Strategic entrepreneurship: Exploring different perspectives of an emerging concept. *Entrepreneurship Theory and Practice*, 2009, 33(1): 1-17.
[153] Kuvaas B. An exploration of two competing perspectives on informational contexts in top management strategic issue interpretation. *Journal of Management Studies*, 2003, 39(7): 977-1001.
[154] Lane P J, Koka B R & Pathak S. The reification of absorptive capacity: A critical review and rejuvenation of the construct. *Academy of Management Review*, 2006, 31(4): 833-863.
[155] Langley A. Patterns in the use of formal analysis in strategic decisions. *Organization Studies*, 1990, 11(1): 17-45.
[156] Lant T K, Milliken F J & Batra B. The role of managerial learning and interpretation in strategic persistence and reorientation: An empirical exploration. *Strategic Management Journal*, 2006, 13(8): 585-608.
[157] Lau C M & Busenitz L W. Growth intentions of entrepreneurs in a transitional economy: The people's republic of china. *Entrepreneurship: Theory and Practice*, 2001, 26(1): 5-20.
[158] Lehner J M. Shifts of reference points for framing of strategic decisions and changing risk-return associations. *Management Science*, 2000, 46(1): 63-76.
[159] Leiter K. *A primer on ethnomethodology*. Oxford: Oxford University

Press, 1980.

[160] Levin I P, Schneider S L & Gaeth G J. All frames are not created equal: A typology and critical analysis of framing effects. *Organizational Behavior and Human Decision Processes*, 1998, 76(2): 149-188.

[161] Levitt B & Nass C. The lid on the garbage can: Institutional constraints on decision making in the technical core of college-text publishers. *Administrative Science Quarterly*, 1989, 34(2): 190-207.

[162] Li Z. Entrepreneurial Alertess: An exploratory study. Ph. D Dissertation, Case Western Reserve University, 2004.

[163] Lichtenthaler U. Integrated roadmaps for open innovation. *Research-Technology Management*, 2008, 51(3): 45-49.

[164] Lichtenthaler U. The drivers of technology licensing: An industry comparison. *California Management Review*, 2007, 49(4): 67-89.

[165] Lichtenthaler U & Lichtenthaler E. A capability-based framework for open innovation: Complementing absorptive capacity. *Journal of Management Studies*, 2009, 46(8): 1315-1338.

[166] Lippitt G L & Schmidt W H. Crises in a developing organization. *Harvard Business Review*, 1967, 45(6): 102-112.

[167] Lippman S A & Rumelt R P. Uncertain imitability: An analysis of interfirm differences in efficiency under competition. *Bell Journal of Economics*, 1982, 13(2): 418-438.

[168] Loasby B J. Evolution and institutions: A cognitive perspective. *Journal of Economics and Business*, 2002, 12(1): 27-45.

[169] Lubatkin M H, Simsek Z & Ling Y, *et al*. Ambidexterity and performance in small-to medium-sized firms: The pivotal role of top management team behavioral integration. *Journal of Management*, 2006, 32(5): 646-672.

[170] Luke B & Verreynne M L. Exploring strategic entrepreneurship in the public sector. *Qualitative Research in Accounting and Management*, 2006, 3(1): 4-26.

[171] Luo Y. Procedural fairness and interfirm cooperation in strategic alliances. *Strategic Management Journal*, 2007, 29(1): 27-46.

[172] Lyles M A. Formulating strategic problems: Empirical analysis and

model development. *Strategic Management Journal*, 1981, 2(1): 61-75.

[173] MacCrimmon K R & Wehrung D A. Characteristics of risk taking executives. *Management Science*, 1990, 36(4): 422-435.

[174] Maitlis S & Sonenshein S. Sensemaking in crisis and change: inspiration and insights from weick(1988). *Journal of Management Studies*, 2010, 47(3): 551-580.

[175] March J G. The business firm as a political coalition. *The Journal of Politics*, 1962, 24(4): 662-678.

[176] March J G. Exploration and exploitation in organizational learning. *Organization Science*, 1991, 2(1): 71-87.

[177] March J G & Shapira Z. Managerial perspectives on risk and risk taking. *Management Science*, 1987, 33(11): 1404-1418.

[178] Marino L D, Lohrke F T & Hill J S, *et al*. Environmental shocks and SME alliance formation intentions in an emerging economy: Evidence from the Asian Financial Crisis in Indonesia. *Entrepreneurship: Theory and Practice*, 2008, 32(1): 157-183.

[179] Marino L, Strandholm K & Steensma H K, *et al*. The moderating effect of national culture on the relationship between entrepreneurial orientation and strategic alliance portfolio extensiveness. *Entrepreneurship: Theory and Practice*, 2002, 26(4): 145-161.

[180] Markman G D, Siegel D S & Wright M. Research and technology commercialization. *Journal of Management Studies*, 2008, 45(8): 1401-1423.

[181] Marsh H W & Hau K T. Assessing goodness of fit: Is parsimony always desirable? *The Journal of Experimental Educational*, 1996, 64(4): 364-390.

[182] Marsh H W, Balla J R & McDonald R P. Goodness-of-fit indexes in confirmatory factor analysis: The effect of sample size. *Psychological Bulletin*, 1988, 103(3): 391-410.

[183] Marsh H W, Wen Z & Hau K T. Structural equation models of latent interactions: Evaluation of alternative estimation strategies and indicator construction. *Psychological Methods*, 2004, 9(3): 275-300.

[184] Marsh H W, Wen Z & Hau K T, *et al*. Unconstrained structural

equation models of latent interactions: Contrasting residualand mean-centered approaches. *Structural Equation Modeling: A Multidisciplinary Journal*, 2007, 14(4): 570-580.

[185] Marsh H W, Wen Z & Hau K T. *Structural equation models of latent interaction and quadratic effects*. Greenwich: Information Age Publishing, 2006: 225-265.

[186] Maurer T J & Alexander R A. Contrast effects in behavioral measurement: An investigation of alternative process explanations. *Journal of Applied Psychology*, 1991, 76(1): 3-10.

[187] McCarthy D J, Puffer S M & Naumov A I. Russia's retreat to statization and the implications for business. *Journal of World Business*, 2000, 35(3): 256-274.

[188] McCarthy D J, Puffer S M & Shekshnia S V. The resurgence of an entrepreneurial class in Russia. *Journal of Management Inquiry*, 1993, 2(2): 125-137.

[189] Mei S J & Wang Z M. A cognitive model of crisis assessment: The role of chinese culture field study on SMEs in Zhejiang Province. Beijing: *Scientific Research Pubish*, 2009: 611-614.

[190] Mellers B A. Fair allocations of salaries and taxes. *Journal of Experimental Psychology*, 1986, 12: 80-91.

[191] Meyer G D, Neck H M & Meeks M D. *The entrepreneurship-strategic management interface*. Oxford: Blackwell, 2002.

[192] Milburn T W, Schuler R S & Watman K H. Organizational crisis. Part I: Definition and conceptualization. *Human Relations*, 1983, 36(12): 1141-1160.

[193] Miller D. The architecture of simplicity. *Academy of Management Review*, 1993, 18(1): 116-138.

[194] Miller D & Friesen P. Archetypes of organizational transition. *Administrative Science Quarterly*, 1980, 25(2): 268-299.

[195] Miner A S. Idiosyncratic jobs in formalized organizations. *Administrative Science Quarterly*, 1987, 32(3): 327-351.

[196] Mintzberg H & Waters J A. Of strategies, deliberate and emergent. *Strategic Management Journal*, 1985, 6(3): 257-272.

[197] Mintzberg H, Raisinghani D & Theoret A. The structure of

"unstructured" decision processes. *Administrative Science Quarterly*, 1976, 21(2): 246-275.

[198] Mitchell R K, Busenitz L & Lant T, *et al*. Toward a theory of entrepreneurial cognition: Rethinking the people side of entrepreneurship research. *Entrepreneurship: Theory and Practice*, 2002, 27(2): 93-105.

[199] Mitroff I I & Anagnos G. Managing crises before they happen: What every executive and manager needs to know about crisis management. AMACOM/American Management Association, 2000.

[200] Mittal V & Ross W T. The impact of positive and negative affect and issue framing on issue interpretation and risk taking. *Organizational Behavior and Human Decision Processes*, 1998, 76(3): 298-324.

[201] Mohammed S & Billings R S. The effect of self-efficacy and issue characteristics on threat and opportunity categorization. *Journal of Applied Social Psychology*, 2006, 32(6): 1253-1275.

[202] Netemeyer R G, Bearden W O & Sharma S. *Scaling procedures: Issues and applications*. London: Sage Pubns, 2003.

[203] Newman K L. Organizational transformation during institutional upheaval. *The Academy of Management Review*, 2000, 25(3): 602-619.

[204] Nohria N & Gulati R. Is slack good or bad for innovation? *Academy of Management Journal*, 1996, 39(5): 1245-1264.

[205] Nutt P C. Types of organizational decision processes. *Administrative Science Quarterly*, 1984, 29(3): 414-450.

[206] O'Brien J P. The capital structure implications of pursuing a strategy of innovation. *Strategic Management Journal*, 2003, 24(5): 415-431.

[207] Ocasio W. Institutionalized action and corporate governance: The reliance on rules of CEO succession. *Administrative Science Quarterly*, 1999, 44(2): 384-387.

[208] Orlikowski W J & Gash D C. Technological frames: Making sense of information technology in organizations. *ACM Transactions on Information Systems(TOIS)*, 1994, 12(2): 174-207.

[209] Ormerod R J. Is content analysis either practical or desirable for research evaluation? *Omega*, 2000, 28(2): 241-245.

[210] Pablo A L. Managerial risk interpretations: Does industry make a difference? *Journal of Managerial Psychology*, 1999, 14(2): 92-108.

[211] Papadakis V M & Barwise P. How much do CEOs and top managers matter in strategic decision-making? *British Journal of Management*, 2002, 13(1): 83-95.

[212] Papadakis V M, Kaloghirou Y & Iatrelli M. Strategic decision making: From crisis to opportunity. *Business Strategy Review*, 1999, 10(1): 29-37.

[213] Park S H, Chen R & Gallagher S. Firm resources as moderators of the relationship between market growth and strategic alliances in semiconductor start-ups. *Academy of Management Journal*, 2002, 45(3): 527-545.

[214] Parnell J A, Lester D L & Menefee M L. Strategy as a response to organizational uncertainty: an alternative perspective on the strategy-performance relationship. *Management Decision*, 2000, 38 (8): 520-530.

[215] Pearson C M & Clair J A. Reframing crisis management. *Academy of Management Review*, 1998, 23(1): 59-76.

[216] Pellettiere V. Organization Self-Assessment to Determine the Readiness and Risk for a Planned Change. *Organization Development Journal*, 2006, 24(4): 38-44.

[217] Peng K & Nisbett R E. Culture, dialectics and reasoning about contradiction. *American Psychologist*, 1999, 54(9): 741-754.

[218] Peng M W & Heath P S. The growth of the firm in planned economies in transition: Institutions, organizations and strategic choice. *Academy of Management Review*, 1996, 21(2): 492-528.

[219] Peteraf M A & Barney J B. Unraveling the resource-based tangle. *Managerial and Decision Economics*, 2003, 24(4): 309-323.

[220] Peteraf M A & Bergen M E. Scanning dynamic competitive landscapes: A market-based and resource-based framework. *Strategic Management Journal*, 2003, 24(10): 1027-1041.

[221] Pfeffer J & Salancik G R. *The external control of organizations: A resource dependence perspective*. Califoria: Stanford Business Books, 2003.

[222] Podsakoff P M & Organ D W. Self-reports in organizational research: Problems and prospects. *Journal of Management*, 1986, 12(4): 531-544.

[223] Rakow T & Newell B R. Degrees of uncertainty: An overview and framework for future research on experience-based choice. *Journal of Behavioral Decision Making*, 2010, 23(1): 1-14.

[224] Raymond L & Blili S. Organizational learning as a foundation of electronic commerce in the network organization. *International Journal of Electronic Commerce*, 2000, 5(2): 29-45.

[225] Reilly A H. Preparing for the worst: The process of effective crisis management. *Organization & Environment*, 1993, 7(2): 115-143.

[226] Rieger M O & Wang M. Prospect Theory for continuous distributions. *Journal of Risk and Uncertainty*, 2008, 36(1): 83-102.

[227] Robbins D K & Pearce J A. Turnaround: Retrenchment and recovery. *Strategic Management Journal*, 1992, 13(4): 287-309.

[228] Rosenthal U & Kouzmin A. Crises and crisis management: Toward comprehensive government decision making. *Journal of Public Administration Research and Theory*, 1997, 7(2): 277-304.

[229] Rosenthal U & Pijnenburg B. Simulation-oriented scenarios: An alternative approach to crisis decision making and emergency management. *Contemporary Crises*, 1990, 14: 277-283.

[230] Ross J & Staw B M. Organizational escalation and exit: Lessons from the Shoreham nuclear power plant. *Academy of Management Journal*, 1993, 36(4): 701-732.

[231] Salancik G R & Pfeffer J. The bases and use of power in organizational decision making: The case of a university. *Administrative Science Quarterly*, 1974, 19(4): 453-473.

[232] Sarasvathy S D, Dew N & Velamuri S R, *et al*. Three views of entrepreneurial opportunity. In: Z. J. A. Acs&D. B. Audretsch(ed). *Handbook of Entrepreneurship Research*, 2003: 141-160.

[233] Saris-Gallhofer I N, Saris W E & Morton E L. A validation study of Holsti's content analysis procedure. *Quality and Quantity*, 1978, 12(2): 131-145.

[234] Schneider S C & De Meyer A. Interpreting and responding to strategic

issues: The impact of national culture. *Strategic Management Journal*, 2006, 12(4): 307-320.

[235] Schwenk C R. Strategic decision making. *Journal of Management*, 1995, 21(3): 471-493.

[236] Shane S. Prior knowledge and the discovery of entrepreneurial opportunities. *Organization Science*, 2000, 11(4): 448-469.

[237] Shane S & Venkataraman S. The promise of entrepreneurship as a field of research. *The Academy of Management Review*, 2000, 25(1): 217-226.

[238] Shapero A. *Some social dimensions of entrepreneurship*. Englewood Cliffs: Prentice-Hall, 1982.

[239] Sharfman M P, Wolf G & Chase R B, *et al*. Antecedents of organizational slack. *Academy of Management Review*, 1988, 13(4): 601-614.

[240] Sharma S. Managerial interpretations and organizational context as predictors of corporate choice of environmental strategy. *Academy of Management Journal*, 2000, 43(4): 681-697.

[241] Sharma S, Pablo A L & Vredenburg H. Corporate environmental responsiveness strategies: The importance of issue interpretation and organizational context. *The Journal of Applied Behavioral Science*, 1999, 35(1): 87-99.

[242] Shepherd D A & Krueger N F. An intentions-based model of entrepreneurial teams' social cognition. *Entrepreneurship: Theory and Practice*, 2002, 27(2): 167-186.

[243] Shimizu K. Prospect theory, behavioral theory and the threat-rigidity thesis: Combinative effects on organizational decisions to divest formerly acquired units. *Academy of Management Journal*, 2007, 50(6): 1495-1514.

[244] Simon M & Houghton S M. The relationship among biases, misperceptions and the introduction of pioneering products: Examining differences in venture decision contexts. *Entrepreneurship: Theory and Practice*, 2002, 27(2): 105-125.

[245] Simsek Z. Entrepreneurial opportunity recognition: Building and testing an information asymmetries model. Phd Dissertation, University

of Connecticut, 2002.

[246] Simsek Z. Organizational ambidexterity: Towards a multilevel understanding. *Journal of Management Studies*, 2009, 46 (4): 597-624.

[247] Singh J V. Performance, slack and risk taking in organizational decision making. *Academy of Management Journal*, 1986, 29(3): 562-585.

[248] Sitkin S B & Pablo A L. Reconceptualizing the determinants of risk behavior. *Academy of Management Review*, 1992, 17(1): 9-38.

[249] Slater S F & Narver J C. Market orientation and the learning organization. *The Journal of Marketing*, 1995, 59(3): 63-74.

[250] Slater S F & Olson E M. Strategy type and performance: The influence of sales forces management. *Strategic Management Journal*, 2000, 21 (8): 813-829.

[251] Smith P B, Peterson M F & Ahmad A H, *et al*. Demographic effects on the use of vertical sources of guidance by managers in widely differing cultural contexts. *International Journal of Cross Cultural Management*, 2005, 5(1): 5-26.

[252] Smith W K & Tushman M L. Managing strategic contradictions: A top management model for managing innovation streams. *Organization Science*, 2005, 16(5): 522-536.

[253] Srull T K & Wyer R S. The role of category accessibility in the interpretation of information about persons: Some determinants and implications. *Journal of Personality and Social Psychology*, 1979, 37 (10): 1660-1672.

[254] Stalker K. Managing risk and uncertainty in social work: A literature review. *Journal of Social Work*, 2003, 3(2): 211-223.

[255] Stapel D A & Koomen W. Interpretation versus reference framing: Assimilation and contrast effects in the organizational domain. *Organizational Behavior and Human Decision Processes*, 1998, 76(2): 132-148.

[256] Stapel D A & Winkielman P. Assimilation and contrast as a function of context-target similarity, distinctness and dimensional relevance. *Personality and Social Psychology Bulletin*, 1998, 24: 634-646.

[257] Stapel D A, Koomen W & Velthuijsen A S. Assimilation or contrast?

Comparison relevance, distinctness and the impact of accessible information on consumer judgments. *Journal of Consumer Psychology*, 1998, 7(1): 1-24.

[258] Starbuck W H & Milliken F J. Executives' perceptual filters: What they notice and how they make sense. In: *The Executive Effect: Concepts and Methods for Studying Top Managers*, ed. D. Hambrick. Greenwich, conn:JAI Press,1988.

[259] Staw B M, Sandelands L E & Dutton J E. Threat rigidity effects in organizational behavior: A multilevel analysis. *Administrative Science Quarterly*, 1981, 26(4): 501-524.

[260] Steensma H K, Marino L & Weaver K M, *et al*. The influence of national culture on the formation of technology alliances by entrepreneurial firms. *Academy of Management Journal*, 2000, 43(5): 951-973.

[261] Steffens P, Davidsson P & Fitzsimmons J. Performance configurations over time: Implications for growth-and profit-oriented strategies. *Entrepreneurship Theory and Practice*, 2008, 33(1): 125-148.

[262] Stewart W H, May R C & Kalia A. Environmental perceptions and scanning in the United states and India: Convergence in entrepreneurial information seeking? *Entrepreneurship Theory and Practice*, 2008, 32 (1): 83-106.

[263] Suarez F F & Oliva R. Environmental change and organizational transformation. *Industrial and Corporate Change*, 2005, 14(6): 1017-1041.

[264] Sullivan-Taylor B & Wilson D C. Managing the threat of terrorism in British travel and leisure organizations. *Organization Studies*, 2009, 30 (2): 251-276.

[265] Tan H H & See H H. Strategic reorientation and responses to the Asian Financial Crisis: The case of the manufacturing industry in Singapore. *Asia Pacific Journal of Management*, 2004, 21(1): 189-211.

[266] Tan J & Peng M W. Organizational slack and firm performance during economic transitions: Two studies from an emerging economy. *Strategic Management Journal*, 2003, 24(13): 1249-1263.

[267] Tang J. Environmental munificence for entrepreneurs: Entrepreneurial alertness and commitment. *International Journal of Entrepreneurial Behaviour & Research*, 2008, 14(3): 128-151.

[268] Tang J, Tang Z & Lohrke F T. Developing an entrepreneurial typology: The roles of entrepreneurial alertness and attributional style. *The International Entrepreneurship and Management Journal*, 2008, 4(3): 273-294.

[269] Sheppard J P, Chowdhury S D. Riding the wrong wave: Organizational failure as a failed turnarowd. *Long Range Planning*, 2005, 38(2): 239-260.

[270] Thomas J B & McDaniel R R. Interpreting strategic issues: Effects of strategy and the information-processing structure of top management teams. *Academy of Management Journal*, 1990, 33(2): 286-306.

[271] Tushman M L & Smith W. *Organizational technology*. *Baum. Companion to organization*. Malden: Blackwell, 2002: 386-414.

[272] Tversky A & Kahneman D. Advances in prospect theory: Cumulative representation of uncertainty. *Journal of Risk and Uncertainty*, 1992, 5(4): 297-323.

[273] Tversky A & Kahneman D. The framing of decisions and the psychology of choice. *Science*, 1981, 211(4481): 453-458.

[274] Ucbasaran D, Westhead P & Wright M. The extent and nature of opportunity identification by experienced entrepreneurs. *Journal of Business Venturing*, 2009, 24(2): 99-115.

[275] Ucbasaran D, Westhead P & Wright M. Opportunity identification and pursuit: Does an entrepreneur's human capital matter? *Small Business Economics*, 2008, 30(2): 153-173.

[276] Varadarajan P R & Cunningham M H. Strategic alliances: A synthesis of conceptual foundations. *Journal of the Academy of Marketing Science*, 1995, 23(4): 282-296.

[277] Venkataraman S & Sarasvathy S D. Strategy and entrepreneurship: Outlines of an untold story. Landström Sexton. *Handbook of Entrepreneurship*. Oxford: Blackwell Publishers, 2001.

[278] Voss G B, Sirdeshmukh D & Voss Z G. The effects of slack resources and environmental threat on product exploration and exploitation.

Academy of Management Journal, 2008, 51(1): 147-164.

[279] Wakker P P. The Data of levy and levy (2002) "Prospect theory: Much ado about nothing?" Actually support prospect theory. *Management Science*, 2003, 49(7): 979-981.

[280] Wan W P & Yiu D W. From crisis to opportunity: Environmental jolt, corporate acquisitions and firm performance. *Strategic Management Journal*, 2009, 30(7): 791-801.

[281] Weber E U, Hsee C K & Sokolowska J. What folklore tells us about risk and risk taking: Cross-cultural comparisons of American, German and Chinese proverbs. *Organizational Behavior and Human Decision Processes*, 1998, 75(2): 170-186.

[282] Weber R P. Basic content analysis. London: Sage Publications, Inc., 1996.

[283] Wiseman R M & Gomez-Mejia L R. A behavioral agency model of managerial risk taking. *Academy of Management Review*, 1998, 23(1): 133-153.

[284] Yan H D & Hu M C. Strategic entrepreneurship and the growth of the firm: The case of Taiwan's bicycle industry. *Global Business and Economics Review*, 2008, 10(1): 11-34.

[285] Yin R K. *Case study research: Design and methods*. Thousand Oaks: Sage, 2003.

[286] Zahra S A. Entrepreneurial risk taking in family firms. *Family Business Review*, 2005, 18(1): 23-40.

[287] Zollo M & Winter S G. Deliberate learning and the evolution of dynamic capabilities. *Organization Science*, 2002, 13(3): 339-351.

[288] 畅铁民，贺正楚. 企业危机管理. 北京：科学出版社，2004.

[289] 陈贺新. 中国企业危机调查报告. 企业家信息，2004(8)：113－116.

[290] 陈维军. 文献计量法与内容分析法的比较研究. 情报科学，2001，19(8)：884－886.

[291] 段锦云. 基于认知惰性的创业风险决策框架效应双维认知机制研究. 浙江大学博士学位论文，2009.

[292] 冯友兰. 中国哲学简史. 天津：天津社会科学院出版社，2005.

[293] 侯杰泰，温忠麟，成子娟. 结构方程模型及其应用. 北京：教育科学出版社，2004.

[294] 侯玉波. 文化心理学视野中的思维方式. 心理科学进展,2007,15(2):211-216.
[295] 侯玉渡,张梦,王歆. 青少年思维方式与应对方式的关系. 中国心理卫生杂志,2007,21(3):158-161.
[296] 胡迟. 从 2009 年中国制造业企业 500 强看我国制造业的差距与成长对策. 经济研究参考,2009(61):39-53.
[297] 胡伟国,胡瑜. 时间压力对风险决策中框架效应的影响. 心理科学,2009,2(3):694-696.
[298] 胡小武. 论企业组织的危机管理. 现代经济探讨,2002(12):28-30.
[299] 胡星斗. 说说中国人的思维方式. 银行家,2005(1):130-132.
[300] 姜勇. 浅谈中国人的思维方式. 中国科技信息,2005(14):188-189.
[301] 金杨华. 情绪对个体判断和决策影响研究概述. 心理科学,2004,27(3):705-707.
[302] 李本乾. 描述传播内容特征　检验传播研究假设:内容分析法简介(下). 当代传播,2000,1:47-51.
[303] 李劲松. 经营风险决策和框架效应机制研究. 浙江大学博士学位论文,2000.
[304] 李文元,梅强. 企业组织学习的知识获取途径研究. 科技管理研究,2007,27(2):186-188.
[305] 连淑能. 论中西思维方式. 外语与外语教学,2002(2):40-46.
[306] 刘兰剑. 组织与跨组织,开拓与开发:四类学习间关系的分析. 软科学,2009,23(10):27-31.
[307] 刘文瑞. 管理与文化的关系探讨. 管理学报,2007,4(1):16-20.
[308] 刘文瑞. 和谐管理理论评析. 管理学报,2009,6(12):1566-1577.
[309] 刘雪峰,张志学,梁钧平. 认知闭合需要、框架效应与决策偏好. 心理学报,2007,39(4):611-618.
[310] 隆国强. 加工贸易转型升级的方向与政策. 中国产业经济动态,2009(6):22-25.
[311] 吕斌,李国秋,杨国庆. 组织危机管理过程中的危机信息流及其扩散研究——危机管理的信息流控制法研究. 情报理论与实践,2009(1):30-34.
[312] 吕力. "中国管理学"发展中的范式问题. 管理学报,2009,6(8):1008-1012.
[313] 罗振西. 中西思维方式差异对汉英语言的影响. 中南林学院学报,2004,24(6):80-82.
[314] 梅胜军. 伦理决策研究进展与展望. 人类工效学,2009,15(3):65-67.

[315] 苗青. 企业家的警觉性：机会识别的心理图式. 人类工效学,2008,14(1):6—9.
[316] 苗青. 基于规则聚焦的公司创业机会识别与决策机制研究. 浙江大学博士学位论文,2006.
[317] 明茨·伯格亨利,布鲁斯·阿尔斯特兰德. 战略历程：纵览战略管理学派.刘瑞红等译.北京：机械工业出版社,2001.
[318] 任华,梁瑞春. 中国人思维方式的特点以及发展方向. 内蒙古民族大学学报,2008,14(6):65—66.
[319] 苏勇,于保平. 东方管理研究：理论回顾与发展方向. 管理学报,2009,6(12):1578—1587.
[320] 唐靖,张帏,高建. 不同创业环境下的机会认知和创业决策研究. 科学学研究,2007,25(2):328—333.
[321] 唐琳琳. 组织变革领导力的概念模型及其效能机制研究. 浙江大学博士学位论文,2009.
[322] 王大伟. 决策制定过程中的时间压力效应. 心理研究,2009,2(6):42—46.
[323] 王大伟,胡瑜. 决策制定过程中时间压力效应的实验研究. 中国经济与管理科学,2008(3):26—29.
[324] 王桤伦. 民营企业国际代工的“市场隔层”问题研究. 浙江社会科学,2007(4):40—48.
[325] 王新华,任军莉. 试论中西方思维方式差异及其文化根源. 江西社会科学,2002(9):43—45.
[326] 王重鸣. 不确定条件下管理决策的认知特点和策略. 应用心理学,1988,1:1—15.
[327] 王重鸣. 企业高管的心理特征与任务环境结构化. 应用心理学,1993,8(4):8—13.
[328] 王重鸣. 心理学研究方法. 北京:人民教育出版社,2001.
[329] 王雁文. 试从组织变革的角度探讨产业转型升级中令人困惑的几个问题. 上海海关学院学报,2009,30(4):41—44.
[330] 吴道友. 组织变革多阶段协同行为策略及其影响机制研究. 浙江大学博士学位论文,2009.
[331] 吴礼权. 比喻造词与中国人的思维特点. 复旦大学学报(社会科学版),2008(2):97—104.
[332] 西蒙.赫伯特. 管理行为——管理组织决策过程的研究.北京：北京经济学院出版社,1988.

[333] 颜士梅. 内容分析方法及在人力资源管理研究中的运用. 软科学,2008,22(9):133－139.

[334] 杨继平,郑建君. 情绪对危机决策质量的影响. 心理学报,2009(6):481－491.

[335] 韵江和,陈丽. 管理学研究中的假设解构:方法论视角下的考察. 管理学报,2009,6(11):1430－1436.

[336] 张良森. 企业危机诱因及生成机理实证研究. 复旦大学博士学位论文, 2007.

[337] 张文慧,张志学,刘雪峰. 决策者的认知特征对决策过程及企业战略选择的影响. 心理学报,2005,37(3):373－381.

[338] 赵晓东. 绩效管理中的常见问题和解决途径. 技术经济,2006(2):91－92.

[339] 朱延智. 企业危机管理. 北京:中国纺织出版社,2003.

附　　录

附录 1　访谈提纲

氛围营造：

自我介绍，说明来访目的，争取获得信任，营造自由表达的氛围。

开场语：

当前，宏观经济形势、行业业态、市场状况、政策导向等都在不断调整、波动和变化之中，企业业务环境的不确定性越来越大，模糊性越来越高，给企业的经营决策带来了许多机遇和挑战。本研究的主要目的是希望了解您如何理解你们企业核心业务所处环境的变化及其影响，帮助我们了解企业高层管理者对业务不确定性变化的认知模式。

作为企业的高层领导，您可能已经对企业面临的各种可能机遇和挑战进行过分析，您可以自由发表任何相关看法和意见，这些观点和看法没有对错之分。我将进行适当的记录，记录内容不会涉及隐私和秘密，请您放心。

访谈内容：

1. 根据您的总体印象，您认为企业转型变革中的危机是什么，您是如何理解危机的？

2. 您觉得转型变革中的危机或挑战的主要特征是什么，诱发因素（原因或条件）有哪些？

3. 您觉得威胁与机会有什么共同的特点，有什么不同点？

4. 您认为你们企业转型变革中可能面临哪些危机（威胁或风险和不确定性）？最容易（或经常）遇到的挑战是什么？

5. 您认为其他同行企业转型变革中可能面临哪些危机（威胁或风险和不确

定性)？最容易(或经常)遇到的挑战是什么？

6. 您认为整个行业转型升级中所面临的主要挑战或危机是什么？最容易(或经常)遇到的挑战是什么？

7. 您是如何评价上述危机(挑战、威胁或风险和不确定性)的？(回答较短时，可诱发提问：可能导致什么样的后果？发生的可能性大小？有哪些因素或条件？是否容易发生？)

8. 您认为应该如何应对和管理这些危机(挑战、威胁或风险和不确定性)？成功控制或避免不良后果需要哪些条件？成功的可能性有多大？

9. 您是否认为这些危机(挑战、威胁或风险和不确定性)也蕴含着某种机遇等积极有利的方面？如果是，您认为存在哪些积极有利的方面(或因素)？

10. 您认为应该如何趋利避害？有哪些影响形势发展方向的因素(原因或条件)？

11. 对相同的危机情境，有的人认为很有害，而有的人认为也有利，您认为引起人们这种判断差异的原因有哪些？

附录 2 编码材料

指导语：

您好！请您对以下的访谈资料进行内容编码。具体的规则是以划线部分为基本分析单元，请把每个分析单元归入您认为最适合的编码类别中，每个分析单元只能作一次编码，并请在这一分析单元下方标注代码。如果您认为某个分析单元可以同时归入多个类别或不能归入任何一个类别，则可以放弃对该分析单元的归类，请按照规则编码。编码表如下：

危机特征识别编码表

概念	类目及代码	基本定义
特征识别	①损害(受益)	转型过程中组织内外不确定性变化导致业绩受损(受益)的程度。是企业高管基于损益性对变化导致的可能后果的评价。
	②易感(可能)	转型过程中组织受内外不确定性变化影响的难易程度或频繁程度，以及不确定性变化导致的各种结果(受损或受益)的可能性。是企业高管对不确定性变化导致的后果的概率或频度评价。
	③负面(正面)	组织通过调控组织内外部因素控制可能结果的有效性，包括控制损益大小和改变概率大小的有效性。是企业高管对把握机会或规避威胁的操作可行性和操作效果的评估。
	④可控(失控)	组织内外部变化导致组织和组织成员与工作相关的文化、氛围、价值观、观念、动机、态度和情绪等方面的变化。是企业高管对不确定性变化导致的组织社会系统积极(或消极)影响的评估。
	⑤转化(复合)	组织内外部不确定性变化同时蕴含潜在有利和不利影响的程度，以及潜在有利和不利之间演变转化的可能和条件完备性。是企业高管对组织业务环境具备的威胁和机会双重、统一特性的评价。

危机源识别编码表

概念	类目及代码	基本定义
来源识别	⑥资源危机	企业生存或发展所需的土地、资本和劳动力等生产要素的不足或衰减导致组织目标难以实现的不利局面。
	⑦能力危机	技术创新、市场拓展、组织管理方面的知识和能力的缺乏和不足威胁企业组织目标的实现。
	⑧竞争危机	企业面临的产品或服务的市场份额争夺、价格竞争等程度加剧导致企业处于不利局面，阻碍组织目标的实现。
	⑨认同危机	企业管理团队经营理念的冲突、组织认同的衰退、社会声誉的损坏、信用和吸引力的下降等妨碍实现组织目标的不利局面。
	⑩关系危机	由于企业社会网络的衰减、残缺或网络广度和强度不足导致组织目标难以实现的不利局面。

主要编码材料摘选：

出口订单不断减少；贷款偿还期限紧逼；出口订单下降；买家拖欠货款；出口收汇坏账；影响企业正常资金周转；管理工作都处于不稳定、不规范的状态；利润总额减少；现金流不错，周转顺畅；各地销售惨淡；好在客户质量还是不错的，比其他企业的损失相对小些；海外订单下降；因成本上涨，我们在价格方面已经没有什么优势；外部订单大幅度减少，内需消费需求也在减弱；价格下滑趋势短期内不会改变；订单下降；利润空间被不断压缩；无单可做或有单无利，甚至单增利减；目前生产所用原材料，多数是在前期价格高位上购进的，近期原材料价格的下降，不得不降低产品价格；医药企业只要是有一条标准不符合国家的医药法律法规，这个医药企业是必死无疑；出口坏账；生产成本平均上升了13%，其中劳动力成本平均上升了11%，原材料成本平均上涨了7%，其他成本平均上涨了6%；容易受原材料价格影响；业务少，市场面窄，风险不分散；国内市场现在很乱，价格还是很敏感的，价格降不一定能扩大销售量，但又不能涨价；政策总的原则是在行业内进行结构调整，鼓励创新、强化监管，淘汰落后的小规模企业，遏制低水平重复建设导致的恶性竞争，提高行业整体盈利能力；兽药生产企业和兽药产品鱼龙混杂，大量小型的、不规范的兽药制剂企业的存在加剧了市场竞争，到处是价格战，很容易受到影响；现在制药厂家过多，品种重复，重复生产上，大部分药品品种都有多家，甚至上百家企业生产；强制性的GMP认证，容易受到政策的影响，通过兽药生产企业换证及强制实施GMP认证，政策方向是淘汰生产条件差、达不到要求的小型企业；国家在这方面调控力度比较大，逐渐淘汰落后兽药生产企业，提前停止未通过GMP的企业申请和换发兽药批准文号，提前清理和废止兽药地方标准；因通过GMP认证所需资金数额较大，已经导致部分小型兽药制药企业退出，已经进入了停产或被兼并的命运；将来的竞争不是简单的产业链竞争了，而是全产业链竞争，这种是一种趋势，业内的企业都必须面对；人民币对美元汇率的升值，直接影响我们的利润；人民币每升值1%对其利润的影响将达到3%，人民币升值直接影响产品国际价格优势，导致利润下降；很多转向东南亚了，长远来说中国人越来越富，低工资已经不行了，向其他地区转移也是种必然；人民币汇率升值，出口退税下调，劳动力成本上升，油价格居高不下，煤电油紧张，都容易影响；工资上涨、环保压力增大，加上长期以来企业研发投入少，发展品牌基础薄弱，这些都是普遍挑战；品牌影响力比较弱，中国的服饰只能处于世界产业链的低端；过于依赖出口，内需不足，企业只能竞相压价出口；国家调整价格，调整价格的政策问题是我们能解决的吗？不能。产品能否进入目录对我们来说很重要，厂家众多，市场竞争将较以前更为激烈：在政府招标采购中获胜，产品销售将获得大幅度提高；而一旦落标，会立即被边缘化。容易受到降价影响，挂网招标政策就是最直接的表现方式，容易受到成本的影响，人工成本也在上涨，加之人民币升值等等，整体算下来，今年上半年综合成本大约上涨了7%，但对客户只微涨价4%，其他的还是靠自身消化，利润越来越薄，有些订单已经出现亏本。外部困境导致企业内部管理矛盾的尖锐化也开始突显出来；加大经营压力；必须事必躬亲，再加上过多例外事务需要处理；趋于复杂化，管理要求越来越高；中下层管理人员缺乏积极性；导致企业关键人才的流失；组织不思进取；企业组织涣散、组织结构的运转动力慢慢减弱；慌了阵脚；因为规模大有成本优势，不妨把价格杀到底，这样至少维持周转不会成问题。危机所造成的恐慌，是心理上的。现实来临的时候，人都要承受。在危机来临之际，要的不是慌乱，而是沉着。金融危机并不可怕，关键是如何决策，考验的绝非仅仅是思路和对策，更有魄力、决心、耐力。内部管理矛盾的尖锐化也开始突显出来；建立高敬业度的员工队伍很难；心里没底；日子不太好过；真正取得的进展寥寥无几；国际贸易规则变动很难控制；临时抱佛脚式的开拓国内市场谈何容易；对未来环境发展趋势不能作出正确的预测；产品线非常宽，生产管理也早就不是问题，质量在行业口碑不错；稳住外贸的业务很重要；下一步该如何做存在分歧；国外的事情我们管不了，能减少损失就减少损失，有一单做一单。外贸的事情只能这样，只能等。维持周转不会成问题。冬天来了，一定要减少开支。等春天来了才能有力气再打市场。临时抱佛脚式的开拓国内市场谈何容易；未雨绸缪，积极应对；企业自身能力是我们发展的最核心动因，外面的则是诱因。世界上有两类事情，一类是我们能够控制的，一类是我们不能控制的。无法预测成本，无法维持可靠的供应渠道；

正在逐步改变以往“接单生产”的模式，开始加大研发和产品创新投入，提高产品款式更新速度，并主动推出，逐渐开拓国内市场；这都是我们没有办法控制的。对市场的把控能力很弱。市场开拓缓慢；从行业内普遍的软肋上下手打造竞争力；危中有机；想趁着大家慌乱的时候捞一票。经济条件好的时候，也有企业倒闭，经济条件差的时候，也有企业成长。关键就看我们能否把能够控制的事情做好。没有思路或者没有实力的企业，很多靠借贷而在近期发展起来的，经不住危机的冲击，这些企业最好的出路就是转行。危机中有转机嘛；如果没有深厚的市场基础，那么这种投入就是泥潭，会死得很惨。在我们目前的实力下，没有能力去左右什么。而国内市场则不一样。这么大的市场足够我们去争取和奋斗了。进与退都要根据分析的结果来定，这个时候能和我们竞争的企业不会很多，这正是我们崛起的一个机遇。无论是否有危机，都会这样走，危机不过是加速了这个方向。每当环境不好或者是企业态势不佳开始时，就应该开始思考方向。只要这个方向是对的，就要提前去做，不要等到大家意识到的时候去做。先做先主动，后做的被动。因为没有路，机会才对大家都平等。如果能将发货失误比率降到一定程度以下，我们就能建立一个无形的壁垒。竞争对手正和我们一样，缺少有实力、有经验的经销商。没有永远一帆风顺的企业，无论成功与否，在发展的道路上都有挫折和挑战，很正常。危险和机遇是同在的。化险为夷；不是在危机中衰落和消亡，而是在危机中强大和成长；没有准备的企业在危机中消亡，优秀的企业能成功地安度危机，只有伟大的企业在危机中发现机遇。从短期看会增加企业资金投入，增大成本，但长期看则有利于发展的。当危机来的时候危机就变成条件，你只能面对它，找到解决的方法。在这个危机情况下市场重新洗牌，市场重新调整，也许是一个好事，有机会起来，会找到很多的机会。危机是要面对的不好条件，但可能不是坏的；长期来看，这一标准会作为一种外力，使在追求利润的同时，也在环境保护与劳动保护上下功夫，符合进入国际市场候选资格，是好事。金融危机后，优质优价的中国服装比原来更受欢迎，提供了有利机会。资源集中到优势企业规模效应降价成本。生产原材料涨了三分之一，是资金周转困难的主要因素。银行借款门槛很高，没东西抵押没人愿意担保；成本增加快的还有土地使用税，原来每平方米每年 2.5 元钱，现在变 8 元钱了；最早每平方米每年收几毛钱，企业都能承受，现在不行了，而且不管你企业经营不经营，不生产也需要交这个税；受原材料、劳动力成本以及人民币汇率等因素影响，今年以来综合成本大约上涨了 9%～16%；融资难；企业招工难；能源、原材料价格上涨，利润下降。生产产品越多亏损越大；缺乏专业人才，招不来，留不住；销售人员经验不足；分销网络没有达到规模，需要牵涉很多不同的分销商，才能最终将产品分销至零售商的手中；配送能力、资金实力都不足;市场分销份额和渠道话语权比较弱;产品单一;营销管理、销售网络、客户资源都需要强化;没能形成特色核心竞争力;内部管理机制不完善,缺乏品牌建设,缺乏明星品种,竞争力弱,渠道狭窄,没有构建跨区域的网络,营业规模难以大幅增长,现金流紧缺,财务状况不理想;营销队伍较弱,缺乏精英级的营销人才;产品的竞争上升到企业的竞争;要提价很难,目前行业竞争过于激烈;今年国际服装市场不景气,争夺国内市场,将加剧国内市场的竞争;竞争非常激烈,向客户或消费者提价非常难,一旦提价过高,客户将立即将订单转给国内其他工厂或周边国家,大部分上涨的成本还是靠本身来消化。一些采购商因次贷危机影响并没有接受我们的提价幅度,而开始把部分低价订单转移到越南、印度尼西亚等东南亚国家……

附录3 研究二问卷

企业经营状况调查问卷

一、组织危机

请你对公司核心业务情况进行分析，填写如下问题：

1. 产品的市场地位减弱					
①完全不符合	②很不符合	③较不符合	④较符合	⑤很符合	⑥完全符合
2. 所在行业竞争更激烈					
①完全不符合	②很不符合	③较不符合	④较符合	⑤很符合	⑥完全符合
3. 主要产品附加值减小					
①完全不符合	②很不符合	③较不符合	④较符合	⑤很符合	⑥完全符合
4. 主要产品市场成长性下降					
①完全不符合	②很不符合	③较不符合	④较符合	⑤很符合	⑥完全符合
5. 合作关系稳定性下降					
①完全不符合	②很不符合	③较不符合	④较符合	⑤很符合	⑥完全符合
6. 产品价格波动性更高					
①完全不符合	②很不符合	③较不符合	④较符合	⑤很符合	⑥完全符合
7. 核心员工流动性更高					
①完全不符合	②很不符合	③较不符合	④较符合	⑤很符合	⑥完全符合
8. 原材料价格波动性更高					
①完全不符合	②很不符合	③较不符合	④较符合	⑤很符合	⑥完全符合
9. 产品销量波动性更高					
①完全不符合	②很不符合	③较不符合	④较符合	⑤很符合	⑥完全符合
10. 生产的产品质量稳定性下降					
①完全不符合	②很不符合	③较不符合	④较符合	⑤很符合	⑥完全符合
11. 企业对客户的吸引力更高					
①完全不符合	②很不符合	③较不符合	④较符合	⑤很符合	⑥完全符合

12. 企业的执行效率更高
①完全不符合　②很不符合　③较不符合　④较符合　⑤很符合　⑥完全符合
13. 企业决策反应速度更快
①完全不符合　②很不符合　③较不符合　④较符合　⑤很符合　⑥完全符合
14. 企业对供应商的影响力提高
①完全不符合　②很不符合　③较不符合　④较符合　⑤很符合　⑥完全符合
15. 企业对形势的把握更加到位
①完全不符合　②很不符合　③较不符合　④较符合　⑤很符合　⑥完全符合
16. 企业发展形势喜忧参半
①完全不符合　②很不符合　③较不符合　④较符合　⑤很符合　⑥完全符合
17. 企业内外部变化提供给企业发展机遇
①完全不符合　②很不符合　③较不符合　④较符合　⑤很符合　⑥完全符合
18. 企业内外部变化为企业提供了成长机会
①完全不符合　②很不符合　③较不符合　④较符合　⑤很符合　⑥完全符合
19. 企业内外部变化促使企业寻找新的突破口
①完全不符合　②很不符合　③较不符合　④较符合　⑤很符合　⑥完全符合
20. 内外部不确定性变化更有利于企业的长远发展
①完全不符合　②很不符合　③较不符合　④较符合　⑤很符合　⑥完全符合
21. 核心员工对企业前景认同上升
①完全不符合　②很不符合　③较不符合　④较符合　⑤很符合　⑥完全符合
22. 管理层的战略认同度提高
①完全不符合　②很不符合　③较不符合　④较符合　⑤很符合　⑥完全符合
23. 企业对人才的吸引力提高
①完全不符合　②很不符合　③较不符合　④较符合　⑤很符合　⑥完全符合
24. 企业员工的敬业度提高
①完全不符合　②很不符合　③较不符合　④较符合　⑤很符合　⑥完全符合

二、危机源

1. 目前公司的主要挑战是缺乏资金
①完全不符合　②很不符合　③较不符合　④较符合　⑤很符合　⑥完全符合
2. 目前公司的主要挑战是缺乏人才
①完全不符合　②很不符合　③较不符合　④较符合　⑤很符合　⑥完全符合
3. 目前公司的主要挑战是缺乏资源
①完全不符合　②很不符合　③较不符合　④较符合　⑤很符合　⑥完全符合
4. 目前公司的主要挑战是管理能力不足
①完全不符合　②很不符合　③较不符合　④较符合　⑤很符合　⑥完全符合
5. 目前公司的主要挑战是技术能力不足
①完全不符合　②很不符合　③较不符合　④较符合　⑤很符合　⑥完全符合
6. 目前公司的主要挑战是市场能力不足
①完全不符合　②很不符合　③较不符合　④较符合　⑤很符合　⑥完全符合
7. 目前公司的主要挑战是同业竞争过于激烈
①完全不符合　②很不符合　③较不符合　④较符合　⑤很符合　⑥完全符合
8. 目前公司的主要挑战是市场容量不足
①完全不符合　②很不符合　③较不符合　④较符合　⑤很符合　⑥完全符合
9. 目前公司的主要挑战是互相压价
①完全不符合　②很不符合　③较不符合　④较符合　⑤很符合　⑥完全符合

三、信息搜索

1. 经常分析客户对产品的需求
①完全不符合　②很不符合　③较不符合　④较符合　⑤很符合　⑥完全符合
2. 经常了解相关技术趋势
①完全不符合　②很不符合　③较不符合　④较符合　⑤很符合　⑥完全符合
3. 经常关注政策方面的变化
①完全不符合　②很不符合　③较不符合　④较符合　⑤很符合　⑥完全符合
4. 经常收集经济变化趋势的信息
①完全不符合　②很不符合　③较不符合　④较符合　⑤很符合　⑥完全符合

5. 经常了解所在市场的变化趋势
①完全不符合　②很不符合　③较不符合　④较符合　⑤很符合　⑥完全符合
6. 经常分析企业的经营问题
①完全不符合　②很不符合　③较不符合　④较符合　⑤很符合　⑥完全符合
7. 经常关注同行企业的信息
①完全不符合　②很不符合　③较不符合　④较符合　⑤很符合　⑥完全符合

四、警觉性

1. 愿意以真诚和开放的心态倾听他人意见
①完全不符合　②很不符合　③较不符合　④较符合　⑤很符合　⑥完全符合
2. 愿意对他人意见表示尊重和重视
①完全不符合　②很不符合　③较不符合　④较符合　⑤很符合　⑥完全符合
3. 鼓励他人完整表达他们的见解和意见
①完全不符合　②很不符合　③较不符合　④较符合　⑤很符合　⑥完全符合
4. 经常寻求他人对你的思想观点和情境条件的分析和反馈
①完全不符合　②很不符合　③较不符合　④较符合　⑤很符合　⑥完全符合
5. 能从他人那里获悉自己的盲点所在
①完全不符合　②很不符合　③较不符合　④较符合　⑤很符合　⑥完全符合
6. 你常觉得他人不能完全理解你的处境,他们的意见是片面的
①完全不符合　②很不符合　③较不符合　④较符合　⑤很符合　⑥完全符合
7. 你常对他人的意见不感兴趣或不关心
①完全不符合　②很不符合　③较不符合　④较符合　⑤很符合　⑥完全符合
8. 你常感到极少有人能理解你的思想本质
①完全不符合　②很不符合　③较不符合　④较符合　⑤很符合　⑥完全符合
9. 你很难承认自己的失误或你觉得自己极少犯错
①完全不符合　②很不符合　③较不符合　④较符合　⑤很符合　⑥完全符合
10. 回顾过往,你常发现你忽视了一些资源的新用途
①完全不符合　②很不符合　③较不符合　④较符合　⑤很符合　⑥完全符合

11. 对看似不经意的东西，保持关注和思考					
①完全不符合	②很不符合	③较不符合	④较符合	⑤很符合	⑥完全符合
12. 你觉得未来充满了新奇，而不是周而复始					
①完全不符合	②很不符合	③较不符合	④较符合	⑤很符合	⑥完全符合
13. 你会对一闪而过的念头作出心理模拟和行动假设					
①完全不符合	②很不符合	③较不符合	④较符合	⑤很符合	⑥完全符合
14. 你预见了某些蕴含着商业潜质的事物					
①完全不符合	②很不符合	③较不符合	④较符合	⑤很符合	⑥完全符合
15. 你能够在较短时间里对经营作出判断					
①完全不符合	②很不符合	③较不符合	④较符合	⑤很符合	⑥完全符合

五、组织风险知觉

1. 公司的投资回报情况					
①完全不稳定	②很不稳定	③较不稳定	④较稳定	⑤很稳定	⑥完全稳定
2. 公司的投资回报对产业或市场波动的敏感性					
①完全不敏感	②很不敏感	③较不敏感	④较敏感	⑤很敏感	⑥完全敏感
3. 公司遭遇财务损失的可能性					
①完全不可能	②很不可能	③较不可能	④较可能	⑤很可能	⑥完全可能

六、背景信息

(一)填写人情况

1. 公司名称：

2. 性别：①男__________ ②女__________

3. 工作职务：______________________________

4. 文化程度：

①小学及以下；②中学(初、高)；③大学(大专、本科)；④研究生(硕、博)。

5. 本企业工作年数：①5 以下； ②5～10； ③10～15； ④20 以上。

(二)企业背景信息

6. 企业创立至今的时间(年)：①5 以下；②5～10；③10～15；④15 以上。

7. 企业雇员规模(人)：

①50 以下； ②50～100； ③101～500； ④501－1000； ⑤1000 以上。

8. 企业资产规模：

①100 万以下；　②100 万～1000 万；　③1001 万～1 亿；

④1 亿～10 亿；　⑤10 亿以上。

9. 企业性质：①民营；　②国有；　③外资；　④其他。

附录 4　研究三问卷

中国企业创业转型调查问卷

尊敬的企业家/企业高管：

感谢您参与本项调查。浙江大学全球创业研究中心承担了一项国家重点课题，内容为中国企业转型和升级中的管理问题。本调查是为该课题收集相关研究数据，旨在了解在国际金融危机背景下以及产业转型升级的政策导向下，我国企业所面临的问题、采取的应对战略及其成效等。

调查获取的数据不会出现您企业的名称信息，所有数据仅用作科研，并严格遵守研究伦理规范，保证您及您企业信息不外泄，并愿承担一切不良后果。

谢谢您对本研究的支持！如有任何疑问和需要，欢迎随时联系项目联络人。

一、2009 年的企业绩效

2009 年贵公司与同行业一般企业比较情况（在选项上打钩或画圈即可）：

1. 新业务（新产品、新市场等）的开发数量_____ 同行业内的一般企业
①远低于　②较低于　③略低于　④相同　⑤略高于　⑥较高于　⑦远高于
2. 新业务数量占企业总数的比例_____ 同行业内的一般企业
①远低于　②较低于　③略低于　④相同　⑤略高于　⑥较高于　⑦远高于
3. 新业务销售收入占总销售收入的比重_____ 同行业内的一般企业
①远低于　②较低于　③略低于　④相同　⑤略高于　⑥较高于　⑦远高于
4. 公司市场份额_____ 同行业内的一般企业
①远低于　②较低于　③略低于　④相同　⑤略高于　⑥较高于　⑦远高于
5. 公司销售总额_____ 同行业内的一般企业
①远低于　②较低于　③略低于　④相同　⑤略高于　⑥较高于　⑦远高于
6. 公司盈利状况_____ 同行业内的一般企业
①远低于　②较低于　③略低于　④相同　⑤略高于　⑥较高于　⑦远高于
7. 公司适应市场和环境的变化的程度
①非常低　②很低　③较低　④一般　⑤较高　⑥很高　⑦非常高

8. 公司应对市场和环境变化的速度

①非常低　②很低　③较低　④一般　⑤较高　⑥很高　⑦非常高

9. 公司响应新市场机会的敏捷程度

①非常低　②很低　③较低　④一般　⑤较高　⑥很高　⑦非常高

二、组织危机

请根据你们过去对2006年至今公司核心业务情况的评估，填写如下问题：

1. 产品的市场地位减弱

①完全不符合　②很不符合　③较不符合　④较符合　⑤很符合　⑥完全符合

2. 所在行业竞争更激烈

①完全不符合　②很不符合　③较不符合　④较符合　⑤很符合　⑥完全符合

3. 主要产品附加值减小

①完全不符合　②很不符合　③较不符合　④较符合　⑤很符合　⑥完全符合

4. 主要产品市场成长性下降

①完全不符合　②很不符合　③较不符合　④较符合　⑤很符合　⑥完全符合

5. 合作关系的稳定性下降

①完全不符合　②很不符合　③较不符合　④较符合　⑤很符合　⑥完全符合

6. 产品价格波动性更高

①完全不符合　②很不符合　③较不符合　④较符合　⑤很符合　⑥完全符合

7. 核心员工流动性更高

①完全不符合　②很不符合　③较不符合　④较符合　⑤很符合　⑥完全符合

8. 原材料价格波动性更高

①完全不符合　②很不符合　③较不符合　④较符合　⑤很符合　⑥完全符合

9. 产品销量波动性更高

①完全不符合　②很不符合　③较不符合　④较符合　⑤很符合　⑥完全符合

10. 生产的产品质量稳定性下降

①完全不符合　②很不符合　③较不符合　④较符合　⑤很符合　⑥完全符合

11. 企业对客户的吸引力更高

①完全不符合　②很不符合　③较不符合　④较符合　⑤很符合　⑥完全符合

12. 企业的执行效率更高

①完全不符合　②很不符合　③较不符合　④较符合　⑤很符合　⑥完全符合

13. 企业决策反应速度更快

①完全不符合　②很不符合　③较不符合　④较符合　⑤很符合　⑥完全符合

14. 企业对供应商的影响力提高

①完全不符合　②很不符合　③较不符合　④较符合　⑤很符合　⑥完全符合

15. 企业对形势的把握更加到位

①完全不符合　②很不符合　③较不符合　④较符合　⑤很符合　⑥完全符合

16. 企业的发展形势喜忧参半

①完全不符合　②很不符合　③较不符合　④较符合　⑤很符合　⑥完全符合

17. 企业内外部变化为企业提供了发展机遇

①完全不符合　②很不符合　③较不符合　④较符合　⑤很符合　⑥完全符合

18. 企业内外部变化为企业提供了成长机会

①完全不符合　②很不符合　③较不符合　④较符合　⑤很符合　⑥完全符合

19. 企业内外部变化促使企业寻找新的突破口

①完全不符合　②很不符合　③较不符合　④较符合　⑤很符合　⑥完全符合

20. 内外部不确定性变化更有利于企业的长远发展

①完全不符合　②很不符合　③较不符合　④较符合　⑤很符合　⑥完全符合

三、组织转型行为

请回顾近 3 年来公司的相关情况，填写如下问题：

1. 研究开发新产品

①完全不符合　②很不符合　③较不符合　④较符合　⑤很符合　⑥完全符合

2. 扩展产品范围

①完全不符合　②很不符合　③较不符合　④较符合　⑤很符合　⑥完全符合

3. 试图开发新技术领域

①完全不符合　②很不符合　③较不符合　④较符合　⑤很符合　⑥完全符合

4. 商业化新产品和服务

①完全不符合　②很不符合　③较不符合　④较符合　⑤很符合　⑥完全符合

5. 满足已有产品和服务之外的需求					
①完全不符合	②很不符合	③较不符合	④较符合	⑤很符合	⑥完全符合
6. 改进已有产品质量					
①完全不符合	②很不符合	③较不符合	④较符合	⑤很符合	⑥完全符合
7. 降低内部生产成本					
①完全不符合	②很不符合	③较不符合	④较符合	⑤很符合	⑥完全符合
8. 提高生产率或降低原料消耗					
①完全不符合	②很不符合	③较不符合	④较符合	⑤很符合	⑥完全符合
9. 完善和改进已有产品和服务					
①完全不符合	②很不符合	③较不符合	④较符合	⑤很符合	⑥完全符合
10. 优化生产运作和管理					
①完全不符合	②很不符合	③较不符合	④较符合	⑤很符合	⑥完全符合
11. 强化与供应商的合作					
①完全不符合	②很不符合	③较不符合	④较符合	⑤很符合	⑥完全符合
12. 强化与分销商的合作					
①完全不符合	②很不符合	③较不符合	④较符合	⑤很符合	⑥完全符合
13. 合作进行市场扩张					
①完全不符合	②很不符合	③较不符合	④较符合	⑤很符合	⑥完全符合
14. 合作改进生产流程和技术					
①完全不符合	②很不符合	③较不符合	④较符合	⑤很符合	⑥完全符合
15. 合作培训技术工人					
①完全不符合	②很不符合	③较不符合	④较符合	⑤很符合	⑥完全符合
16. 拓展与科研单位技术合作范围					
①完全不符合	②很不符合	③较不符合	④较符合	⑤很符合	⑥完全符合
17. 寻求新的研发合作伙伴					
①完全不符合	②很不符合	③较不符合	④较符合	⑤很符合	⑥完全符合
18. 与相关企业合作进行产品研发					
①完全不符合	②很不符合	③较不符合	④较符合	⑤很符合	⑥完全符合

19. 与其他企业或机构合作投资新业务					
①完全不符合	②很不符合	③较不符合	④较符合	⑤很符合	⑥完全符合
20. 寻求新产品市场和生产方面的合作					
①完全不符合	②很不符合	③较不符合	④较符合	⑤很符合	⑥完全符合
21. 寻求新的销售渠道					
①完全不符合	②很不符合	③较不符合	④较符合	⑤很符合	⑥完全符合

四、组织冗余

请回顾近3年来公司的相关情况，填写如下问题

1. 公司获取充足资金进行生产经营的难易程度					
①非常困难	②很困难	③较困难	④较容易	⑤很容易	⑥非常容易
2. 公司获取成长和扩张所需的资源的难易程度					
①非常困难	②很困难	③较困难	④较容易	⑤很容易	⑥非常容易
3. 公司战略实施所需资源的充足性程度					
①非常缺乏	②很缺乏	③较缺乏	④较充足	⑤很充足	⑥非常充足

五、背景信息

(一)填写人情况

1. 公司名称：
2. 性别：①男__________ ②女__________
3. 工作职务：______________________
4. 文化程度：
   ①小学及以下；②中学(初、高)；③大学(大专、本科)；④研究生(硕、博)。
5. 本企业工作年数：①5以下； ②5～10； ③10～15； ④20以上。

(二)企业背景信息

6. 企业创立至今： ①5以下； ②5～10； ③10～15； ④15以上。
7. 企业雇员规模：
   ①50以下； ②50～100； ③101～500； ④501～1000； ⑤1000以上。
8. 企业资产规模：
   ①100万以下； ②100万～1000万； ③1001万～1亿； ④1亿～10亿；
   ⑤10亿以上。
9. 企业性质： ①民营； ②国有； ③外资； ④其他。

附录 5 实验材料

情境框架效应实验研究材料

指导语：

本研究是浙江大学全球创业研究中心研究项目的一项调查，旨在研究判断与决策的过程。以下有两个情境，请仔细阅读，然后在填写每一情境后的问项。答案没有对错之分，所得结果纯粹用做学术研究，不会对您个人及单位造成任何影响。请根据您的真实想法独立做答，在相应选项划“√”。谢谢您的配合与帮助！

情境 A1：

假设你是一家医药企业的负责人。你们在参与 A 地区大型药品招标的竞标，预期你们竞标成功的可能性很高。A 地区在某药物市场中具有举足轻重的战略地位，竞标成功意味着你们将成为 A 地区该药物的唯一供应商，这将保证你们未来几年对这一重要市场的持续占有，并大大巩固你们在该药物细分行业内的地位。

情境 A2：

假设你是一家医药企业的负责人。你们在参与 A 地区大型药品招标的竞标，预期你们竞标失败的可能性很高。A 地区在某药物市场中具有举足轻重的战略地位，竞标失败意味着你们会失去成为 A 地区该药物的唯一供应商地位，未来几年你们将会完全失去这一重要市场，并严重危及你们在该药物细分行业内的地位。

情境 A3：

假设你是一家医药企业的负责人。你在参与 A 地区大型药品招标的竞标，你们大概很有可能竞标成功，也很有可能竞标失败，最终结果很难预料。A 地区在某药物市场中具有举足轻重的战略地位，如果竞标成功意味着你们将成为 A 地区该药物的唯一供应商，这将保证你们未来几年对这一重要市场的持续占有，并大大巩固你们在该药物细分行业内的地位；如果竞标失败，意味着你们失去成为 A 地区该药物的唯一供应商地位，未来几年你们将会完全失去这一重要市场，并将严重危及你们在该药物细分行业内的地位。

情境 B：

在竞标结果公布前，你需要对有关引进新药的方案立即进行决断：

方案 A：引进新药，新药有一半的可能获得市场成功，从而开辟新业务，获取相当于原有业务利润2倍的利益(若原有业务年利润为1000万,则新药市场成功后公司年利润将增加2000万);新药有一半的可能导致市场失败,并会拖累原有业务,导致相当于原有业务利润2倍的损失(若原有业务年利润为1000万,则新药市场失败后公司年损失将达到2000万)。

方案B:不引进新药,获得原有业务利润。

实验问卷:

一、情境A分析

请根据情境A所描述的情况,您认为:

1. 你认为上述情境的负面程度(数字越大表示程度越高,负号表示相反)									
正面←	4	3	2	1	−1	−2	−3	−4	→负面
2. 你认为上述情境蕴涵着的潜在损失程度									
受益←	4	3	2	1	−1	−2	−3	−4	→损失
3. 你认为上述情境蕴涵的威胁程度									
机会←	4	3	2	1	−1	−2	−3	−4	→威胁
4. 您认为上述情境中的威胁和机会的双重性									
极低←	1	2	3	4	5	6	7	8	→极高
5. 您认为上述情境中的威胁—机会之间的转化度									
极低←	1	2	3	4	5	6	7	8	→极高
6. 您认为上述情境中的威胁(或机会)的绝对性									
极低←	1	2	3	4	5	6	7	8	→极高

二、情境B分析

请根据情境B中方案A所描述的情况,您认为:

1. 你认为方案A具有成功的可能性									
极低←	1	2	3	4	5	6	7	8	→极高
2. 你认为方案A蕴涵的潜在获益性									
损失←	−4	−3	−2	−1	1	2	3	4	→受益
3. 你认为方案A蕴涵的机会程度									
威胁←	−4	−3	−2	−1	1	2	3	4	→机会

三、决策结果:情境B中所提供的方案A和方案B中,经慎重考虑后,你最终决定选择:

注意,你只能选择其中一个!　　方案A(____)　或　　方案B(____)

四、背景信息

1. 性别：□男　□女　　2. 年龄：__________ 岁

3. 职位：□一般员工；　□中层管理人员；　□高层管理人员；　□创业者。

4. 工龄：_____（年）　　5. 公司规模（人）：_______

附录 6 案例背景资料

华义医药发展关键事件

事件	关键事件
1995 年 10 月	成立义乌市华义精细化工有限公司。
2000 年 9 月 7 日	成立中外合资浙江华义医药化工有限公司，外方投资者为西班牙 ESTEVE QUIMICA 公司，签约仪式于 2000 年 7 月 13 日在上海国际会议中心举行。
2001 年 1 月 1 日	浙江华义医药化工有限公司正式开始运行。
2001 年 5 月 18 日	浙江华义医药化工有限公司新厂开工典礼。
2002 年 1 月 18 日	浙江华义医药化工有限公司更名为浙江华义医药有限公司，并于同年 2 月正式开始运行
2002 年 8 月 20 日	顺利通过国家药监局 GMP 认证。
2002 年 8 月	取得恩诺沙星、盐酸恩诺沙星两产品的兽药批准文号。
2002 年 10 月底	取得盐酸环丙沙星、克拉霉素两产品的批准文号。
2002 年 11 月	取得盐酸吡格列酮 GMP 证书，并获国家一类证书。
2003 年 8 月	克拉霉素车间的新建工作和盐酸环丙沙星车间的精烘包改造工作完成。
2003 年 12 月 27 日	盐酸环丙沙星、克拉霉素通过国家 GMP 认证。
2004 年 5 月	开始准备 SA8000 认证。
2004 年 8 月	取得 ISO14001 认证。
2004 年 12 月	公司被浙江省科学技术厅认定为浙江省高新技术企业；被浙江省对外贸易经济合用厅确认为外商投资先进技术企业。
2005 年 1 月	恩诺沙星、盐酸恩诺沙星、盐酸环丙沙星三个产品顺利通过国家兽药 GMP 认证。
2005 年 4 月上旬	公司被评为 2004 年度义乌市百强企业。
2005 年 4 月下旬	获得盐酸环丙沙星美国 DMF 注册文号。
2005 年 5 月	通过清洁生产验收。
2006 年 2 月	公司荣获 2005 年度义乌市诚信环保 AA 企业。
2006 年 6 月	公司成立药学会。

事件	关键事件
2006 年 9 月	公司被国家科技部认定为国家火炬计划重点高新技术企业。
2007 年 2 月	公司被评为义乌市科技进步先进企业、义乌市科技创新奖、出口创汇超千万美元奖、义乌市综合实力奖、义乌市“五十强”等奖励。
2007 年 10 月	公司召开战略会议，指明了 ZHP 和 EHP 的发展战略和目标并确定了实施方案。
2007 年 11 月	公司内酯甲基苯和二氢吡唑羟酸两个产品被列入浙江省科学技术厅 2007 年新产品试制计划项目（第二批）。

附录 7　行业背景资料

医疗产业政策变动关键事件

时间	关键事件
1979 年元旦	时任卫生部部长的钱信忠提出，要“运用经济手段管理卫生事业”。全国卫生厅局长会议提出，“卫生工作重点转移到医疗卫生现代化建设上，建设全国三分之一重点县”。此后不久，卫生部等三部委联合发出了《关于加强医院经济管理试点工作的通知》。
1980 年	国务院批转卫生部《关于允许个体医生开业行医问题的请示报告》，打破了国营公立医院在医疗卫生领域一统天下的局面。
1981 年 3 月	卫生部起草了《关于卫生工作改革若干政策问题的报告》，提出：“必须进行改革，放宽政策，简政放权，多方集资，开阔发展卫生事业的路子，把卫生工作搞好。”
1985 年 4 月	国务院批转卫生部《关于卫生工作改革若干政策问题的报告》提出：“必须进行改革，放宽政策，简政放权，多方集资，开阔发展卫生事业的路子，把卫生工作搞好。”由此拉开了医疗机构转型的序幕。后来，1985 年被称为“医改元年”。
1989 年	国务院批转卫生部《关于扩大医疗卫生服务有关问题的意见》，进一步提出通过市场化来调动企业和相关人员的积极性。同年 11 月，卫生部正式颁发实行医院分级管理的通知和办法。医院按照任务和功能的不同被划分为三级十等，这一办法能更客观地反映医院的实际水平，同时也有利于医院在政府的控制下展开有序的合作和竞争。
1992 年 9 月	国务院下发《关于深化卫生医疗体制改革的几点意见》，卫生部工作会议中要求医院要在“以工助医、以副补主”等方面取得新成绩。
1993 年 5 月	卫生部副部长殷大奎在全国医政工作会议上明确表示反对市场化，要求多顾及医疗的大众属性和起码的社会公平。
1996 年 12 月	中共中央、国务院召开第一次全国卫生工作会议，为下一步卫生改革工作的开展打下了坚实的基础。
1997 年 1 月	中共中央、国务院出台《关于卫生改革与发展的决定》，明确提出了卫生工作的奋斗目标和指导思想，并提出了推进卫生改革的总要求，在医疗领域主要有改革城镇职工医疗保险制度、改革卫生管理体制、积极发展社区卫生服务、改革卫生机构运行机制等。

时间	关键事件
1998 年	国务院颁布《关于建立城镇职工基本医疗保险制度的决定》,要求在全国范围内建立覆盖全体城镇职工、社会统筹和个人账户相结合的基本医疗保险制度。
2000 年 2 月	国务院公布了数易其稿的《关于城镇医药卫生体制改革的指导意见》。意见确定了实行医药分业等几项原则,之后陆续出台了 13 个配套政策。
2003 年	SARS 后第三次国家卫生服务调查,我国卫生体系和公共卫生体系存在重大缺陷。
2003 年 11 月	国务院办公厅转发了卫生部、财政部、农业部《关于建立新型农村合作医疗制度的意见》。
2005 年 7 月	国务院发展研究中心和世界卫生组织合作的研究报告承认:我国医疗卫生体制改革“从总体上讲是不成功的”。
2006 年初	国务院颁布《关于发展城市社区卫生服务的指导意见》。
2006 年 9 月	国务院 14 个部委联合成立医改协调小组。由国家发改委和卫生部部长任双组长。新一轮医改正式启动。
2007 年 1 月	协调小组委托 6 家海内外研究机构独立制订方案。
2007 年 5 月	8 个医改方案面世,倾向于引入市场机制。
2007 年 7 月	国务院发布《关于开展城镇居民基本医疗保险试点的指导意见》,要求今年在 79 个城市试点,2010 年覆盖全国。
2007 年 9 月	国家发改委宣布,医改方案上报国务院。
2007 年 10 月	十七大报告明确指出:政事分开、管办分开、医药分开、营利性与非营利性分开。
2007 年 10 月	国家发改委牵头在南昌、天津召开座谈会,发改委主任张茅和卫生部部长陈竺参加会议,讨论医改方案文本,融合九份专家意见稿,概括为“一个目标、两项制度、四大原则、八个方向”。
2008 年 9 月	国务院总理温家宝主持召开国务院常务会议审议《关于深化医药卫生体制改革的意见》,决定再次向社会公开征求意见。
2008 年 10 月	《关于深化医药卫生体制改革的意见(征求意见稿)》发布并向社会公开征求意见。标志着我国新一轮医药卫生体制改革正式启动。